POUR UNE ÉCONOMIE PLUS HUMAINE

Muhammad Yunus est né au Bangladesh. Docteur en économie, il a fondé en 1976 la Grameen Bank, première institution de microcrédit qu'il a imposée dans le monde en transgressant de nombreux préjugés économiques. Pour son action, il a reçu le prix Nobel de la Paix en 2006.

Paru dans Le Livre de Poche :

Vers un monde sans pauvreté

Vers un nouveau capitalisme

MUHAMMAD YUNUS
Prix Nobel de la Paix

avec Karl Weber

Pour une économie plus humaine

Construire le social-business

TRADUIT DE L'ANGLAIS
PAR BÉATRICE MERLE D'AUBIGNÉ ET ANNICK STETA

JC LATTÈS

Titre original :

BUILDING SOCIAL BUSINESS
Publié aux États-Unis par Public Affairs, Perseus Books Group

ISBN : 978-2-253-16297-1 – 1re publication LGF

Préface

Au moment où sort ce livre, Muhammad Yunus fait l'objet, depuis plusieurs mois, d'une campagne d'attaques du gouvernement du Bangladesh, qui tente de le pousser à quitter la direction de la Grameen Bank. Il paye la rançon de son succès et de son influence en matière de développement, tant au niveau national que mondial. Ce n'est pas l'avenir du professeur Yunus qui se joue au Bangladesh, car il dépasse de loin ses frontières, c'est l'avenir de la Grameen Bank et de tout le secteur d'économie sociale, qui fait de l'ombre à l'action de l'État.

L'enjeu du conflit est le droit pour une grande institution qui appartient à 95 % aux paysannes pauvres du Bangladesh de choisir, en toute liberté, sa gouvernance. De ne pas accepter des décisions précipitées, à caractère politique, qui peuvent saper les fondements de la microfinance, basée sur la confiance. De ne pas laisser à l'État les commandes de la banque, en violation de la position prise par le conseil d'administration où 9 administratrices sur 12 représentent les paysannes membres.

L'opinion publique nationale et internationale défend avec force l'autonomie d'une institution qui devrait être inscrite au patrimoine de l'humanité, comme une institution exemplaire de l'économie sociale, en espérant que le gouvernement du Bangladesh évoluera vers une position plus respectueuse des acteurs économiques et plus conforme aux intérêts du pays. C'est notamment l'objet des Amis de Grameen, association qui regroupe le grand réseau de la microfinance et du social-business, dont les membres savent ce qu'ils doivent au groupe Grameen et à son promoteur.

J'ai rencontré, pour ma part, Muhammad Yunus au début des années 1980. La Grameen Bank comptait, à l'époque, moins de 100 000 membres. Elle en compte 8 millions aujourd'hui. Comme beaucoup d'autres, je me suis inspirée de son expérience pour lancer le microcrédit en Afrique de l'Ouest dans le cadre de l'AFD, en Europe de l'Est, dans le cadre de la Banque mondiale, puis en France, en créant l'ADIE. Des villageois de Guinée aux réfugiées de Srebrenica, en passant par les chômeurs français et les ouvriers albanais, dont les usines et fermes d'État avaient été démantelées après la chute du communisme, j'ai pu aider, à travers des opérations de microcrédit, des centaines de milliers de personnes à créer ou à développer des activités économiques et à retrouver un peu d'espoir. Des centaines d'entrepreneurs sociaux ont, comme moi, développé le microcrédit dans d'autres coins du monde, s'inspirant, eux aussi, de l'exemple de la Grameen Bank. Le bilan global s'évalue en millions d'individus qui, grâce au microcrédit, ont pu créer un peu de richesse et maîtriser leur propre destin.

La force de Muhammad Yunus tient non seulement à son intelligence, son éducation et l'expérience qu'il a acquise à travers son parcours, mais aussi à sa capacité de sortir des sentiers battus et de simplifier les problèmes complexes. Il ne raisonne pas en fonction du passé, mais par rapport à sa vision de l'avenir et des souhaits qu'il forme pour le bien de l'humanité. Il réhabilite le pouvoir du rêve, face à une réalité dont chacun se sent prisonnier. Il n'a pas la prétention de résoudre globalement tous les problèmes, mais lance des démarches expérimentales, qui vont permettre de trouver progressivement des solutions adaptées. Son charisme lui permet de combiner un objectif qui paraît inatteignable – vaincre la pauvreté – et la modestie des moyens initiaux permettant à chacun d'apporter sa pierre à l'édifice.

Alors que la plupart des universitaires et spécialistes du développement segmentent les savoirs et s'enorgueillissent de leur expertise dans tel ou tel secteur, en séparant soigneusement connaissance et action, il est avide de tout connaître – la vie des pauvres, les méthodes et les moyens d'intervention les plus efficaces dans tous les domaines, les technologies les plus sophistiquées – pour agir avec ceux qui ont les compétences et les moyens, et sont prêts à les partager.

Auteur, réalisateur, acteur, il joue tous les rôles, pour mieux inventer, créer et conceptualiser les mille facettes du développement. Le microcrédit ne peut, à lui seul, résoudre les problèmes de la pauvreté ? Qu'à cela ne tienne. Il lance l'une après l'autre des initiatives dans le domaine de la santé, de la nutrition, de l'eau, de l'énergie, de l'éducation, des communications ou des services. Il diversifie sans cesse sa démarche et sa doctrine : le social-business se différencie pour lui de l'entrepreneuriat social et comporte deux variétés distinctes : le type 1 représenté par des entreprises qui ont un objectif social et couvrent leurs coûts sans distribuer des dividendes, et le type 2, qui englobe celles qui cherchent à maximiser le profit mais qui, étant détenues par des pauvres, permettent de réduire la pauvreté.

Ce livre est à la fois le récit du chemin personnel de Muhammad Yunus – une aventure humaine hors du commun –, la description d'actions lancées dans toutes les directions au service des pauvres, une réflexion sur une nouvelle forme de capitalisme au profit de tous et un manuel pratique pour démarrer des entreprises de social-business.

Il est une démonstration éclatante que, de même qu'il ne suffit pas de condamner Galilée pour empêcher la terre de tourner, il ne suffit pas non plus de vouloir destituer le directeur général de la Grameen Bank pour bloquer la diffusion de ses idées. À travers Muhammad Yunus, le Bangladesh, pays le plus pauvre du monde, est monté au premier rang de l'innovation économique et sociale. Et le voilà revenu en arrière.

Face aux tentatives de ternir injustement l'image d'un homme qui est l'une des figures majeures de la lutte contre la pauvreté, le plus grand hommage que nous puissions rendre au professeur Yunus est de se laisser toucher par son message et de développer, en fonction des connaissances et moyens de chacun, le social-business qui peut rendre notre planète un peu plus vivable.

Maria NOWAK,
présidente des Amis de Grameen

INTRODUCTION

Le social-business : du rêve à la réalité

Un petit pas pour commencer

C'est presque par hasard que j'ai été amené à m'intéresser au problème de la pauvreté, d'abord en tant qu'universitaire, puis à titre personnel. Je me suis senti concerné parce que la pauvreté était partout au Bangladesh. La famine de 1974 m'a arraché à mon université et a transformé le professeur que j'étais en activiste.

Cette expérience n'a bien sûr rien d'original. Face à un désastre, la plupart d'entre nous n'hésitent pas à faire ce qu'exige la compassion humaine. Mais dans mon cas, ce qui avait débuté dans une situation de crise est devenu une vocation. J'ai abandonné ma carrière universitaire et j'ai fondé une banque – une banque pour les pauvres.

Ce fut le point de départ d'un parcours qui s'est poursuivi jusqu'à aujourd'hui. La dernière étape à ce jour a consisté, comme je l'expliquerai dans ce livre, en la conception et la création d'une nouvelle forme de capitalisme et d'un nouveau type d'entreprise fondé sur l'altruisme des individus : le social-business. Il s'agit de résoudre les problèmes sociaux, économiques et environnementaux dont l'humanité souffre depuis longtemps : la faim, la privation de logement, la maladie, la pollution, l'ignorance.

Au début des années 1970, alors qu'il venait de conquérir son indépendance, le Bangladesh était dans un état épouvantable. Les conséquences de notre guerre de libération – et les destructions provoquées par l'armée pakistanaise –, combinées aux inondations, sécheresses et moussons placèrent des millions de nos concitoyens dans une situation désespérée. Puis vint la famine. Il m'était de plus en plus difficile d'enseigner d'élégantes théories économiques dans une salle de cours alors que notre peuple mourait de faim. J'ai soudain éprouvé la vacuité de ces théories face à une pauvreté écrasante. Je devais quitter le campus et trouver le moyen de rendre service aux habitants de Jobra, le village voisin de l'université de Chittagong. J'espérais simplement être utile à au moins une personne par jour.

En essayant de comprendre ce qui pouvait les aider, j'ai appris beaucoup de choses sur Jobra, sur les pauvres qui y vivaient et sur leur impuissance. J'ai découvert combien les plus démunis doivent lutter pour trouver le moindre sou et pouvoir survivre.

Une situation m'a particulièrement choqué. J'ai rencontré une femme qui avait emprunté 5 takas (l'équivalent d'environ 7 *cents* en dollar des États-Unis) à un prêteur local. Elle avait besoin de cette petite somme pour acheter du bambou qu'elle transformait en tabourets destinés à la vente. Le taux d'intérêt exigé pour ce type de prêt était très élevé : il pouvait atteindre 10 % par semaine. Mais les conditions accompagnant le prêt étaient pires encore : cette femme devait vendre la totalité de sa production au prêteur, et ce, au prix qu'il fixerait.

Ce prêt de 5 takas avait fait d'elle une esclave. Quelle que soit son ardeur au travail, ni elle ni sa famille ne pourraient jamais échapper à la pauvreté.

Afin de prendre la mesure de l'activité des prêteurs dans le village, j'ai établi la liste des personnes qui s'étaient adressées à eux : elle comportait 42 noms. Ces gens avaient emprunté un montant total de 856 takas, ce qui représentait alors un peu moins de 27 dollars. Il paraissait absurde qu'une si petite dette produise une telle misère !

Afin de tirer ces 42 personnes des griffes des prêteurs, je leur ai donné de quoi rembourser leurs dettes. L'émotion provoquée dans le village par ce geste me toucha profondément. Si je pouvais rendre tant de gens heureux avec si peu d'argent, pourquoi ne pas en faire plus ?

C'est ce que je me suis employé à faire dès lors.

J'ai tout d'abord essayé de convaincre la banque située sur le campus de prêter de l'argent aux pauvres. Mais son directeur argua que les pauvres n'étaient pas solvables. J'ai essayé de le convaincre, en vain. J'ai rencontré divers responsables de banques pour trouver quelqu'un qui accepterait de donner aux pauvres un accès aux services financiers. Après plusieurs mois, j'ai compris que je ne parviendrais pas à les faire changer d'avis.

J'ai donc eu l'idée de me porter garant de ces

prêts. Après bien des hésitations, la banque accepta. À la mi-1976, je commençai à accorder des prêts aux pauvres du village en assumant la responsabilité de leur remboursement. Je voulais faire en sorte que les emprunteurs pauvres puissent honorer leurs dettes. J'ai donc mis en place des règles simples : le remboursement hebdomadaire du prêt, le déplacement du représentant de la banque dans les villages, et non l'inverse. Cette expérience fut un succès : les gens remboursaient toujours, et toujours en temps voulu.

Prêter aux pauvres n'était donc pas aussi difficile qu'on pouvait l'imaginer. Il m'apparut même que répondre à leurs besoins financiers pourrait être une activité rentable. Un banquier avisé aurait pu voir là une opportunité qu'un simple professeur d'économie dépourvu de toute expérience en matière bancaire avait découverte par hasard. Tel n'était pas le cas : mes tentatives pour étendre ce programme en recourant aux banques traditionnelles n'aboutissaient pas.

Je décidai finalement de créer une banque dédiée aux pauvres. Concevoir de façon détaillée le fonctionnement d'une telle entreprise et obtenir l'accord des autorités de régulation fut long et difficile. Mais grâce au soutien du ministre des Finances qui était alors en fonction au Bangladesh, je réussis à créer une nouvelle banque destinée à répondre aux besoins des plus démunis. Nous l'appelâmes Grameen Bank, ou « banque du village » en bengali.

La Grameen Bank opère aujourd'hui au niveau national : ses services sont accessibles aux pauvres de tous les villages du Bangladesh. Elle compte 8 millions d'emprunteurs, dont 97 % sont des femmes.

Dès le départ, nous avons décidé de concentrer notre action sur ces dernières. Cette décision s'explique en partie par le fait que les femmes pauvres du Bangladesh ne disposent d'aucune autre source de crédit. Et lorsque celles-ci empruntent de l'argent, elles ne l'utilisent jamais pour elles-mêmes : elles s'en servent pour créer ou développer de petites activités économiques leur permettant d'aider leur famille, et plus particulièrement leurs enfants. Accorder des prêts aux femmes pauvres du Bangladesh constitue ainsi un moyen efficace de lutter contre la misère.

La Grameen Bank présente d'autres particularités, notamment celle d'être détenue par ses emprunteurs. Parmi les douze membres du conseil d'administration, neuf sont élus par les emprunteurs agissant en leur capacité d'actionnaire. La Grameen Bank accorde plus de 100 millions de dollars par mois de prêts sans garantie d'un montant moyen de 200 dollars. En dépit du fait que la Grameen Bank s'adresse aux plus pauvres, à ceux que les banques traditionnelles considèrent comme insolvables, le taux de remboursement reste très élevé : il est voisin de 98 %.

La Grameen Bank prête même aux mendiants. Grâce à cet argent, ils se lancent dans le porte-à-porte en proposant de petits objets (jouets, accessoires ménagers, denrées alimentaires). Contrairement aux idées reçues, les mendiants sont fiers de subvenir à leurs besoins en exerçant une activité. Ce programme concerne à présent plus de 100 000 d'entre eux. Durant les quatre années qui se sont écoulées depuis son lancement, plus de 18 000 ont cessé de mendier. La plupart en sont à présent à leur deuxième ou troisième prêt.

La Grameen Bank encourage les enfants de ses emprunteurs à aller à l'école. Elle leur propose des prêts pour accéder à l'enseignement supérieur. Plus de 50 000 étudiants bénéficient actuellement de prêts Grameen leur permettant de poursuivre leurs études dans des écoles de médecine, des écoles d'ingénieurs ou à l'université.

Nous incitons ces jeunes gens à offrir des emplois au lieu d'en demander. Nous leur expliquons que leurs mères possèdent une grande banque, la Grameen Bank. Cette banque a tout l'argent qu'il faut pour financer les entreprises qu'ils créeront. Pourquoi devraient-ils perdre leur temps à chercher un emploi et à travailler pour quelqu'un d'autre ? Ils doivent devenir des employeurs plutôt que des employés. La Grameen Bank est là pour encourager l'entreprenariat et favoriser l'autonomie des Bangladais, non leur dépendance.

La même logique fonde l'indépendance financière de la Grameen Bank. L'ensemble des fonds dont elle dispose provient de dépôts. Plus de la moitié des dépôts émanent des emprunteurs, qui ont l'obligation d'épargner un peu chaque semaine. Le montant total de leur épargne dépasse un demi-milliard de dollars.

Le succès de la Grameen Bank suffirait à impressionner. Mais ce travail au Bangladesh n'est en réalité que le début de l'histoire.

Connue sous le nom de « microcrédit » ou de « microfinance », l'idée de consentir à des femmes pauvres des prêts de faible montant et dépourvus de garantie a fait le tour du monde. Il existe maintenant des programmes de type Grameen dans presque tous les pays. Nous en avons même fondé un appelé « Grameen America » à New York. Ouverte en 2008 dans le Queens, dans le quartier des Jackson Heights, notre banque propose de petits prêts sans garantie (d'un montant moyen de 1 500 dollars) aux femmes du voisinage. Elles utilisent cet argent pour lancer de modestes activités ou développer une entreprise existante. La plupart d'entre elles sont des mères célibataires qui se battent pour gagner leur vie dignement.

Grameen America a ouvert des succursales à Brooklyn (New York), à Omaha (Nebraska) et à San Francisco (Californie). Cette réussite montre que le besoin d'une banque dédiée aux pauvres existe même dans le pays le plus riche du monde et qui dispose du système bancaire le plus sophistiqué.

Pourquoi m'a-t-il semblé si important de fournir des services bancaires aux pauvres ? C'est bien sûr après avoir compris que les prêteurs exploitaient les gens et les enfermaient dans la pauvreté. Mais c'est aussi parce que je suis de plus en plus convaincu que la pauvreté n'est pas créée par les pauvres eux-mêmes.

Quand je rencontre des emprunteurs de la Grameen Bank, je vois souvent arriver une mère et sa fille ou une mère et son fils. Alors que la mère est totalement analphabète, la fille ou le fils est médecin ou ingénieur. Une pensée me traverse toujours l'esprit : cette mère aurait elle aussi pu être médecin ou ingénieur. Elle a les mêmes capacités que sa fille ou que son fils. La seule raison pour laquelle elle n'a pas pu développer son potentiel est que la société ne lui en a jamais donné la possibilité. Elle n'a même pas pu aller à l'école pour apprendre à lire et à écrire.

Plus vous passez de temps avec les pauvres, plus vous êtes convaincu que la pauvreté ne résulte pas d'une quelconque incapacité. La pauvreté n'est pas créée par les pauvres. Elle vient du système que nous avons construit, des institutions que nous avons conçues et des concepts que nous avons formulés.

La pauvreté vient des insuffisances des institutions que nous avons mises en place. C'est le cas par exemple des institutions financières. Les banques traditionnelles refusent de fournir des services financiers à près des deux tiers de la population mondiale. Elles ont longtemps soutenu que c'était impossible, et tout le monde acceptait cette explication. Cela a permis aux usuriers de prospérer dans le monde entier. La Grameen Bank a remis en cause cette affirmation et a démontré que prêter de l'argent aux plus démunis était non seulement possible mais aussi rentable.

Lors de la crise financière mondiale, qui débuta en 2008, les contradictions de ces vieux principes sont devenues encore plus évidentes. Alors que les grandes banques traditionnelles s'effondraient, les programmes de microcrédit poursuivaient leur développement. Cette démonstration fera-t-elle évoluer la définition de la solvabilité retenue par les établissements bancaires ? Finiront-ils par ouvrir leurs portes aux pauvres ?

Je suis très sérieux lorsque je pose cette question

(bien que je sache pertinemment quelle est la réponse la plus probable). Quand une crise est aussi grave, elle peut offrir d'énormes possibilités. Quand tout s'écroule, cela donne l'occasion de développer de nouvelles idées, de redistribuer les rôles et de reconstruire. Nous devons repenser nos institutions financières, les ouvrir à tous. Nul ne devrait être privé d'accès aux services financiers. Parce qu'ils sont essentiels à la réalisation des individus, je crois profondément que l'accès au crédit devrait faire partie des droits de l'homme.

La pauvreté n'est pas créée par les pauvres, c'est le fruit des circonstances. Ce constat nous amène à évoquer le potentiel des êtres humains.

Chaque être humain est né avec tout ce qu'il faut pour prendre soin de lui-même, mais aussi pour contribuer au bien-être du monde. Certains ont la possibilité de découvrir leur potentiel. D'autres n'auront jamais la chance de développer leurs capacités. Ils meurent sans les avoir exploitées, et le monde est privé de leur concours.

Grameen m'a donné une foi inébranlable en la créativité des êtres humains ainsi que la ferme conviction que les hommes ne sont pas nés pour souffrir de la faim et de la pauvreté. La pauvreté est une contrainte imposée aux individus. Comme elle leur est extérieure, ils peuvent en être libérés.

Nous pouvons créer un monde sans pauvreté si nous y croyons tous, un monde où elle n'existera plus que dans des musées. Le jour viendra où les enfants iront visiter ces musées et seront horrifiés de voir la misère et l'indignité dans lesquelles auront vécu certains êtres humains. Ils blâmeront à juste titre leurs ancêtres d'avoir toléré si longtemps l'existence de conditions inhumaines.

Je compare souvent les pauvres à des bonsaïs. Quand on plante une graine du plus grand des arbres dans un tout petit pot, on en obtient une réplique exacte ; mais elle n'est haute que de quelques centimètres. La graine est parfaite, c'est le sol dans lequel elle a été plantée qui ne convient pas. Les pauvres sont des hommes-bonsaïs. Rien dans leur origine ne pose problème, mais la société ne leur a pas donné de quoi les faire grandir. Pour sortir de la misère, les pauvres n'ont besoin que d'un environnement favorable. Lorsqu'ils seront autorisés à libérer leur énergie et leur esprit d'innovation, la pauvreté disparaîtra très vite.

Le concept de social-business

Mon engagement en faveur de l'éradication de la pauvreté date du milieu des années 1970. Bien que cette lutte soit restée ma principale préoccupation, je me suis intéressé à d'autres sujets qui y sont liés. Au fil du temps, je me suis occupé d'agriculture, d'élevage, de pêcheries, d'énergies renouvelables, de technologies de l'information, d'éducation, de santé, de tissage, de services pour l'emploi. Ces activités pouvaient contribuer à réduire la misère. Pour chacune d'entre elles, j'ai créé une entreprise de manière à savoir s'il était possible de répondre de façon durable au problème de la pauvreté. Elle recouvre tous les aspects de l'existence. Elle a de multiples facettes. Il faut la traiter de plusieurs manières, et aucune d'entre elles n'est insignifiante.

En mettant en œuvre ces différentes approches, je suis passé du microcrédit à un concept plus large. Ce nouveau concept va modifier les fondements de l'économie capitaliste et les débarrasser des travers qui ont produit la pauvreté ainsi que d'autres fléaux sociaux et environnementaux. Il s'agit du social-business, qui est le sujet de ce livre.

Laissez-moi revenir un instant sur la crise financière de 2008-2009. Les médias donnent l'impression que tous nos problèmes disparaîtront une fois que la crise sera terminée : l'économie renouera avec la croissance et nous pourrons reprendre nos mauvaises habitudes.

Mais même si c'était souhaitable, ce ne serait pas possible. La crise financière n'est que l'une des nombreuses crises qui menacent l'humanité. Nous souffrons également d'une crise alimentaire, d'une crise environnementale, d'une crise des systèmes de santé ainsi que d'une crise liée à la persistance d'une pauvreté massive à l'échelle mondiale. Bien qu'elles n'aient pas reçu la même attention, ces crises sont aussi importantes que la crise financière.

La façon dont les journalistes abordent ces sujets laisse croire que ces crises ne sont pas liées et qu'elles se déroulent simultanément par le seul fait du hasard. Ce n'est pas vrai du tout. Ces crises ont en réalité une même origine : une grave faiblesse dans la construction théorique du capitalisme.

Cette faiblesse vient d'une conception erronée de

la nature humaine : les êtres humains engagés dans une activité économique sont présentés comme des êtres unidimensionnels recherchant exclusivement la maximisation du profit. Les individus sont supposés poursuivre cet objectif avec rationalité et détermination, qu'il s'agisse de leur travail, des produits qu'ils achètent, des entreprises qu'ils créent et des investissements qu'ils choisissent de réaliser.

Cette image de l'être humain est totalement faussée. Les êtres humains ne sont pas des machines à faire de l'argent. Ils ont au contraire plusieurs dimensions : leur bonheur ne se résume pas à ce qu'ils gagnent.

La théorie économique repose pourtant sur l'hypothèse selon laquelle les individus ne font rien d'autre que poursuivre leurs propres intérêts. L'optimum social peut être atteint lorsque chacun est libre de rechercher son intérêt personnel. Cette conception de l'être humain ne prend pas en compte les autres aspects de son existence : politique, social, émotionnel, spirituel, environnemental, etc.

Les êtres humains sont indubitablement égoïstes ; mais ils peuvent aussi se montrer altruistes. Si la recherche du profit était la seule clé pour expliquer le comportement humain, il n'existerait que des établissements destinés à produire le maximum de richesse individuelle. Il n'y aurait pas d'églises, de mosquées ou de synagogues, pas d'écoles, pas de musées, pas de jardins publics, pas d'hôpitaux, pas de centres communautaires. (Après tout, des institutions de cette nature ne permettent à personne de devenir milliardaire !) Il n'y aurait pas d'œuvres de bienfaisance, pas de fondations, pas d'organisations à but non lucratif.

L'homme est également animé par des motivations altruistes. L'existence d'innombrables organismes caritatifs soutenus par la générosité des individus le démontre. (Il est vrai que dans de nombreux pays, les dons à des organismes caritatifs permettent de bénéficier de réductions d'impôts. Mais seule une partie des sommes versées est déduite. Une motivation altruiste reste donc indispensable.) Or cette dimension n'est pas prise en compte par l'analyse économique.

Cette perception déformée de la nature humaine rend la pensée économique incomplète et inexacte. Au fil du temps, elle a contribué au déclenchement des multiples crises auxquelles nous faisons face aujourd'hui. Les régulations publiques, les systèmes éducatifs, les structures sociales s'appuient sur ce principe : seules les motivations égoïstes méritent de retenir l'attention. Il en résulte que nous consacrons une énorme partie de notre temps, de notre énergie et d'autres ressources à développer et à soutenir des activités destinées à la recherche du profit. Nous considérons que cette recherche est la principale source d'ingéniosité humaine et l'unique façon de répondre aux problèmes auxquels la société est confrontée. Et même quand ces problèmes empirent, nous n'arrivons pas à remettre en question les hypothèses de départ.

Si l'on accepte de reconnaître que notre édifice théorique présente une faiblesse, la solution est évidente. Il est aisé de remplacer l'individu unidimensionnel de cette théorie par une personne multidimensionnelle – une personne qui poursuit simultanément des objectifs égoïstes et des objectifs altruistes.

Notre vision du monde des affaires est alors bouleversée. Deux types d'activité économique sont donc nécessaires : le premier est destiné à produire des bénéfices individuels, le second à venir en aide à autrui. L'objectif des entreprises relevant de la première catégorie consiste à maximiser le profit de leurs propriétaires, même s'il ne reste rien pour les autres. (En réalité, ceux qui cherchent à maximiser le profit ne se préoccupent guère des conséquences négatives de leurs actions.) À l'opposé, pour la seconde catégorie, les propriétaires se contentent de la satisfaction que leur procure le service de l'humanité. Nous appelons social-business les entreprises qui se fondent sur la partie altruiste de la nature humaine. C'est ce qui manquait à la théorie économique.

Un social-business est une entreprise dont les investisseurs cherchent à venir en aide à d'autres individus sans en retirer de bénéfice personnel. Ce n'en est pas moins une véritable entreprise qui réussit à couvrir l'ensemble de ses coûts ; elle peut ainsi s'autofinancer. Si elle réalise un bénéfice, elle l'investira pour développer son activité ou pour accroître les avantages dont elle fait profiter la société. Le social-business peut être décrit comme une entreprise ne réalisant pas de pertes et ne distribuant pas de dividendes : elle se consacre entièrement à la réalisation d'un objectif social.

Y aura-t-il des individus prêts à créer une entreprise de ce type ? Si j'en juge par les personnes que je connais, nombreux sont ceux qui seraient ravis de poursuivre un tel objectif. Nous devons simplement les aider à se défaire de l'idée selon laquelle la réalisation d'un profit est au cœur de toute entreprise – une idée qui leur a été imposée par une théorie économique imparfaite.

Vous vous demandez peut-être où trouver les fonds permettant de financer une entreprise qui n'a pas l'intention de faire du profit. La réponse n'est pas aussi mystérieuse que l'on pourrait le penser. L'une des sources de financement est l'argent actuellement consacré à la philanthropie. Songez aux grandes fondations comme aux organisations à but non lucratif qui prospèrent grâce à la générosité de millions de donateurs, grands et petits. Rien qu'aux États-Unis, les revenus annuels des organisations à but non lucratif ont dépassé 1,1 milliard de dollars lors d'un exercice récent !

Comme le montre ce chiffre, les gens sont heureux de contribuer à rendre le monde meilleur. Si le social-business pouvait remplir les mêmes objectifs de façon plus satisfaisante, pourquoi ne seraient-ils pas ravis de consacrer une part croissante de ces sommes au financement d'entreprises de ce type ?

Outre de riches philanthropes comme Bill Gates et Warren Buffett, nombreux seront ceux qui investiront dans le social-business pour avoir la joie d'améliorer la vie d'autrui. Ces personnes apporteront également leur ingéniosité, leur capacité à constituer un réseau, leurs compétences techniques, leur expérience de la vie, d'autres moyens encore de créer des social-business capables de changer le monde.

Lorsque la notion de social-business sera plus largement connue, de nombreuses personnes utiliseront une partie de l'argent investi dans des entreprises maximisant le profit pour financer des social-business. Cela constituera une autre source de financement. Une partie de l'argent public traditionnellement consacré aux programmes sociaux sera versée à des social-business. Les fonds de responsabilité sociale créés par des entreprises classiques pourraient également financer des social-business.

Quand nos théories économiques auront intégré la réalité multidimensionnelle de la nature humaine, les jeunes gens apprendront à l'école puis à l'université qu'il existe deux types d'entreprises : les entreprises traditionnelles dont l'objectif est de gagner de l'argent et les social-business. En grandissant, ils réfléchiront au type d'entreprise dans lequel ils souhaiteront investir et celui dans lequel ils voudront travailler. Bien des jeunes gens rêvant d'un monde meilleur envisageront de créer un social-business. Ils pourraient commencer à en concevoir avant même d'avoir fini leurs études, voire en lancer individuellement ou collectivement de manière à exprimer leur créativité tout en changeant le monde.

Ce n'est pas un rêve mais une réalité

Comme toutes les idées nouvelles, le concept de social-business a besoin d'une démonstration pratique. C'est la raison pour laquelle j'ai commencé à créer des social-business au Bangladesh.

Certains d'entre eux sont le produit de partenariats entre, d'un côté, la Grameen Bank et les organisations qui lui sont apparentées et, de l'autre, de grandes multinationales. Une première *joint venture* de ce type a eu lieu en 2005 avec la société française de produits laitiers Danone. Grameen Danone vise à lutter contre la malnutrition dont souffrent les enfants du Bangladesh. Cette entreprise produit des yaourts destinés aux plus jeunes et les vend à un prix abordable pour les pauvres. Ils contiennent tous les nutriments essentiels qui manquent au régime habituel des petits : vitamines, fer, zinc, iode, etc. En consommant deux pots de yaourt par semaine durant une période de huit à neuf mois, un enfant disposera de tout ce qui est nécessaire à son développement.

En tant que social-business, Grameen Danone s'attache à préserver son autonomie financière. Ses propriétaires doivent s'engager à ne jamais toucher de dividendes : ils ne peuvent prétendre qu'au remboursement de leur investissement initial. Le succès de la société est mesuré chaque année à l'aune du nombre d'enfants qui ont échappé à la malnutrition et non à celle du profit généré.

J'ai raconté la création de Grameen Danone dans mon précédent livre, *Vers un nouveau capitalisme*. J'évoquerai un peu plus loin les récentes évolutions de cette entreprise. Comme vous pourrez le constater, cette expérience a été riche d'enseignements sur la manière de créer et de développer un social-business.

Plus important encore, Grameen Danone a attiré l'attention du monde entier. Bien d'autres grandes entreprises ont pris contact avec le groupe Grameen pour monter des social-business en partenariat avec nous : elles veulent le faire correctement et savent que nous sommes à l'origine de ce concept. Lorsqu'elles auront l'expérience du social-business, elles le diffuseront partout où le besoin s'en fera sentir.

Avec Veolia, une grande entreprise française spécialisée dans le traitement de l'eau, nous avons fondé un social-business sous forme de *joint venture*. La Grameen Veolia Water Company a pour objectif de fournir de l'eau potable aux villages du Bangladesh dans lesquels la contamination de l'eau par l'arsenic pose d'énormes problèmes. Les villageois peuvent désormais acheter de l'eau à un prix abordable au lieu de boire celle qui est contaminée. Avec le temps, nous mesurerons l'impact produit par la consommation d'une eau de meilleure qualité sur la santé des populations locales.

Une grande entreprise allemande, BASF, a signé un accord de *joint venture* avec Grameen afin de créer au Bangladesh un social-business destiné à produire des moustiquaires traitées chimiquement. Grâce à ces moustiquaires les maladies véhiculées par les moustiques, comme la malaria, peuvent être évitées. La *joint venture* entre BASF et Grameen réduira autant que possible les coûts de production de manière à rendre ces protections accessibles aux plus démunis.

Notre *joint venture* avec la société Intel, Grameen Intel, a pour vocation d'utiliser les technologies de l'information et de la communication afin d'aider à résoudre les problèmes des pauvres vivant dans les campagnes. Il s'agit par exemple d'offrir une possibilité d'accès aux services de santé dans des zones où docteurs et infirmières sont peu nombreux et où les dispensaires sont rares. Comme je le montrerai un peu plus loin, le but est de développer de nouvelles technologies permettant de mettre les techniques médicales les plus avancées à la portée des villageois, puis de créer un noyau de petits entrepreneurs qui produiront ces services essentiels de façon économiquement viable.

Notre *joint venture* avec Adidas vise à produire des chaussures à un prix abordable pour la population disposant d'un très faible revenu. L'objectif de Grameen Adidas est de faire en sorte qu'aucun enfant ou adulte ne marche pieds nus. Il est bien sûr plus agréable et plus confortable de porter des chaussures sur des routes poussiéreuses. Mais il s'agit surtout d'éviter que les habitants des zones rurales, en particulier les enfants, ne souffrent de maladies parasitaires que l'on peut contracter en se déplaçant pieds nus. Adidas cherche avec Grameen le moyen de faire bénéficier de ces avantages les personnes les plus pauvres que comptent les pays en développement en utilisant un modèle économiquement viable : le social-business.

Une autre entreprise allemande, Otto GmbH, souhaite lancer un social-business qui produirait en Asie des tissus et des vêtements destinés à être exportés vers les pays développés. Grameen Otto projette d'installer une usine au Bangladesh qui s'efforcera d'employer des personnes souvent considérées comme économiquement marginales, notamment les femmes et les handicapés. Les profits générés par cette entreprise seront utilisés pour améliorer la qualité de vie des employés, de leurs enfants et des pauvres du voisinage.

Comme le montrent ces exemples, le social-business n'est pas qu'une belle idée. C'est une réalité qui a déjà apporté des changements positifs dans la vie des gens et attiré l'attention d'entreprises les plus avancées du monde.

Bien d'autres social-business vont éclore. L'une des missions les plus intéressantes consistera à créer des emplois dans des endroits spécifiques ou pour des personnes particulièrement défavorisées. Comme un social-business ne rémunère pas ses actionnaires, ses possibilités d'investissement sont beaucoup plus vastes que celles des entreprises traditionnelles. Avant qu'une entreprise recherchant le profit décide de réaliser un investissement, elle doit être sûre de dégager un certain niveau de retour sur investissement – disons 25 %. Elle ne se lancera pas si tel n'est pas le cas, parce que d'autres types d'investissements peuvent lui apporter cette rentabilité. L'investisseur choisira les projets en fonction de l'importance des profits potentiels qui leur sont associés.

Un social-business ne fonde pas ses décisions d'investissement sur des profits potentiels, mais sur une cause sociale. Si cette cause est susceptible de créer des emplois, le social-business en créera aussi longtemps qu'il pourra s'autofinancer. Cela lui donne une énorme force : il peut investir dans des projets dont le retour sur investissement est minimal, voire proche de zéro, et offrir ainsi des opportunités d'emploi à beaucoup de gens. Dans le monde des entreprises recherchant exclusivement le profit, ces emplois ne seraient jamais créés. Comme c'est malheureux !

Le social-business a un potentiel de développement important dans le domaine de la santé. Dans de nombreux pays, l'offre publique de soins est inefficace et ne parvient pas à atteindre ceux qui en ont le plus besoin. Les services de santé privés s'attachent pour l'essentiel à répondre aux besoins des personnes disposant de revenus élevés. Le vaste espace qui sépare ces deux pôles peut être occupé par le social-business.

Au Bangladesh, Grameen Healthcare tente de créer des social-business pour pallier les carences du système de soins. Nous essayons de développer une structure type de centres de santé dans les villages : leur objectif consistera à maintenir les gens en bonne santé en se concentrant sur la prévention et en proposant des diagnostics, des bilans, une assurance maladie, des conseils de santé et de nutrition, etc. Grameen Healthcare s'appuie sur la téléphonie mobile et travaille avec des entreprises spécialisées dans la conception d'équipements de diagnostic médical permettant de transmettre en temps réel des images et des données à des experts basés en ville. Ces avancées technologiques peuvent réduire les coûts des soins médicaux de manière à permettre au plus pauvre des villages d'y avoir accès tout en atteignant l'objectif d'autofinancement qui est au cœur du concept de social-business.

Le social-business peut aussi contribuer à améliorer les infrastructures de santé. Grameen Healthcare ouvrira bientôt des écoles d'infirmières où seront formées les filles des familles clientes de la Grameen Bank. Comme beaucoup de pays, le Bangladesh a cruellement besoin d'infirmières diplômées. Il n'y a aucune raison qu'un grand nombre de jeunes filles restent inactives alors qu'existent des opportunités d'emploi attrayantes. Ces écoles peuvent combler ce manque.

Grameen Healthcare projette également de lancer sous forme de social-business des services de santé spécialisés. (Plus loin dans ce livre, j'évoquerai l'un de ces services : une unité destinée à réaliser un acte chirurgical particulièrement complexe afin de soigner les enfants atteints de thalassémie, une maladie génétique qui peut être fatale.) Grameen Healthcare prévoit d'ouvrir une université des sciences de la santé afin de former une nouvelle génération de médecins qui iront travailler dans nos services de santé.

Le social-business permet de répondre à d'autres besoins en matière de santé : nutrition, eau, assurance maladie, éducation à la santé et formation aux métiers de la santé, soins ophtalmologiques, soins de la mère et de l'enfant, pose de diagnostics, etc. Il faudra du temps pour mettre en place des structures pouvant accueillir ces activités. Mais lorsque des esprits créatifs y seront parvenus, ce modèle pourra être reproduit à l'infini.

Concevoir un social-business, c'est comme faire germer une graine. Une fois que la graine a germé, n'importe qui peut la planter là où on en a besoin.

Puisque chaque unité s'autofinance, le financement de l'entreprise n'est plus une contrainte.

Le social-business est, entre autres choses, un moyen de mettre en œuvre les technologies les plus puissantes dont nous disposons actuellement.

Il existe aujourd'hui des technologies étonnamment puissantes qui ne cessent de se perfectionner. Presque toutes sont détenues et contrôlées par des entreprises cherchant à maximiser le profit. Elles les utilisent pour gagner plus d'argent, car tel est le mandat que leur ont donné leurs actionnaires. Imaginez ce que nous pourrions faire si nous utilisions ces mêmes technologies pour résoudre les problèmes des gens !

La technologie est une sorte de véhicule : on peut la conduire vers n'importe quelle destination. Parce que ses détenteurs actuels veulent obtenir le profit le plus important possible, c'est là que la technologie les emmènera. Si quelqu'un décide de mettre les technologies existantes au service de la lutte contre la pauvreté, c'est ce qui se produira. Même chose si on l'utilise pour vaincre les maladies. C'est à nous de choisir ce que nous voulons faire de la technologie. Le seul problème est que le cadre théorique dans lequel fonctionne le capitalisme ne nous laisse pas ce choix. L'apparition du social-business a permis de pallier cette carence.

Il n'est en réalité pas nécessaire de faire un choix. Mettre la technologie au service d'un objectif particulier ne la rendra pas moins efficace par ailleurs. C'est l'inverse : utiliser la technologie pour résoudre des problèmes sociaux accroîtra sa capacité à générer du profit.

Les propriétaires de social-business peuvent appliquer la puissance de la technologie à une liste de plus en plus longue de problèmes économiques et sociaux et obtenir rapidement des résultats. Les idées nouvelles qui apparaîtront au fil de ce processus seront développées par les futures générations de scientifiques et d'ingénieurs. Le social-business bénéficiera aux pauvres, mais aussi au reste de l'humanité.

Lorsque ce concept sera largement diffusé, des individus ingénieux proposeront des projets attrayants de social-business. Les jeunes gens développeront des *business plans* afin de répondre aux problèmes sociaux les plus ardus. Les bonnes idées devront bien sûr trouver un financement. En Europe et au Japon, il existe déjà des projets de fonds de social-business destinés à fournir des capitaux ainsi que des prêts à ces entreprises.

Avec le temps, il faudra trouver des sources de financement supplémentaires. Quel que soit leur niveau – qu'il s'agisse de l'échelle internationale, nationale, régionale ou communale –, les pouvoirs publics peuvent créer des fonds de social-business. Les citoyens et les entreprises seront incités à fonder des social-business pour répondre à des problèmes sociaux particuliers (chômage, maladie, insalubrité, vieillissement, drogue, crime, personnes défavorisées – les handicapés par exemple –, etc.). Des donateurs bilatéraux et multilatéraux peuvent également créer des fonds de social-business. Un pourcentage des ressources des fondations ira soutenir ces activités. Les entreprises auront l'opportunité d'utiliser les budgets adoptés au titre de leur responsabilité sociale pour financer des social-business.

Nous finirons par avoir besoin de concevoir un marché financier réservé aux social-business afin de faciliter l'accès des petits investisseurs à ce type d'entreprise. Seuls les social-business pourront être cotés sur ce marché. Les investisseurs sauront dès le départ qu'ils ne recevront jamais de dividendes : ils seront motivés par la fierté et le plaisir d'aider à résoudre des problèmes sociaux difficiles.

Le social-business donne à chacun la possibilité de contribuer à l'édification du monde tel que nous le voudrions. Grâce au concept de social-business, les citoyens n'auront pas à laisser tous ces problèmes aux mains du gouvernement (et à passer leur vie à le critiquer pour son incapacité à les résoudre). Les individus disposent maintenant d'un nouveau champ dans lequel mobiliser leur créativité et leur talent afin de traiter les problèmes de notre temps. Lorsqu'ils constateront l'efficacité du social-business, les gouvernements décideront peut-être de créer leurs propres social-business, lesquels agiront en partenariat avec les social-business gérés par les citoyens. Les pouvoirs publics s'inspireront des social-business pour améliorer le fonctionnement de leurs propres programmes.

Les gouvernements auront un rôle important à jouer en matière de promotion du social-business. Ils devront adopter des législations destinées à lui donner une reconnaissance légale et créer des organismes de régulation garantissant la transparence et l'intégrité de ce secteur. Ils pourront également offrir des avantages fiscaux tant aux investisseurs qu'aux social-business eux-mêmes.

La merveilleuse promesse du social-business rend plus urgents encore la redéfinition et l'élargissement du cadre économique actuel. Nous avons besoin d'un nouveau mode de pensée économique qui permettrait de mettre définitivement fin aux crises au lieu de favoriser leur apparition. Il est temps de développer une réflexion audacieuse et créative. Et il nous faut faire vite, parce que le monde change rapidement. Une première étape consistera à intégrer pleinement le social-business au système économique.

Dans quelques années, le social-business sera une réalité. Il permet déjà d'améliorer la vie de nombreux individus et il est sur le point de s'affirmer comme l'une des principales tendances sociales et économiques contemporaines. Dans les pages qui suivent, je présenterai de façon plus approfondie ce concept, je raconterai l'histoire de plusieurs social-business déjà lancés, et je vous indiquerai comment soutenir ce nouveau mouvement.

1. Pourquoi le social-business ?

Un social-business est une entreprise d'un type nouveau. Il diffère de l'entreprise traditionnelle, qui cherche à maximiser le profit (ce qui est le cas de presque toutes les entreprises privées dans le monde d'aujourd'hui), comme de l'organisme caritatif qui dépend des dons ou de la philanthropie. Il est également distinct d'autres notions comme l'entreprise sociale, l'entreprenariat social ou l'entreprise socialement responsable, qui correspondent à différents types d'entreprises traditionnelles.

Un social-business est étranger au monde de la recherche du profit. Son objectif consiste à résoudre un problème social en utilisant des méthodes forgées par le monde de l'entreprise pour créer et commercialiser des biens et des services. Grameen Danone lutte par exemple contre la malnutrition en vendant à un prix abordable des yaourts enrichis en micronutriments. Grameen Veolia Water parvient à régler la question de la contamination de l'eau par l'arsenic en vendant de l'eau pure à bas prix. BASF Grameen tentera de prévenir les maladies véhiculées par les moustiques en produisant et en commercialisant des moustiquaires imprégnées. On peut citer bien d'autres social-business ; certains existent déjà, d'autres sont encore à l'état de projet.

Il y a deux types de social-business. Les entreprises du premier type ne réalisent pas de pertes et ne distribuent pas de dividendes. Elles cherchent à répondre à une difficulté sociale et sont détenues par des investisseurs qui consacrent l'intégralité des bénéfices à l'expansion de l'entreprise ainsi qu'à l'amélioration de son fonctionnement. Les exemples cités ci-dessus relèvent de cette catégorie. Nous parlons en ce cas de social-business de type I.

Les social-business de type II sont des entreprises cherchant à maximiser le profit mais détenues par des pauvres, soit directement, soit par l'intermédiaire d'une société dédiée à une cause sociale particulière. Comme les profits versés à leurs propriétaires permettent de réduire la pauvreté, une telle entreprise contribue par définition à régler une question sociale. La Grameen Bank, qui appartient aux personnes pauvres, ses déposants ou ses clients, constitue un exemple de ce type de social-business. Comme je l'évoquerai plus loin, l'entreprise de production textile Grameen Otto – qui n'est encore qu'un projet – en sera une deuxième illustration.

Contrairement à un organisme caritatif, un social-business a des investisseurs et des propriétaires. Mais ceux-ci ne perçoivent pas de profit, de dividende ou d'autre forme de bénéfice financier. Les investisseurs peuvent récupérer leur mise initiale au terme d'une période qu'ils auront eux-mêmes définie. Elle peut se limiter à un an ou deux ou être beaucoup plus longue

– cinquante ans ou plus. Mais s'ils perçoivent une somme supérieure au montant de leur investissement, l'entreprise en question ne sera plus considérée comme un social-business.

Cela s'applique même à la prise en compte de l'inflation. Pour le social-business, un dollar est un dollar. Si vous investissez 1 000 dollars dans un social-business, vous récupérerez 1 000 dollars – pas un *cent* de plus. Nous appliquons strictement ce principe parce que nous voulons faire comprendre que la notion de bénéfice financier individuel n'a pas sa place ici.

Parce que le social-business est une idée neuve, j'ai consacré beaucoup de temps et d'énergie à le définir précisément et à concevoir des moyens de le faire connaître au grand public. Je dois beaucoup sur ce plan à Hans Reitz, le directeur du Grameen Creative Lab (GCL) de Wiesbaden, en Allemagne. Reitz m'a aidé à formuler les Sept Principes du social-business, lesquels résument particulièrement bien les principales caractéristiques d'un social-business de type I :

1. L'objectif de l'entreprise consiste à lutter contre la pauvreté ou à répondre à un ou plusieurs problèmes (en matière par exemple d'éducation, de santé, d'accès aux technologies, d'environnement) qui menacent les individus et la société – et non à maximiser le profit.

2. L'entreprise parviendra à s'autofinancer.

3. Les investisseurs récupéreront uniquement le montant de leur investissement. Ils ne percevront aucun dividende.

4. Quand le montant de l'investissement aura été remboursé, les profits réalisés par l'entreprise seront

consacrés à son expansion et à l'optimisation de ses processus industriels.

5. L'entreprise sera respectueuse de l'environnement.

6. Les employés seront payés au prix du marché mais disposeront de meilleures conditions de travail.

7. Faites-le dans la joie !

Le dernier des Sept Principes a été proposé par Reitz, et je dois dire qu'il me plaît. Prisonniers de l'environnement agressif de l'entreprise traditionnelle, nous avons oublié que l'activité économique pouvait être réalisée dans la bonne humeur. Le social-business, c'est la joie. Quand vous vous y engagez, vous découvrez qu'il ne cesse de vous apporter satisfaction.

Les Sept Principes sont au cœur du social-business. Gardez-les à l'esprit en lisant ce livre. Vous les verrez à l'œuvre quand je décrirai différents social-business déjà opérationnels ainsi que des concepts de social-business n'ayant pas encore été lancés. Quand des entreprises et des entrepreneurs viennent nous voir pour comprendre ce qu'est le social-business et réfléchir à la manière de prendre part à ce mouvement, nous leur présentons les Sept Principes : ils servent de pierre de touche et rappellent les valeurs placées au cœur de ce concept.

Ce que le social-business est et ce qu'il n'est pas

Les termes d'« entreprise sociale » ou d'« entreprenariat social » sont fréquemment utilisés dans la littérature relative aux techniques de lutte contre la pauvreté. Bien que leur signification varie d'un auteur à l'autre, ils font généralement référence à des notions relevant de l'univers de la maximisation du profit ou du monde traditionnel des organismes caritatifs. Ils ne correspondent pas à ce que j'appelle social-business.

L'« entreprenariat social » est lié à la volonté d'un investisseur ayant une vision sociale. Son projet peut présenter un caractère économique (avec ou sans profit personnel), non économique ou caritatif. Certains entrepreneurs sociaux développent leurs projets au moyen d'organisations non gouvernementales (ONG) alors que d'autres se lancent dans des activités maximisant le profit.

Mon travail et celui de la Grameen Bank ont souvent été assimilés à de l'entreprenariat social par des organisations soutenant ce concept ; c'est le cas de l'organisation Ashoka. Je n'ai rien à dire à cela, d'autant qu'Ashoka a contribué à diffuser dans le monde entier l'histoire de Grameen et le concept de microcrédit. Il ne faut cependant pas comparer mon travail à celui des autres entrepreneurs sociaux ou considérer que l'entreprenariat social et le social-business sont synonymes.

Contrairement à l'entreprenariat social, le social-business est un type d'entreprise très particulier, ne cherchant pas à faire du profit mais à poursuivre un ou plusieurs objectifs sociaux. Le social-business doit pouvoir s'autofinancer et gagner de l'argent en commercialisant des biens ou des services ou en se livrant à d'autres activités à caractère économique. Cela le dispense de recourir à des dons, des donations, des subventions ou des financements publics. Les gains réalisés ne sont pas versés aux actionnaires, comme ce serait le cas dans une entreprise traditionnelle : ils permettent de développer l'entreprise et d'améliorer les services destinés à ses bénéficiaires. C'est la raison pour laquelle on dit souvent qu'un social-business est une entreprise qui ne fait pas de pertes et ne distribue pas de dividendes.

Voici quelques-unes des caractéristiques qui distinguent un social-business des autres formes d'organisations à but non lucratif.

Une fondation est un organisme caritatif créé pour dépenser des fonds apportés par un ou plusieurs donateurs. Ce n'est pas un social-business : une fondation ne s'autofinance pas, ne génère normalement pas de revenus au moyen d'activités à caractère économique, et n'a pas de « propriétaire » au sens du social-business. (Dans la plupart des pays, la législation prévoit que les fondations et autres organisations à but non lucratif n'ont pas de propriétaires mais sont dirigées par un conseil d'administration.)

Une fondation pourrait toutefois être propriétaire d'un social-business. Je crois d'ailleurs qu'elle ferait un excellent usage de son argent. Quand une fondation subventionne une ONG traditionnelle, ses fonds sont utilisés pour créer ou développer des programmes caritatifs dont, on l'espère, la société tirera profit. Mais ces sommes sont vite dépensées ; et dans la plupart des cas, l'ONG devra rapidement demander une nouvelle subvention afin de poursuivre son travail.

Si une fondation apportait de quoi lancer un social-business, cette entreprise pourrait apporter des bénéfices sociaux tout en s'autofinançant. Elle finirait par rembourser l'investissement initial, la fondation récupérerait donc son argent et pourrait le mettre au service d'une autre cause. Le social-business poursuivrait son activité et continuerait d'améliorer le confort social. Une bonne gestion lui permettrait de se développer et d'étendre son influence dans la société.

Ainsi que je l'expliquerai plus loin, les dispositifs légaux et fiscaux en vigueur dans certains pays, dont les États-Unis, compliquent la tâche d'une fondation désireuse d'investir dans une entreprise. Ces difficultés peuvent toutefois être surmontées. J'aimerais que de grandes fondations utilisent une partie de leurs ressources pour créer des social-business dans les domaines qui les intéressent : la santé, l'éducation et l'agriculture durable. J'espère que certaines d'entre elles étudient cette possibilité.

Une ONG traditionnelle, qui est un organisme caritatif à but non lucratif, pourrait également détenir un social-business. Pour des raisons légales, fiscales et comptables, il devrait être séparé de l'ONG. Mais si le social-business partage la mission sociale de l'ONG, il me semble qu'un tel investissement constituerait un moyen efficace d'atteindre ses objectifs.

Les ONG mènent des actions très bénéfiques à travers le monde. Mais les faiblesses du modèle caritatif m'ont conduit à proposer un concept alternatif : le social-business.

Dépendre de dons ne permet pas de faire fonctionner durablement une organisation. C'est pourquoi les dirigeants des ONG consacrent une grande partie de leur temps, de leur énergie et de l'argent dont ils disposent à lever des fonds. Même quand leurs efforts sont couronnés de succès, la plupart des ONG sont perpétuellement à court de financement et ne peuvent maintenir – et encore moins développer – leurs programmes les plus efficaces. À l'opposé, un social-business est conçu pour être financièrement indépendant. Cela permet à ses propriétaires de se concentrer sur l'accroissement des bénéfices qu'ils apportent aux pauvres ou à d'autres membres de la société. La capacité de réinvestir indéfiniment l'argent, qui est la caractéristique du social-business, l'autorise à exercer une influence supérieure à celle des organismes caritatifs les mieux gérés.

Le social-business préserve de surcroît la dignité personnelle et l'autonomie de ses bénéficiaires. Même quand ils ont d'excellentes intentions et sont bien conçus, les programmes caritatifs ne laissent guère de capacités d'initiative à ceux qui en bénéficient. Les pauvres qui dépendent de telles aides ne se sentent pas incités à se débrouiller seuls.

À l'inverse, les individus qui paient un juste prix pour les biens et les services qu'ils reçoivent font un pas de géant vers l'autonomie. C'est le cas des emprunteurs de la Grameen Bank : le taux d'intérêt sur les sommes qu'ils empruntent est juste. Au lieu d'accepter des dons, ils participent activement à la vie économique : ils deviennent des acteurs à part entière de l'économie de marché. Cela leur donne un pouvoir énorme et permet de répondre beaucoup plus efficacement à la pauvreté, l'inégalité et l'oppression.

Les social-business ne doivent pas se substituer à tous les organismes caritatifs. Dans certaines situations il est essentiel de venir en aide aux gens ; c'est le cas par exemple d'une catastrophe naturelle qui détruit les infrastructures, prive les individus de toit et provoque une pénurie alimentaire mais aussi de médicaments et de vêtements. Des familles qui meurent de faim n'ont pas le loisir de lancer une entreprise pour trouver des moyens de subsistance : elles ont un besoin urgent de nourriture. Dans de telles situations, le don est indispensable.

D'autres catégories d'individus doivent malheureusement faire appel à la charité parce qu'ils sont dans l'impossibilité de subvenir à leurs besoins. Je pense à ceux qui souffrent de graves handicaps physiques et mentaux ainsi qu'aux personnes très âgées ou très jeunes. La société se doit de leur venir en aide : il serait cruel de prétendre qu'ils peuvent être autonomes. Il y a une place dans notre univers pour la charité, tout comme il y a une place pour le social-business.

Le champ d'action potentiel du social-business est plus vaste que bien des gens ne le pensent. J'ai mentionné le programme de la Grameen Bank qui permet aux mendiants de se transformer en petits commerçants au moyen de modestes prêts. Grâce à ce projet, même les plus pauvres parmi les pauvres – des individus apparemment dépourvus de compétences ou de ressources – peuvent devenir autonomes si les outils nécessaires sont mis à leur disposition.

Des programmes mis en œuvre par d'autres organisations ont réalisé des « miracles » semblables avec des individus dont le cas était jugé désespéré : des drogués, des handicapés physiques, des malades mentaux. Ne concluons pas trop rapidement que le seul moyen de venir en aide à ces personnes consiste à leur faire la charité. Utilisons notre créativité pour libérer le potentiel que Dieu a donné à presque tous les êtres humains.

Un autre type d'organisation ne doit pas être confondu avec le social-business : je veux parler des coopératives. Une coopérative est détenue par ses membres. Elle est destinée à dégager un profit qui sera distribué à ses actionnaires. Lors de son lancement au début du XIXe siècle par des socialistes comme Robert Owen, le mouvement coopératif avait des objectifs sociaux explicites : donner du pouvoir aux pauvres, favoriser leur autonomie et promouvoir le développement économique. Aujourd'hui encore, certaines coopératives initient un progrès social. Il existe par exemple des coopératives immobilières qui construisent des logements bon marché destinés à la classe ouvrière, des coopératives alimentaires qui mettent une nourriture saine à la portée des citadins, et des coopératives bancaires qui offrent des services financiers à des consommateurs qui en seraient autrement privés.

Beaucoup de coopératives fonctionnent toutefois comme des entreprises traditionnelles. Elles rassemblent des individus ou des entreprises – par exemple des agriculteurs spécialisés dans le même type de culture – désireux de créer une structure au sein de laquelle maximiser leur profit personnel. Il n'y a rien de mal à cela. Mais il est important de comprendre qu'une coopérative n'a pas nécessairement un objectif social. C'est ce qui distingue la coopérative du social-business.

Une coopérative peut-elle être un social-business ? Oui, à condition que ses propriétaires (ou du moins une majorité d'entre eux) soient des personnes pauvres. En ce cas, les profits dégagés leur permettront de subvenir à leurs besoins et les aideront à échapper à la misère – ce qui est, par définition, une activité socialement bénéfique. On peut citer l'exemple de la Self-Employed Women's Association (SEWA), un syndicat qui aide les femmes indiennes travaillant pour leur propre compte à bénéficier des avantages généralement associés à l'emploi salarié : la sécurité des conditions de travail, la sécurité du revenu, l'accès aux services de santé et aux soins pédiatriques, la jouissance d'un logement. Créée en 1972 sous forme de syndicat réunissant les travailleurs à domicile du secteur textile, la SEWA compte aujourd'hui plus de 900 000 membres. Ces derniers élisent leurs dirigeants et gèrent l'organisation de façon à la mettre au service des plus faibles.

Je mentionnerai enfin un terme parfois évoqué par ceux qui me demandent ce qu'est le social-business : il s'agit du « marketing social ». Ce concept a été forgé dans les années 1970 par des sociologues afin de désigner l'utilisation d'outils et de techniques venus du marketing pour modifier le comportement humain dans un sens bénéfique à la société. Les campagnes publicitaires contre l'usage du tabac qu'ont lancées de nombreux gouvernements et ONG en constituent une illustration. En dépit d'une dénomination très proche, le marketing social n'a absolument rien à voir avec le concept de social-business.

Le social-business et la responsabilité sociale des entreprises

La responsabilité sociale des entreprises est une autre notion souvent confondue avec le social-business. Elle désigne fréquemment un fonds caritatif créé par une entreprise traditionnelle afin de venir en aide à la communauté locale. Le service chargé de mettre en œuvre la responsabilité sociale d'une entreprise peut par exemple donner de l'argent à un hôpital ou à une école, offrir des bourses à quelques enfants pauvres ou subventionner le nettoyage d'une plage ou d'un parc de la région. Les entreprises utilisent ces programmes de responsabilité sociale pour améliorer leur image et faire savoir qu'elles sont de « bons voisins » ou de « bons citoyens ». La responsabilité sociale ne représente qu'une toute petite partie de leur activité.

Un social-business au contraire se consacre pleinement à l'amélioration de la situation économique et sociale ou à la production d'autres avantages sociaux. Une entreprise maximisant le profit qui exerce une responsabilité sociale peut allouer 95 % de ses ressources à la recherche de bénéfices et 5 % à la création d'un monde meilleur. Un social-business consacre 100 % de ses ressources à ce dernier objectif.

La notion de responsabilité sociale des entreprises fait aussi référence à des règles de conduite auxquelles certains dirigeants éclairés s'efforcent de se conformer. Toute entreprise n'a pas à devenir un social-business. Mais même les entreprises maximisant le profit devraient suivre quelques principes simples.

Le premier de ces principes serait de veiller à ce que l'activité de l'entreprise ne menace aucune vie. Je voudrais que chaque dirigeant d'entreprise fasse le serment de ne pas rendre notre planète plus dangereuse. Cela signifie que l'activité de production doit être aussi sûre que possible : il faut par exemple adopter des méthodes de travail permettant de minimiser le risque d'accident. L'utilisation des biens et services produits par l'entreprise ne doit pas présenter de danger. Des mesures doivent être prises pour éviter de polluer l'environnement et de contribuer au réchauffement climatique. Une entreprise appliquant les principes de responsabilité sociale devrait adopter ce type de mesures.

Le deuxième principe va un peu plus loin : il pose que l'activité des entreprises devrait contribuer à rendre la planète plus sûre. Il ne suffit pas de s'abstenir de polluer : il faut aussi nettoyer l'atmosphère, les mers et le sol sur lequel nous marchons. Il ne suffit pas de produire des biens dont l'utilisation ne présente pas de danger : il faut aussi créer des produits qui rendent la vie plus facile, plus sûre et plus saine.

Selon le troisième principe, l'activité de l'entreprise devrait participer à l'exercice des responsabilités politiques et sociales définies par l'État ainsi que par les autorités mondiales. Cela implique bien évidemment de se conformer aux lois et aux règlements relatifs à la sécurité, la responsabilité environnementale, l'intégrité financière, etc. Mais cela impose également de contribuer activement aux efforts que consentent les entreprises pour améliorer le bien-être des individus à différents niveaux (local, national et mondial). Les entreprises soucieuses d'exercer une responsabilité sociale devraient s'efforcer d'être de bons citoyens et d'aider à rendre le monde meilleur.

En s'appuyant sur les principes énoncés ci-dessus, il est possible de concevoir des entreprises au sein desquelles les objectifs économiques n'entreront pas en conflit avec les objectifs sociaux. Dans ce contexte, « sociaux » signifie que l'entreprise ne cherche pas exclusivement à maximiser le profit : elle souhaite également apporter des bénéfices à d'autres individus que les seuls actionnaires. Nous pouvons tout à fait créer de telles entreprises. Mais elles ne doivent pas être assimilées au social-business.

Prenons l'exemple de la société « The Sun Shines For All » (« Le soleil brille pour tous »). Il s'agit d'une entreprise traditionnelle qui fournit de l'électricité d'origine solaire aux populations rurales brésiliennes. Elle a été fondée par l'entrepreneur social Fabio Rosa, qui s'est intéressé aux villageois d'un État de l'extrême sud brésilien, Rio Grande do Sul, où peu de gens sont reliés au réseau électrique régional. Il a découvert que près de 70 % de ces familles dépensaient au moins 11 dollars par mois en énergie, qu'il s'agisse de kérosène, de bougies, de piles électriques ou de gaz de pétrole liquéfié (GPL). La même somme leur permettrait de louer un petit système solaire incluant l'installation électrique, les lampes et les prises de courant. Un tel système serait environnementalement durable, plus sain et plus polyvalent.

L'entreprise de Fabio Rosa installe actuellement des systèmes de ce type dans les villages du sud du Brésil. Il espère fournir les trois quarts de million de logements qui ne disposent pas d'accès à l'électricité. Cela constitue évidemment un bénéfice social pour les pauvres du Brésil. Mais « The Sun Shines For All » n'est pas un social-business. Son modèle économique repose sur un taux de rentabilité interne compris entre 29 et 30 % que Rosa juge nécessaire pour attirer les investisseurs étrangers.

Les entreprises qui cherchent à maximiser le profit tout en exerçant une responsabilité sociale tentent de concilier ces deux objectifs. Mais la nécessité de générer des bénéfices limite inévitablement leur contribution aux causes sociales. Le cadre économique qui prévaut actuellement impose de concevoir l'entreprise pour qu'elle gagne de l'argent. La dimension sociale viendra ensuite, à condition qu'elle n'interfère pas avec la maximisation du profit.

C'est un exercice d'équilibre particulièrement délicat. Que se passera-t-il si, un jour, les conditions économiques obligent Rosa à choisir entre la rentabilité élevée exigée par ses investisseurs et les tarifs abordables actuellement proposés à ses clients ? Comme son entreprise a été conçue pour dégager un profit, il est possible que l'arbitrage se fasse en faveur des investisseurs. Un social-business n'a pas à faire de tels choix.

Un social-business est exclusivement destiné à produire des bénéfices sociaux. Il ne cherche pas à rémunérer les investisseurs. Son impact social peut donc être très puissant.

Le social-business est-il « meilleur » qu'une entreprise traditionnelle ? Cela dépend du but poursuivi. Si vous voulez gagner de l'argent, une entreprise maximisant le profit sera bien sûr plus efficace. Si vous voulez résoudre les problèmes des gens, le social-business est la solution : les entreprises traditionnelles ne peuvent pas obtenir de résultats comparables.

Le profit et le social-business

Certaines personnes se demandent pourquoi il faudrait exclure l'idée de conjuguer la recherche du profit et la poursuite d'objectifs sociaux. Pourquoi ne serait-il pas possible de « réussir en faisant le bien » ? Si notre objectif est d'éradiquer la pauvreté, ne devrions-nous pas choisir pragmatiquement le moyen de l'atteindre ? Cela exigerait aussi de nous montrer pragmatiques en ce qui concerne le profit. Certains affirment qu'une entreprise maximisant le profit pourrait combattre plus efficacement la pauvreté : comme il lui est plus aisé d'attirer des capitaux, elle pourra se développer plus rapidement et bénéficier à davantage d'individus.

Je ne suis pas opposé à l'idée de faire des bénéfices.

Les social-business eux-mêmes sont autorisés à en dégager, à condition qu'ils restent dans l'entreprise et qu'ils soient utilisés pour accroître son impact social. Le profit n'est pas une mauvaise chose en soi.

Mais le social-business désigne un nouveau type d'entreprise. Il n'implique pas la disparition du modèle de l'entreprise traditionnelle. Il permet d'accroître la taille du marché en offrant une nouvelle possibilité aux consommateurs, aux employés et aux entrepreneurs. Il apporte une nouvelle dimension à l'activité économique et favorise la prise de conscience sociale dans le monde des affaires.

Je ne demande pas aux gens de fermer leurs entreprises ou de les transformer en social-business. Je me contente de dire ceci : si vous vous sentez concernés par un problème social, le social-business vous donnera le moyen de contribuer à le résoudre. À vous de savoir ce que vous voulez faire. Nul ne vous désignera d'un doigt accusateur si vous vous engagez sur la voie de l'activité économique classique. Mais le social-business peut vous rendre heureux. Je vous assure que c'est vrai !

Je n'ai pas l'intention de forcer qui que ce soit à lancer ou à rejoindre un social-business. Mais je pense qu'il est important de le définir clairement par l'exclusion de la recherche du profit comme du versement de dividendes. Je vois trois raisons à cela.

Il y a tout d'abord l'argument moral. Je pense qu'il est immoral de dégager des bénéfices en commerçant avec les pauvres. Cela revient à profiter de la souffrance humaine. La simple décence suffit à condamner de telles pratiques.

Cet argument n'est pas uniquement théorique : ce problème se pose avec une acuité particulière dans la communauté du microcrédit. Lors des vingt dernières années, à mesure que s'imposait le modèle de la Grameen Bank, de nombreux organismes ont entrepris de proposer aux pauvres des prêts de faible montant.

Beaucoup d'entre eux suivent étroitement les méthodes mises en place par la Grameen Bank : ils demandent des taux d'intérêt aussi bas que possible et donnent aux emprunteurs la possibilité de devenir propriétaires de la banque. (Le taux d'intérêt le plus élevé demandé par la Grameen Bank est de 20 %. De nombreux types de prêts – notamment les prêts aux étudiants et les prêts immobiliers – bénéficient de taux d'intérêt nettement plus faibles.)

On trouve cependant dans le monde du microcrédit des entreprises devenues prospères en exigeant des taux d'intérêt beaucoup plus élevés, allant jusqu'à 80 ou même 100 % par an. Elles justifient ces taux par les coûts qu'implique le fait de prêter aux pauvres. Il est exact qu'il est plus coûteux de gérer de petits prêts consentis à des personnes pauvres que des prêts traditionnels. Mais les taux d'intérêt ne devraient pas être beaucoup plus élevés que la somme du coût des fonds et des coûts de distribution.

Je me suis élevé contre ces taux excessifs qui bafouent l'esprit dans lequel le microcrédit a été créé. Lorsque j'ai lancé la Grameen Bank, je ne voulais pas substituer une nouvelle forme d'exploitation à celle à laquelle se livraient les usuriers.

Quand on me demande quels profits peuvent être réalisés en développant des activités en faveur des plus démunis, il m'arrive de répondre la chose suivante : « Je ne m'oppose pas à la recherche du profit. Mais donnons d'abord aux pauvres l'aide dont ils ont besoin pour échapper à la misère. Une fois qu'ils auront accédé à la classe moyenne, vous pourrez leur vendre tous les biens et services que vous voudrez, ce qui vous permettra de dégager de jolis bénéfices ! Mais attendez qu'ils ne soient plus pauvres pour les exploiter. C'est la seule bonne chose à faire. »

Mon deuxième argument pour définir le social-business par l'absence de recherche du profit est plus pragmatique : dans les périodes de crise, cette recherche l'emportera toujours sur les autres objectifs de l'entreprise.

Quand vous associez profit et objectifs sociaux et affirmez que votre entreprise se donne ces deux missions, vous compliquez la vie du PDG. Que devra-t-il faire dans une situation où la recherche du profit entrera en conflit avec la poursuite d'objectifs sociaux ? Que se passera-t-il s'il est possible d'augmenter fortement le profit en réduisant un peu les bénéfices sociaux ? En période de crise économique, est-il juste de supprimer les bénéfices sociaux dans l'espoir d'aider l'entreprise à survivre ? Dans le cas d'une entreprise « mixte », il n'existe pas de réponses simples à ces questions.

En pratique, c'est généralement la recherche du profit qui l'emporte. Le plus souvent, le PDG penchera – inconsciemment peut-être – vers la réalisation d'un profit et exagérera les bénéfices sociaux créés par l'entreprise. Et si le PDG n'exprime pas clairement ses priorités, on imagine aisément que la confusion sera plus grande encore dans l'esprit des cadres et des employés. Les objectifs sociaux perdront de leur importance avec le temps, alors que la nécessité de gagner de l'argent s'enracinera de plus en plus profondément dans la culture de l'entreprise.

Voici un petit exemple. Aux États-Unis, beaucoup de pauvres comptent sur les banques alimentaires pour se nourrir. Ces banques alimentaires dépendent de dons émanant de personnes privées et d'entreprises : elles financent ainsi l'achat de denrées alimentaires qu'elles distribuent aux familles dans le besoin.

Depuis quelques années, de nombreuses banques alimentaires ont reçu le soutien d'épiceries qui leur donnaient des aliments périmés, abîmés ou mal étiquetés. Ceux qui souffrent de la faim sont ravis de recevoir ces denrées « invendables », et les épiciers ont le plaisir de se comporter en membres responsables de la communauté. C'est une bonne illustration de la manière dont les entreprises peuvent exercer une responsabilité sociale.

Mais à l'automne 2009, de nombreuses banques alimentaires constatèrent une légère diminution des dons. Ce phénomène s'explique en partie par l'apparition d'intermédiaires qui achètent aux épiciers leurs produits « invendables » pour 30 ou 40 % de leur valeur et les vendent à des magasins spécialisés dans le commerce d'articles à bas prix. Ces magasins les revendent aux consommateurs avec une forte remise par rapport à leur prix habituel. Les épiciers disposent ainsi d'une nouvelle source de profits, mais les denrées autrefois considérées comme invendables ne sont plus données aux banques alimentaires.

Je ne peux pas vraiment reprocher aux épiciers de tirer bénéfice de cette nouvelle activité : leur travail consiste à maximiser le profit par tous les moyens. Mais cet exemple montre le danger qu'il y a à faire dépendre les pauvres de la générosité de telles entreprises. Quand profit et besoins humains entrent en conflit, c'est généralement le profit qui gagne – et les individus sont perdants.

Le social-business donne un mandat clair à ses dirigeants. Il n'y a pas de choix à faire. Les décisions de l'entreprise dépendent d'un seul critère : comment apporter le plus grand bénéfice possible à la société ? Cela ne veut pas dire que les décisions seront toujours faciles à prendre : répondre de façon ingénieuse aux problèmes qui se posent est aussi difficile dans un social-business que dans une entreprise traditionnelle. Mais les dirigeants n'ont pas à jongler avec des objectifs contradictoires.

Le troisième argument est de nature systémique : il est nécessaire que le social-business soit une alternative au monde de l'entreprise comme à celui des œuvres de bienfaisance si l'on veut faire évoluer les mentalités, remodeler les structures économiques et favoriser l'émergence de nouveaux modes de pensée.

Pour beaucoup, le défi le plus important consiste à dépasser l'obstacle que représente l'absence de profit. « Ne pouvons-nous réaliser un petit profit ? » me demande-t-on parfois. C'est comme si la notion de profit était une béquille dont les hommes d'affaires redoutent de se passer.

Faites-moi confiance : c'est possible ! Si vous pouvez accepter l'idée de faire un « petit » profit (quelle qu'en soit la définition), vous parviendrez à accepter l'idée de ne pas en faire du tout. Quand vous serez parvenu à ce point, vous entrerez dans un monde nouveau : vous verrez et ferez les choses d'une façon différente.

Réfléchissez à la comparaison suivante : supposez que vous essayiez d'arrêter de fumer. Vous serait-il utile de vous accorder « juste une petite bouffée » ? La réponse est simple : « juste une petite » rechute ruinerait tous vos efforts. Pendant toute la durée du Ramadan, les musulmans n'ont pas le droit de manger ou de boire avant que le soleil ne soit couché. Grignoter quelque chose ou boire une gorgée d'eau au cours de la journée diminuerait la force de leur engagement. De la même manière, rompre totalement avec la recherche du profit fait une grande différence pour l'entrepreneur qui désire réellement se consacrer au changement social.

Le social-business consiste à sortir de l'ancien cadre de l'activité économique. Si vous n'abandonnez pas complètement l'idée de réaliser un profit personnel, vous ne découvrirez jamais le pouvoir du social-business authentique.

Soyons honnêtes : le profit exerce un attrait extrêmement puissant. Si on lui accorde une place, il envahira tout l'espace disponible.

C'est le problème du capitalisme traditionnel, qui peut se révéler si créatif et si efficace. Le capitalisme a créé la pauvreté en se concentrant exclusivement sur la recherche du profit. Le rêve de prospérité universelle qui lui est associé ne s'est jamais réalisé. Le capitalisme ne parvenant pas à répondre aux besoins sociaux, de nombreux pays européens ont confié aux pouvoirs publics des missions comme la lutte contre la pauvreté, la sauvegarde de l'emploi, l'accès de tous à l'éducation et aux services de santé.

Mais dans le monde en développement, les gouvernements ne disposent ni de l'autorité morale, ni des capacités de gestion, ni des ressources matérielles permettant de créer le type d'État providence dont bénéficient les Européens. Dans d'autres pays comme, par exemple, les États-Unis, les habitudes culturelles et politiques empêchent le gouvernement de s'attaquer aux problèmes sociaux. Pour ces raisons et pour d'autres encore, nous avons besoin d'un nouvel instrument. Le social-business peut être cet instrument, à condition de rester totalement étranger à la recherche du profit.

L'origine du social-business

L'origine du social-business est très simple : j'ai constaté que des problèmes existaient et j'ai tenté d'y répondre en créant une entreprise par type de problème. J'ai compris avec le temps que la meilleure manière d'organiser ces entreprises consistait à leur donner la forme de ce que j'ai appelé social-business.

Mon travail au sein de la Grameen Bank m'a permis de rencontrer de nombreux pauvres. Beaucoup d'entre eux avaient des difficultés qui allaient au-delà de l'insuffisance de crédit. Mes associés et moi avons réalisé qu'il était nécessaire de développer des programmes particuliers pour y répondre : c'est ainsi qu'est né le social-business.

Prenons l'exemple des Seize Résolutions – l'ensemble de résolutions que chaque emprunteur de la Grameen Bank doit prendre. Adoptées lors des premières années d'existence de la banque, elles ont été révisées en 1984. Depuis, elles font partie intégrante de l'approche économique retenue par Grameen.

Les Seize Résolutions ne concernent pas l'activité bancaire. La quatrième résolution prévoit par exemple que « nous cultiverons des légumes toute l'année. Nous en ferons grande consommation et vendrons le surplus ». Si elle fait partie du programme de la Grameen Bank, c'est parce que nous avons remarqué que bien des familles auxquelles nous consentions des prêts souffraient de maladies comme la cécité nocturne qui sont liées à une carence en vitamine A. Ils avaient les moyens de résoudre ce problème. Pourquoi ne pas le faire ?

La neuvième résolution prévoit quant à elle que « nous construirons et utiliserons des fosses d'aisances ». La plupart des emprunteurs de la Grameen Bank vivent dans des quartiers dépourvus de systèmes sanitaires modernes. Une fosse d'aisances constitue un moyen simple et pratique de réduire les risques de maladies liées aux contacts avec les excréments humains. Neuf des Seize Résolutions ont un lien avec la santé, qu'elles concernent la qualité du logement, la propreté, l'eau potable, le planning familial, etc.

Voici comment le groupe Grameen s'est engagé dans la résolution de problèmes sociaux – et comment nous avons songé à créer de nouveaux programmes destinés à améliorer tous les aspects de la vie des familles nécessiteuses. Au fil des ans, nous avons lancé une multitude d'entreprises ; chacune d'entre elles s'emploie à répondre à l'une des difficultés que rencontrent les pauvres du Bangladesh.

Une description exhaustive de ces entreprises occuperait de nombreuses pages. Je ne m'attarderai donc ici que sur les exemples les plus significatifs. (Vous trouverez une présentation de l'ensemble des entreprises de la famille Grameen dans mon précédent ouvrage, *Vers un nouveau capitalisme*.)

— *Grameen Telecom* et *Grameen Phone* ont permis aux habitants du Bangladesh d'accéder aux télécommunications modernes, ce qui a produit d'énormes bénéfices économiques et sociaux. Grameen Phone, une entreprise de téléphonie mobile, a été lancée en 1996 ; elle a rapidement étendu son réseau à l'ensemble du pays. À la mi-2009, Grameen Phone était devenue la plus grande entreprise privée du Bangladesh : elle compte plus de 25 millions d'abonnés. La Grameen Bank accorde des prêts à des femmes pauvres afin de leur permettre d'acheter un téléphone portable et de vendre du temps de communication à ceux qui ne disposent pas de leur propre appareil. Plus de 400 000 « dames téléphone » ont bénéficié de ce programme.

— *Grameen Shakti* (Grameen Energie) est devenue l'un des plus importants fournisseurs mondiaux de produits fonctionnant grâce à l'énergie solaire. Grameen Shakti vend 14 000 systèmes domestiques d'énergie solaire par mois aux villageois du Bangladesh. À la fin de l'année 2010, elle avait installé un demi-million de ces systèmes dans les villages, ainsi qu'un demi-million d'appareils de cuisson et 50 000 systèmes de production de biogaz.

— *Grameen Kalyan* (Grameen Santé) a pour mission de fournir des soins médicaux de bonne qualité et abordables aux membres de la Grameen Bank ainsi qu'aux autres villageois. Elle gère 54 dispensaires affiliés aux branches locales de la Grameen Bank. Les familles membres de la Grameen Bank qui vivent dans le ressort d'un dispensaire peuvent disposer de soins médicaux de base contre environ 2 dollars par an. Nous sommes en train de créer un système d'assurance maladie à l'échelle du pays à travers un ensemble de social-business.

— *Grameen Fisheries* (pisciculture) *and Livestock* (élevage) *Foundation* a été lancée en 1986 afin de gérer un millier de fermes piscicoles situées dans le nord et l'ouest du Bangladesh. Une mauvaise gestion publique avait compromis leur existence. Plus de 3 000 pauvres y travaillent à présent : ils produisent environ 2 000 tonnes de poissons par an et entretiennent les étangs en échange d'une partie des recettes. Un programme d'élevage a par ailleurs été créé en 2002. Il fournit aux femmes qui débutent dans la production de lait la formation, les vaccins, les soins vétérinaires et les divers autres services qui leur sont indispensables. Il apporte également son soutien aux laiteries existantes.

— *Grameen Shikkha* (Grameen Education) a été créée en 1997 pour donner un accès à l'éducation aux enfants de nos emprunteurs. Il s'agit notamment de classes de maternelle qui se déroulent dans les centres de la Grameen Bank. Ce programme a été complété en 2003 par la création de bourses d'études. En 2009, sa dotation lui a permis d'offrir des bourses à 2 500 étudiants pauvres. Il continue de l'accroître afin de financer chaque année un plus grand nombre de bourses.

— *Grameen Uddog* et *Grameen Shamogree* sont des entreprises textiles que nous avons créées pour faire revivre et moderniser une industrie traditionnelle du Bangladesh : la fabrication d'étoffes et de vêtements de coton. Lancée en 1993, Grameen Uddog a aidé les tisserands locaux à proposer au marché international une nouvelle ligne de tissus sous la marque Grameen Check. Trois ans plus tard, nous avons fondé une société sœur, Grameen Shamogree, pour commercialiser les vêtements Grameen Check sur le marché national.

Chacune de ces entreprises est dotée d'un *business plan*, d'un mode d'organisation, d'un ordre de mission et d'une structure financière. Nous les avons affinées, améliorées et modifiées pour tenir compte de ce que nous enseignait l'expérience. Chaque nouvelle entreprise a bénéficié de ce que nous avions appris.

En regardant ce que nous avons accompli, j'ai réalisé que les entreprises de la famille Grameen étaient différentes des entreprises traditionnelles. Ces dernières sont destinées à gagner de l'argent ; celles que nous avons créées mettent les techniques de gestion au service des problèmes sociaux. J'ai pensé qu'il y avait là un nouveau type d'entreprise qui manquait à la théorie économique. Je l'ai baptisé social-business et ai développé ce concept dans un livre intitulé *Vers un nouveau capitalisme*. Beaucoup de gens ont réagi avec enthousiasme ; c'est ainsi que le social-business a commencé à se diffuser.

Je parle souvent du potentiel du social-business quand je présente mon rêve d'un monde sans pauvreté. On me demande souvent combien de temps il faudra pour que l'impact de ce nouveau mouvement se fasse sentir à l'échelle mondiale.

J'ignore le temps qu'il faudra pour que l'humanité parvienne à éradiquer la misère (même si je pense que cela pourrait se produire beaucoup plus tôt que ne le croient la plupart des gens). Mais ceux qui veulent s'engager dans le social-business n'ont pas besoin d'attendre. Vous pouvez agir dès maintenant – pas sur la société dans son ensemble, mais sur un point particulier.

Toute personne ayant une idée de social-business doit la mettre en œuvre aussi rapidement que possible. Même si vous n'améliorez que la vie de cinq personnes – en les arrachant à la pauvreté, en leur fournissant un toit ou en leur proposant des soins médicaux à un prix abordable –, cela vaut la peine d'être fait. Il n'est pas nécessaire de trouver une formule permettant d'atteindre des millions d'individus. « Des millions », c'est énorme. Mais si vous réussissez à exercer un impact positif sur cinq ou dix personnes, vous aurez inventé une semence que vous pourrez planter un million de fois.

C'est ainsi que la Grameen Bank a démarré – avec des prêts dont le montant total était de 27 dollars. Je ne me suis jamais demandé comment résoudre les problèmes de 50 millions de pauvres bangladais. J'ai simplement voulu venir en aide aux habitants de Jobra. Le fait de répondre aux difficultés de quelques personnes m'a encouragé : j'ai compris que la seule chose que j'avais à faire était de reproduire cette opération. Le résultat, c'est que le microcrédit est devenu un phénomène mondial. Si vous savez comment prêter de l'argent à 5 personnes, vous savez comment prêter à 5 000 personnes ou à 500 millions.

Le social-business et les pouvoirs publics

On me demande parfois si le social-business a un lien avec le socialisme ou le communisme. Comme le capitalisme et le communisme s'opposent depuis des décennies, les gens ont tendance à croire que ceux qui relèvent des failles dans la théorie et la pratique du capitalisme sont les alliés des socialistes.

Le social-business n'a en réalité rien à voir avec le socialisme ou le communisme. Il ne permet pas de concilier le socialisme et le capitalisme. Et il ne constitue pas une étape vers l'un de ces systèmes.

Dans un système socialiste ou communiste, l'État (c'est-à-dire les pouvoirs publics) contrôle l'économie. Des pans importants de l'économie – ou, dans certains cas, l'économie dans son intégralité – sont dirigés par des fonctionnaires ou par des politiciens. Les décisions économiques sont prises en fonction de considérations politiques. Il n'y a quasiment pas de concurrence entre les entreprises. Avec le temps, le système devient moins efficace et moins innovant.

Ces caractéristiques expliquent pourquoi le système communiste qui a fonctionné durant des décennies en Russie, en Chine et dans la plupart des pays d'Europe de l'Est a fini par s'écrouler. La pression militaire exercée par l'Ouest n'a pas été la cause essentielle de cet effondrement. Le déclin de la motivation individuelle et de l'innovation, l'inadéquation des règles économiques imposées par le gouvernement et la corruption qui s'installe quand les organisations politiques contrôlent la richesse d'un pays en sont les principaux responsables.

Le social-business évite ces erreurs. Il ne place pas le système économique sous l'autorité des pouvoirs publics : tout au contraire, il desserre les liens qui unissent le gouvernement et la société en donnant aux individus des outils puissants qui leur permettent de s'attaquer aux problèmes sociaux les plus graves. Dans une société où le social-business est une force économique, les citoyens n'auront plus à demander à l'État de lutter contre la pauvreté, la faim, le manque de logements ou la maladie : ils s'efforceront de trouver eux-mêmes les solutions en créant leur propre entreprise, laquelle agira à petite échelle avant de se développer.

Le social-business permet également d'intensifier la concurrence et d'accroître l'offre en proposant davantage de biens et de services aux consommateurs. Quand les social-business côtoieront les entreprises traditionnelles, les consommateurs disposeront de choix plus larges. Les salariés et les dirigeants d'entreprise auront également davantage d'opportunités de carrière. À un contrôle exercé du sommet par des fonctionnaires, le social-business préfère une croissance venue de la base et la réalisation d'expériences par des milliers ou des millions d'individus libres de créer toute forme d'organisation afin de poursuivre les objectifs sociaux de leur choix.

Le social-business reconnaît que les pouvoirs publics et les citoyens coopèrent pour résoudre les problèmes de la société. Il admet par ailleurs que les individus ont en la matière des compétences dont les pouvoirs publics sont dépourvus. Des individus intelligents, talentueux et inventifs se montrent généralement plus innovants que les pouvoirs publics. Et ils le font sans imposer de contrainte économique à quiconque. Les pouvoirs publics utilisent l'argent du contribuable pour trouver des solutions aux difficultés sociales ; leurs ressources étant limitées, cela pèse sur leur action. Le social-business peut au contraire s'étendre indéfiniment en levant des fonds auprès d'une multitude d'investisseurs.

Le gouvernement devrait théoriquement représenter l'ensemble de la population d'un pays. Il devrait donc assumer les problèmes sociaux qui créent tant de souffrance. C'est ce qui se produit dans quelques pays plus chanceux que d'autres. Mais en pratique, les gouvernements finissent souvent par se mettre au service d'intérêts particuliers. D'où la nécessité du social-business. Si les gouvernements étaient parvenus à régler les problèmes les plus urgents de l'humanité, nous n'aurions pas besoin du social-business. Mais partout dans le monde, dans les pays pauvres comme dans les pays riches, les problèmes sociaux sévissent : dépendance, chômage, crime, manque de logements, insuffisance des soins de santé, dégradation de l'environnement, obésité, maladies chroniques… La liste est longue.

Ceux qui préconisent le recours au social-business n'ont évidemment pas de recette miracle pour résoudre toutes ces questions. Mais nous savons que les efforts des pouvoirs publics sont insuffisants et qu'une nouvelle approche est nécessaire. Dans bien des cas, le social-business offre une alternative prometteuse à des actions publiques ayant échoué.

Songez aux programmes publics qui, dans votre communauté ou dans votre pays, ont produit des résultats décevants. Il peut s'agir d'écoles publiques, de complexes hospitaliers, de sociétés de transport, du transport et de l'assainissement de l'eau, de la production d'énergie, d'infrastructures portuaires et aéroportuaires, de réseaux autoroutiers, etc. Jusqu'à présent, la privatisation constituait l'unique alternative au contrôle public – ce qui, trop souvent, revenait à transférer une activité gérée par la puissance publique à des individus bien introduits qui chercheraient à maximiser leur profit.

Pourquoi ne pas essayer de transformer certaines activités publiques en social-business afin de mieux servir les intérêts des gens ? Cela pourrait être un moyen de conjuguer l'énergie du monde des affaires avec l'objectif social de la puissance publique afin de produire des bénéfices partagés qu'aucun secteur n'avait réussi à dégager.

Le social-business comme nouvelle forme de capitalisme

J'ai jusqu'à présent mis l'accent sur les différences entre le social-business et les entreprises traditionnelles. Mais ces deux modes d'activité économique ont aussi de nombreux points communs.

Songez aux deux premiers social-business que nous avons créés au Bangladesh. Grameen Danone produit, commercialise et distribue ses yaourts comme n'importe quel producteur qui cherche à maximiser son profit. Grameen Veolia Water assainit les eaux de surface avant de les transporter là où on en a besoin ; son fonctionnement ne la distingue guère des réseaux de distribution d'eau que Veolia ou d'autres sociétés gèrent un peu partout dans le monde. Vus sous cet angle, ces deux social-business ressemblent à bien d'autres entreprises.

Ils ont évidemment des qualités uniques. Le yaourt produit par Grameen Danone est enrichi, ce qui crée un défi : il faut trouver le moyen de dissimuler le goût des vitamines et des minéraux afin que les enfants aiment ce produit et le consomment. Dans ce cas précis, le besoin social impose de modifier la formulation du produit : l'innovation propre au monde de l'entreprise peut relever ce défi lié à un enjeu de santé.

Grameen Veolia Water est aux prises avec un problème d'une autre nature : il lui faut convaincre les villageois de consacrer une partie de leur maigre revenu à l'achat d'eau potable, un bien qu'ils ont l'habitude d'obtenir gratuitement. Une solution ingénieuse doit être trouvée pour répondre à ce problème de santé publique – mais en ce cas, c'est une question de marketing.

Je présenterai plus loin dans ce livre les défis auxquels font face ces deux entreprises. Mais vous pouvez déjà constater qu'il y a là un modèle. Les social-business fonctionnent au cœur du système capitaliste comme les entreprises traditionnelles. Ils doivent trouver le moyen de vendre leurs produits afin de couvrir leurs coûts et de gagner suffisamment d'argent pour financer leur développement. Il leur faut répondre efficacement à la concurrence, fixer le prix de leurs produits de façon à ce que les plus démunis puissent les acquérir et, quand elles existent, exploiter les opportunités de réaliser des recettes supplémentaires en faisant payer un prix supérieur à une clientèle aisée. Comme n'importe quelle entreprise, un social-business peut croître ou péricliter. Et comme n'importe quelle entreprise, il se heurte à des problèmes de gestion (choix d'un mode de financement, recrutement, direction de l'entreprise, stratégies de développement, etc.).

Tout comme les autres entreprises, les social-business sont soumis aux aléas du marché. Mais un social-business a un avantage : il est moins exposé au risque de baisse parce que l'avenir de son activité n'est pas lié au cours de son action. Comme ceux qui investissent dans un social-business ne cherchent pas à réaliser un gain financier, ils se montreront plus patients et moins enclins à céder leur participation si les performances de l'entreprise sont décevantes pendant quelques jours ou quelques semaines. Cela devrait permettre aux social-business de développer plus facilement des projets à long terme.

Les social-business offrent surtout aux individus une nouvelle manière d'exprimer leur esprit d'entreprise.

Un entrepreneur prend des risques. Il est mû par le désir impérieux de créer l'entreprise dont il rêve. Il est prêt à affronter les difficultés, à se montrer audacieux, à travailler de longues heures, à faire face aux revers et aux déceptions sans se décourager. Il ne sera pas satisfait aussi longtemps que son projet n'aura pas rencontré le succès et produit les résultats désirés – qu'il s'agisse d'une rétribution financière (dans le cas d'une entreprise maximisant le profit) ou d'une amélioration sociale (dans le cas d'un social-business).

J'ai le sentiment que les qualités exigées pour créer un social-business sont très semblables à celles requises par une entreprise maximisant le profit. Je suis certain qu'il serait très utile de disposer d'une expérience dans l'univers des entreprises traditionnelles. Avoir fait des études de gestion – un MBA par exemple – serait aussi très précieux. Mais les qualités personnelles de l'entrepreneur sont plus importantes encore. Pour réussir dans le social-business, il faut avoir le sens des affaires, la volonté de travailler dur, la capacité à construire une équipe et à entrer en relation avec les personnes dont la collaboration est nécessaire, la capacité à évaluer le résultat des actions entreprises, enfin l'honnêteté de reconnaître que l'on s'est trompé et qu'il faut recommencer.

Si vous disposez d'une expérience importante ou d'une grande connaissance de l'entreprise traditionnelle, il faudra que vous acceptiez de changer votre façon de penser. Dans le monde du social-business, vos calculs auront d'autres objectifs. Vous chercherez toujours le moyen de réduire les coûts, mais pas en diminuant les salaires ou les bénéfices offerts aux pauvres. Vous vous efforcerez de segmenter votre base de clientèle, mais vous refuserez d'utiliser votre puissance de négociation pour pénaliser le consommateur en augmentant vos marges. Vous tenterez de rendre le bien ou le service que vous produisez aussi abordable que possible, mais pas au détriment de sa qualité et des bénéfices qu'il apporte aux clients. Les compétences que vous aurez développées auparavant seront précieuses, mais vous aurez un autre but et défendrez d'autres valeurs.

Le désir d'entreprendre fait partie intégrante de la nature humaine. Le social-business offre un nouveau moyen de l'exprimer – un moyen qui, selon moi, attirera les nombreuses personnes auxquelles le caractère individualiste de l'entreprise traditionnelle déplaît. Nul n'est exclu du social-business. Chacun est invité à trouver le rôle qui lui convient le mieux : investisseur, dirigeant, consultant, créateur d'entreprise, gestionnaire, fournisseur, producteur, technicien, etc. Ce qui importe, c'est de vous engager et de trouver votre propre manière de contribuer à ce que le monde devienne meilleur.

Ce que vous offre le social-business

Vous commencez peut-être à vous demander ce que le social-business peut signifier pour vous. J'espère que c'est le cas, parce que l'un des objectifs de ce livre consiste à aider les gens à comprendre que le social-business est en mesure d'enrichir leur existence.

Le désir de créer ou de rejoindre un social-business est indissociable de l'idéalisme et de l'espoir qui sont profondément ancrés en tout être humain.

Si vous vous êtes déjà dit que vous n'étiez pas satisfait du cours des choses, que vous n'aimiez pas vivre dans un monde où tant d'individus souffrent de la faim, de la pauvreté, de la maladie, de l'analphabétisme et du chômage, et que vous vouliez voir ces fléaux disparaître, il se peut que vous ayez la vocation du social-business.

Le social-business permet également d'exprimer la créativité que des millions de personnes ont en elles. « Créativité » n'est pas nécessairement synonyme de « grandiose ». Cela peut désigner quelque chose de très simple : remarquer l'existence d'un problème, se demander si on a déjà essayé de le résoudre d'une certaine manière, et essayer de le faire. Une modeste solution apportée au niveau local peut être la graine qui donnera naissance à une solution mondiale.

Mais si vous n'avez pas d'idée originale, vous pouvez

utiliser une méthode existante et l'appliquer à une autre situation. L'une des choses que j'aime dans le social-business, c'est qu'il offre un grand nombre d'options.

Le social-business donne aussi la possibilité de changer de vie. Des millions d'individus appartenant à tous les milieux sociaux rêvent de changement sans jamais parvenir à en faire l'expérience. Nombreux sont ceux qui se sentent prisonniers d'une existence protégée, englués dans la routine de leur travail et d'une consommation irréfléchie. Nous aimerions pouvoir choisir un mode de vie différent, qui nous permettrait de laisser une trace sur cette planète et de découvrir les innombrables talents enfouis en nous. Le social-business nous offre le moyen d'écrire une nouvelle page de notre existence tout en contribuant à fabriquer un monde meilleur.

Le social-business constitue un formidable processus d'apprentissage. Jetez-vous à l'eau, et vous vous surprendrez bientôt à agir et à penser d'une manière totalement neuve. De nouveaux défis vous obligeront à redécouvrir des facultés intellectuelles et émotionnelles depuis longtemps rouillées. Des expériences anciennes presque oubliées se révéleront pertinentes et utiles. Vous explorerez un monde inconnu. Grâce au social-business, vous verrez des choses dont vous ignoriez l'existence. Alors que vous étiez un être robotisé mû par la recherche du profit, vous deviendrez progressivement une personne multidimensionnelle.

Le social-business est passionnant et amusant. La plupart des gens qui hésitent à s'engager se heurtent à un obstacle psychologique. Il est si facile de sombrer dans l'indifférence, le pessimisme et le désespoir.

Beaucoup de gens pensent qu'il ne sert à rien d'essayer de changer le monde : nul n'y est jamais parvenu, et il n'y a aucun moyen de faire évoluer la « nature humaine ».

C'est tout simplement faux. Le monde d'aujourd'hui n'est pas le même que celui dans lequel vécurent nos ancêtres. Les épidémies ont disparu. L'esclavage a été aboli. Les monarchies se sont effondrées. L'apartheid n'existe plus. Les femmes ont le droit de vote, le libre marché prospère dans des sociétés jadis autarciques, les peuples réclament le respect des droits de l'homme – et il y a même un président noir aux États-Unis. Le changement existe, et nous en sommes les acteurs.

Quant à la « nature humaine », j'ai la conviction qu'elle est fondamentalement bonne. C'est ce qui a permis à la religion, à la bonne gouvernance, aux valeurs sociales, aux arts, à la culture et à la générosité de se développer au fil du temps. Les pousses de justice et de miséricorde tentent toujours de percer, même si elles doivent se frayer un chemin. Si nous les protégeons et les nourrissons, nous pourrons faire de cette planète le jardin dans lequel les êtres humains rêvent d'habiter.

Le temps est venu

Nous vivons une époque passionnante – une époque où le monde est mûr pour les changements extraordinaires que le social-business peut produire.

J'ai évoqué la crise économique mondiale qui a

débuté en 2008. Cette crise a mis en lumière les faiblesses du système capitaliste traditionnel. Mais toute crise offre des opportunités de changement. Celle que nous traversons actuellement doit nous permettre de reformuler la théorie économique de façon à ce qu'elle reflète la réalité plurielle de la nature humaine.

La crise actuelle – ou, plus précisément, la conjonction de crises économique, environnementale, agricole, énergétique, sanitaire et sociale – nous encourage à chercher des solutions nouvelles. Parce qu'il est à la fois puissant et souple, le social-business a de meilleures chances de sauver le monde que n'en ont d'autres idées plus anciennes. Le social-business n'exerce aucune forme de pression. Il multiplie les possibilités de choix au lieu de les limiter. Il s'adapte parfaitement au système capitaliste parce qu'il est susceptible d'amener des millions de nouveaux clients sur les marchés. Au lieu de menacer la structure dans laquelle s'exerce l'activité économique, il propose un moyen de la dynamiser.

Le social-business ne fait pas peser la responsabilité du changement social sur les pouvoirs publics ; il ne contribue donc pas à envenimer les conflits politiques. La conception et la création des social-business relèvent des individus. Le succès ou l'échec de ces entreprises dépendra du marché. Le social-business peut réussir même si certaines entreprises ayant adopté cette forme venaient à échouer. Une entreprise de ce type pourra rester à l'état de latence pendant un certain temps avant de faire profiter la société de ses bénéfices. Comme la vie elle-même, le social-business évolue constamment.

L'idée de social-business peut, bien sûr, être pervertie. Certains individus puissants chercheront à dénaturer ce concept et à le mettre au service de leurs intérêts, tout comme l'ont fait ceux qui ont appliqué le terme de « microcrédit » à des entreprises qui, en réalité, pratiquaient l'usure. Les gens bien intentionnés devront rester sur leurs gardes et se méfier de ceux qui emploieront abusivement la notion de « social-business ».

Mais ce n'est pas une raison pour rejeter ce concept. Le destin du social-business dépend de l'impact qu'il exercera sur le cœur des gens. Si le social-business devient partie intégrante de leur rêve d'un monde meilleur, nul ne pourra l'arrêter. Il parviendra à se développer même si les circonstances lui sont contraires.

Je ne vois pas de limite au rôle que le social-business aura la possibilité de jouer dans l'économie mondiale. Lors des années à venir, les social-business pourraient représenter une part significative des entreprises existantes. Quelle sera cette proportion ? Existe-t-il un ratio optimal entre ces deux types d'entreprises – pour les individus, pour la société, pour le monde ? Dans quelle mesure le social-business peut-il contribuer à créer un monde où chaque être humain aura la possibilité de vivre dans la dignité, la liberté et la paix ?

Sous les yeux de nos enfants et de nos petits-enfants, l'humanité s'engagera dans une expérience passionnante qui apportera des réponses à toutes ces questions. Ainsi que le montrera la suite de ce livre, cette expérience a déjà commencé.

2. Crise de croissance : les leçons de Grameen Danone

J'ai raconté dans mon précédent livre l'histoire de Grameen Danone, le premier social-business conçu comme tel. L'usine de yaourts créée par Grameen Danone à Bogra ouvrit ses portes début 2007, au moment où je finissais d'écrire *Vers un nouveau capitalisme*. Les premiers pots de Shokti Doi, un yaourt enrichi en nutriments faisant gravement défaut aux enfants bangladais, sortaient tout juste des lignes de production. Et les « Grameen Danone Ladies » que nous avions recrutées comme vendeuses commençaient à les proposer à leurs amis et à leurs voisins.

Nous étions ravis de prouver qu'un social-business pouvait s'autofinancer tout en apportant d'importants bénéfices à ses clients, à ses fournisseurs et aux autres membres de la communauté. Forts du succès de cette première usine, nous projetions d'étendre notre activité au reste du pays. Nous espérions créer un réseau d'une cinquantaine de petites usines destinées à fournir aux enfants bangladais des yaourts Shokti Doi dotés d'une haute valeur nutritionnelle.

Mais comme souvent dans la vie, les choses ne se sont pas passées aussi facilement.

Nous avons acquis une expérience précieuse lors des trois dernières années. Les ventes ont progressé de façon régulière durant la première année. Elles se sont ensuite écroulées sous l'influence d'évolutions économiques que nul n'avait anticipées. Nous avons dû réinventer notre système de vente et de distribution, réviser notre modèle économique, modifier la formule de notre produit, atteindre de nouveaux groupes de clients et lancer de nouveaux produits pour satisfaire certains segments de clientèle.

Nous avons à présent renoué avec une forte croissance que nous espérons durable. Mais une chose est sûre : nous avons aujourd'hui une meilleure connaissance des défis liés à la création d'un social-business. Certains de ces problèmes sont communs à toutes les entreprises, tandis que d'autres sont spécifiques au modèle du social-business. Nous en avons tiré des leçons qui nous seront utiles à l'avenir – et qui le seront aussi à tous ceux qui envisagent de créer des social-business. C'est la raison pour laquelle l'histoire de Grameen Danone mérite d'être racontée.

Naissance d'un social-business

Grameen Danone est née d'une conversation que j'ai eue avec Franck Riboud, le PDG du Groupe Danone. À l'occasion d'un déjeuner à Paris, j'ai proposé à M. Riboud de lancer au Bangladesh un social-business associant Grameen et Danone. L'idée lui a plu. Mais il m'a demandé ce qu'était un social-business. Je lui ai expliqué qu'il s'agissait d'une entreprise autofinancée destinée à produire des bénéfices sociaux. Franck Riboud était intrigué. Mieux encore : il était prêt à s'engager. « Allons-y », me dit-il. Grameen Danone est née de cet accord.

Des gestionnaires talentueux issus de nos deux organisations passèrent l'année qui suivit à concevoir notre social-business. La nature de l'activité exercée par Danone nous orienta naturellement vers le domaine de la nutrition. Les pauvres du Bangladesh ont d'immenses besoins en la matière. La moitié des enfants de mon pays souffrent de malnutrition ; ce phénomène est particulièrement important dans les zones rurales. Provoquée par des infections et par la consommation d'eau polluée, la diarrhée se révèle beaucoup plus grave ici qu'elle ne l'est dans les pays occidentaux : elle est souvent mortelle.

Les enfants manquent fréquemment de fer (49 % des jeunes enfants sont dans ce cas), de vitamines A, B2 et C, de calcium, d'iode et de zinc. Un apport insuffisant de ces nutriments provoque une série de problèmes qui vont du mauvais fonctionnement du système immunitaire aux troubles de la vision. À long terme, le fait que la malnutrition soit largement répandue réduit les perspectives de développement économique : des enfants mal nourris ont peu de chances de devenir des adultes instruits, énergiques et productifs.

Après de longues discussions, nous avons décidé que la meilleure manière de lancer notre *joint venture* consisterait à produire des yaourts. Le yaourt est un produit pour la fabrication duquel Danone est célèbre dans le monde entier. C'est aussi un goûter traditionnel au Bangladesh : tout le monde en consomme, y compris les enfants. Le yaourt est un produit laitier riche en calcium et en protéines, des nutriments essentiels dont manquent beaucoup de jeunes Bangladais.

Nous avons compris que si nous parvenions à créer une marque de yaourts enrichis en vitamines et en divers autres nutriments, attrayants pour les enfants et abordables pour les pauvres, nous pourrions apporter d'importants bénéfices aux familles du Bangladesh. Nous pourrions réduire la prévalence de certaines maladies, donner de l'énergie aux enfants, favoriser leur participation aux activités scolaires ainsi qu'à d'autres activités intéressantes.

Nous ne tenions là que les grandes lignes de notre idée. Le modèle économique de l'entreprise a été difficile à concevoir. Emmanuel Faber, le vice-président exécutif de Danone pour la zone Asie-Pacifique, a réuni une équipe de nutritionnistes, de gestionnaires, de spécialistes de la production et d'autres experts qui est venue travailler avec nous en 2006. Grameen Kalyan, notre social-business spécialisé dans l'offre de soins médicaux, a demandé à mon ami Imamus Sultan, qui connaît bien les besoins des pauvres du Bangladesh et avec qui j'ai travaillé à de nombreux projets Grameen, de collaborer étroitement avec M. Faber.

Quelques décisions furent particulièrement importantes. La première a consisté à construire une petite usine de yaourts plutôt qu'une grande unité de production pareille à celles que les grandes entreprises comme Danone ont l'habitude de créer. Cela présentait plusieurs avantages. Le faible montant des dépenses d'investissement nécessaires réduirait le risque pris par Danone. Les yaourts seraient distribués dans une zone restreinte : nul besoin dans ces conditions de camions ou d'entrepôts frigorifiques. Le recrutement du personnel de l'usine serait simplifié : quelques employés suffiraient à la faire fonctionner.

Une petite usine deviendrait partie intégrante de la communauté et de l'économie locales. Elle pourrait acheter ses matières premières (principalement du lait) aux producteurs des environs. Quant aux consommateurs de la région, ils seraient ses principaux clients. J'espérais que la population vivant à proximité de l'usine Grameen Danone la considérerait comme « son » usine et qu'elle soutiendrait notre activité.

Les équipes de Grameen et de Danone choisirent de construire notre première usine près de Bogra, à 225 kilomètres au nord-ouest de Dacca, la capitale du Bangladesh. Danone demanda à Guy Gavelle, le directeur industriel de la compagnie pour la zone Asie-Pacifique, de concevoir l'usine et de superviser sa construction. Gavelle avait construit des usines Danone dans le monde entier, de la Chine au Brésil, mais il n'avait jamais bâti une petite usine. Il était toutefois prêt à relever le défi, et il aborda ce projet comme s'il s'agissait d'une expérience.

Les travaux débutèrent le 14 juillet 2006. Il fallut moins de six mois à Gavelle et à son équipe pour bâtir l'usine. Elle était petite – 700 mètres carrés – mais très efficace et respectueuse de l'environnement : elle avait été équipée d'appareils destinés au traitement de l'eau, d'installations de recyclage, d'une unité de production de biogaz permettant de transformer les déchets organiques en énergie ainsi que de panneaux solaires.

Satisfait de son travail, Guy Gavelle déclara que la nouvelle usine était « mignonne ». Il forma une équipe d'ouvriers bangladais pour assurer son fonctionnement : il leur enseigna les règles exigeantes de production, de sécurité et d'intégrité auxquelles Danone se conforme dans le monde entier. Il était essentiel que l'usine de Bogra puisse fonctionner sans aide extérieure quand Gavelle aurait mis la dernière main à ce projet et serait parti pour une nouvelle mission.

D'autres décisions importantes furent prises tandis que l'on construisait l'usine. Des nutritionnistes, des experts de la production alimentaire et des spécialistes du marketing travaillaient en étroite collaboration avec la population bangladaise afin de tester différentes recettes de yaourt. La formule qui a été retenue utilise de la mélasse de datte (une production du Bangladesh) comme édulcorant. Elle contient également tous les micronutriments dont les enfants bangladais ont besoin pour être en bonne santé. Un seul pot de yaourt assure 30 % de l'apport journalier recommandé de ces nutriments essentiels. Les enfants des environs de Bogra engloutirent joyeusement les échantillons de yaourt que nous leur avions proposés et en redemandèrent.

Nous avions également organisé un réseau local de producteurs pour nous procurer les matières premières nécessaires à la fabrication de notre yaourt. 90 % du marché du lait du Bangladesh fonctionne d'une manière que l'on peut qualifier d'« informelle ». En d'autres termes, les fermiers charrient leur lait jusqu'aux marchés locaux ou le vendent à leurs amis, leur famille et leurs voisins.

Le fonctionnement du marché du lait aurait pu rendre particulièrement difficile la sécurisation par Grameen Danone de ses approvisionnements en matières premières. Notre enracinement dans l'économie rurale du Bangladesh nous a permis de résoudre ce problème. En l'an 2000, la Grameen Bank avait participé à la création de Grameen Fisheries and Livestock Foundation, un réseau d'éleveurs locaux bénéficiant de microcrédits, d'assurances pour leurs animaux, de services vétérinaires et de formations agricoles. Cette fondation s'engagea par contrat à fournir régulièrement du lait à Grameen Danone.

Comme pour tout nouveau produit de consommation, nous avions dû réfléchir au marketing et aux conditions de vente. Nous avions décidé d'appeler notre yaourt « Shokti Doi », ce qui signifie « le yaourt pour être fort ». En nous appuyant sur les résultats d'une enquête réalisée auprès des enfants des environs, nous avions choisi un lion pour symboliser notre produit. Dessiné par un artiste, un sympathique lion de bande dessinée faisant jouer ses muscles était venu orner les couvercles des pots de yaourt Grameen Danone. Ce personnage était rapidement devenu populaire chez les enfants du coin.

Nous avions fixé le prix à 5 takas par pot de 80 grammes, ce qui, en monnaie américaine, correspond à environ 7 *cents*. Les yaourts produits localement que l'on trouvait dans les magasins de Bogra coûtaient l'équivalent de 30 *cents* le pot : ce n'est pas grand-chose pour un consommateur occidental, mais c'est trop pour bien des familles vivant dans les campagnes bangladaises. Notre objectif consistait évidemment à mettre notre yaourt à la portée du maximum de pauvres.

En février 2007, les premiers paquets de Shokti Doi sortirent des lignes de production de l'usine de Bogra. Ce fut un moment de joie et d'espoir pour les membres de l'équipe de Grameen Danone.

Puis les choses commencèrent à devenir intéressantes.

Si vous ne réussissez pas du premier coup…

Lors des premiers mois d'activité, tout avait l'air de bien se passer. L'équipement de l'usine fonctionnait parfaitement. Le yaourt était crémeux et délicieux, et il plaisait à la plupart de ceux qui le goûtaient. Mais les ventes ne progressaient pas très vite. Grameen Danone consacra le printemps et l'été de l'année 2007 à tenter de comprendre pourquoi.

Grameen Danone disposait de deux circuits de distribution pour commercialiser Shokti Doi. Le premier consistait en un certain nombre de petits magasins situés à Bogra et dans sa région. Bogra est une assez grande ville : on compte plus de 100 000 habitants dans la ville elle-même et 200 000 dans un rayon de 30 kilomètres. Mais seuls 300 ou 400 magasins pouvaient vendre Shokti Doi. Le yaourt doit être conservé au frais ; or au Bangladesh, même une ville comme Bogra ne dispose pas d'un approvisionnement électrique fiable. Grameen Danone a cependant fait de son mieux pour promouvoir Shokti Doi auprès des propriétaires de magasins : en l'espace de quelques mois, notre yaourt était devenu disponible dans de petites boutiques de Bogra et des environs.

Les « Grameen Danone Ladies » constituaient le second circuit de distribution de Shokti Doi. Il s'agit de femmes entrepreneurs qui ont obtenu des prêts de la Grameen Bank et ont utilisé cet argent pour lancer ou développer de petites entreprises afin de subvenir à leurs besoins et à ceux de leur famille. Les Grameen Danone Ladies gèrent des entreprises de toutes sortes : de petits potagers, des élevages de volailles ou de bestiaux, des fabriques de paniers, des magasins de vêtements, des ateliers de couture, etc. Certaines sont « dames téléphone » : elles utilisent leurs prêts Grameen pour acheter des téléphones portables et vendre à leurs voisins des minutes de communication téléphonique.

Quand nous avons lancé Grameen Danone, nous pensions que les Grameen Danone Ladies constitueraient un important réseau de vente pour notre yaourt. Grameen Danone a recruté un certain nombre de nos emprunteuses des environs de Bogra, leur a présenté les bénéfices liés à la consommation de Shokti Doi et les a munies de sacs isothermes destinés à transporter les yaourts qu'elles proposeraient de maison en maison. Grameen Danone avait l'intention de leur verser une commission d'un demi-taka par pot vendu. Une vendeuse efficace devait pouvoir vendre suffisamment de yaourts pour gagner plusieurs centaines de takas par mois, ce qui représente un complément de revenu important pour une famille rurale bangladaise.

Mais lors des premiers mois de l'année 2007, les dames Grameen réalisèrent peu de ventes. Les efforts de recrutement de Grameen Danone ne produisaient guère de résultats : certaines s'engageaient dans le programme, vendaient des yaourts pendant quelques jours et démissionnaient sans un mot d'explication. Il n'y avait par conséquent jamais plus de 30 Danone Ladies occupées à vendre nos yaourts à leurs voisins.

Entre les magasins de Bogra et le réseau des Danone Ladies les ventes de Shokti Doi ne dépassaient pas 3 000 pots par jour. Cela ne permettait ni d'assurer l'autofinancement de notre belle usine ni d'exercer l'impact nutritionnel désiré.

À la fin de l'été 2007, deux événements ont permis de sortir Grameen Danone de cette impasse.

Afin de comprendre, Grameen Danone avait engagé des discussions avec le personnel de Grameen ainsi qu'avec des membres d'ONG. Ils expliquèrent que le problème venait de l'organisation de l'entreprise :

« Vous faites bien certaines choses. Vous sélectionnez les Grameen Danone Ladies, vous leur présentez le yaourt et vous les envoyez sur le terrain. Mais vous ne les formez pas correctement à la technique de vente. Et vous n'avez pas réussi à impliquer les membres de la communauté dont ces femmes font partie. Au Bangladesh, une femme n'est jamais un individu isolé qui ne vit et ne travaille que pour lui-même : elle fait partie d'une famille. Si vous voulez réussir votre partenariat avec elle, vous devez connaître sa famille, en particulier son mari.

C'est encore plus important lorsqu'il s'agit de vente en porte-à-porte. La culture rurale du Bangladesh est assez protectrice à l'égard des femmes : il leur est difficile de sortir de la maison si elles n'ont pas le soutien des hommes de leur famille. La plupart des emprunteuses de la Grameen Bank exercent une activité à domicile – faire pousser des légumes, tisser des étoffes, fabriquer des paniers. Vendre en porte-à-porte est une chose différente : si elle ne dispose pas du soutien de son mari, une femme se sentira incapable de faire un tel travail. »

Ce fut une révélation pour l'équipe de Grameen Danone. Ses membres comprirent qu'une barrière culturelle les avait empêchés de travailler efficacement avec les Grameen Danone Ladies – une barrière d'autant plus forte que son existence était tue.

La seconde bonne chose qui se produisit durant l'été 2007 fut l'embauche d'un directeur général à plein temps. Choisir et engager un gestionnaire local enraciné dans la culture de la communauté contribua à transformer Grameen Danone en une entreprise dont les villageois pouvaient comprendre et soutenir l'activité.

Le mode de recrutement, de sélection et de

formation des Grameen Danone Ladies fut totalement revu. Grameen Danone veilla à impliquer leur famille, en particulier leur mari, et à s'assurer que chaque vendeuse avait le soutien de sa communauté. Cela se traduisit par une croissance régulière du nombre de Grameen Danone Ladies : elles étaient 270 en mars 2008 contre 29 en septembre 2007.

Grameen Danone modifia par ailleurs légèrement la recette de son produit. Les clients trouvaient que notre yaourt n'était pas suffisamment sucré : Grameen Danone y ajouta donc un peu de mélasse. (Notre yaourt reste toutefois moins sucré que son équivalent traditionnel vendu dans les rues de Bogra.)

Les résultats de ces changements ne se firent pas attendre. Après sept mois de stagnation des ventes, la plus forte hausse de la brève histoire de Grameen Danone fut observée en octobre 2007. Novembre fut meilleur, et décembre le fut davantage encore. Entre octobre 2007 et mars 2008, les ventes de Grameen Danone ne cessèrent de progresser : les ventes mensuelles de yaourts montèrent en flèche au cours de cette période.

Cette augmentation était presque entièrement due à la rapide croissance du réseau de vente dans les campagnes. Le modèle des Grameen Danone Ladies, que Grameen Danone avait eu l'intention de mettre en œuvre dès le début de ce projet, semblait prendre forme. Il y avait plus encourageant encore : une étude réalisée par la Grameen Bank durant l'hiver 2007 montra que 40 à 50 % des enfants mangeaient du Shokti Doi dans les villages où le réseau de vente de Grameen Danone était le plus développé. Ce taux élevé de pénétration conforta Grameen Danone dans le sentiment que l'objectif poursuivi par l'entreprise – apporter des bénéfices nutritionnels aux enfants du Bangladesh – était réaliste.

Mais alors même que les efforts consentis par Grameen Danone en matière de commercialisation et de marketing produisaient des résultats, les événements qui se déroulaient dans le reste du monde commencèrent à avoir de graves conséquences sur l'activité de l'entreprise.

Faire face à une crise mondiale

Les cours mondiaux des denrées alimentaires avaient commencé à augmenter dès 2006. Ce phénomène avait plusieurs causes :

— des sécheresses anormales affectant la production de céréales dans de grands pays exportateurs comme l'Australie et les États-Unis ;

— la croissance et l'enrichissement de la population de certains pays en développement, dont l'Inde et la Chine. Ces évolutions se sont traduites par une demande accrue de denrées de base et de produits carnés, eux-mêmes liés aux céréales ainsi qu'aux autres aliments destinés aux animaux ;

— la hausse du prix du pétrole et des produits pétroliers, qui a provoqué une élévation des coûts de transport des produits agricoles et des coûts de production des engrais dérivés du pétrole ;

— l'utilisation croissante du blé et du maïs pour fabriquer de l'éthanol (surtout aux États-Unis), ce qui provoque des pénuries artificielles.

En raison de la diffusion des politiques libres-échangistes lors des deux dernières décennies, le marché agricole est désormais mondialement intégré. Cela signifie que les évolutions observées sur un marché particulier finiront par affecter tous les autres pays. Quand les prix des céréales et d'autres produits alimentaires augmentèrent dans les pays développés en 2006 et en 2007, des hausses similaires furent observées dans les pays en développement, notamment au Bangladesh.

Pour la majorité des Américains, une hausse du prix des produits alimentaires ne constitue qu'une simple gêne. Pour les habitants des pays pauvres du Sud, elle fait souvent la différence entre la vie et la mort. L'année 2007 a vu augmenter de façon spectaculaire le nombre d'individus souffrant de la faim. Les journaux et les chaînes de télévision titrèrent sur les « émeutes de la faim » qui avaient explosé dans des pays aussi différents que le Mexique, le Cameroun, le Sénégal et le Pakistan.

Au Bangladesh, le problème fut exacerbé par deux années consécutives d'inondations inhabituellement importantes pendant la saison de la mousson (de juin à octobre). Cette inondation annuelle est, en temps normal, un événement heureux : elle donne à nos terres agricoles leur extraordinaire fertilité. Mais lorsque les pluies saisonnières deviennent incroyablement violentes, les fermes et les villages sont rayés de la carte. Les individus qui échappent à la mort perdent leur logis et subissent de terribles privations. Le réchauffement climatique et la montée du niveau des océans pourraient encore aggraver ce problème.

La combinaison de ces différentes tendances mit au défi le modèle économique de Grameen Danone. Tout comme le prix du riz et de la viande, le prix du lait – le principal ingrédient du yaourt – doubla. L'augmentation du prix des matières premières absorba totalement la petite marge de profit retenue par Grameen Danone quand elle avait déterminé le prix de son produit. En mars 2008, alors que les ventes atteignaient leur sommet d'alors, Grameen Danone perdait de l'argent sur chaque pot de yaourt vendu. Les choses ne pouvaient évidemment pas continuer de la sorte.

Comment Grameen Danone allait-elle relever ce défi ? Il n'y avait pas de réponse claire. Le conseil d'administration de Grameen Danone, qui comprenait des représentants du Groupe Danone et de Grameen – des spécialistes français du monde des affaires et des experts bangladais disposant d'une grande connaissance de la vie des femmes et des enfants en milieu rural –, se divisa à ce sujet pendant plus de deux mois.

Un premier groupe pensait que Grameen Danone devait augmenter le prix de vente de son yaourt de manière à couvrir l'augmentation des coûts. Grameen Danone est un social-business, non un organisme caritatif. Il est bien sûr important d'apporter aux clients pauvres des bénéfices nutritionnels. Mais si Grameen Danone perd de l'argent chaque mois, elle devra mettre la clé sous la porte. Maintenir les prix à un niveau artificiellement bas ne permettra pas d'aider durablement les pauvres.

Le second groupe affirmait qu'il était nécessaire de maintenir le prix de notre yaourt à 5 takas pour un pot de 80 grammes si nous voulions préserver la croissance de notre toute jeune activité. Selon les partisans de cette orientation, modifier le prix d'un produit encore en phase de lancement pouvait constituer une erreur fatale. Plutôt que d'augmenter le prix du yaourt, Grameen Danone devait trouver le moyen de réduire ses dépenses – faute de quoi elle risquait de perdre ses clients, peut-être pour toujours.

Le débat fit rage entre Paris et Dacca durant plusieurs semaines. Chaque parti présentait des arguments intelligents et sérieux. J'étais au nombre de ceux qui pensaient qu'il fallait augmenter le prix du yaourt.

Je crois fermement qu'un social-business doit être géré dès le premier jour de manière à s'autofinancer. C'est une erreur d'adopter lors des premiers mois d'activité des prix, des procédures ou des méthodes de gestion qui ne sont pas réalistes.

De tels choix mènent au désastre : vos clients, vos fournisseurs et vos employés s'habitueront à un modèle économique qui ne fonctionne pas. Quand arrivera le moment où vous serez obligé de changer d'orientation, vous courrez le risque de vous aliéner tous ceux dont vous dépendez.

J'étais donc partisan d'une hausse du prix de Shokti Doi suffisante pour faire face à l'augmentation des coûts de production de notre yaourt. C'est la voie qui fut finalement retenue : en avril 2008, le prix d'un pot de 80 grammes passa de 5 à 8 takas.

Au même moment, Grameen Danone rejeta une seconde proposition consistant à modifier le mode de rémunération des Grameen Danone Ladies. Plutôt que de continuer à les payer à la commission, certains membres du conseil d'administration proposaient de leur verser un salaire indépendant du volume des ventes. Si l'augmentation du prix des yaourts se traduisait par une chute importante des ventes, les Grameen Danone Ladies n'en subiraient pas les conséquences. Cette proposition fut présentée comme une mesure d'humanité et comme un moyen de protéger notre réseau de l'impact d'une baisse des ventes.

Le conseil d'administration de Grameen Danone vota contre cette proposition pour la raison pour laquelle il avait décidé d'augmenter le prix du yaourt : il était déterminé à faire fonctionner Grameen Danone de façon viable. Accorder aux Grameen Danone Ladies un salaire qui n'était pas justifié par le niveau de leurs ventes transformerait l'entreprise en organisme de charité. Le conseil d'administration refusa d'abandonner le modèle du social-business dès la première crise.

Grameen Danone augmenta donc le prix des yaourts. Les résultats de cette mesure furent ravageurs.

Les ventes plongèrent. Elles diminuèrent d'environ 80 % dans les zones rurales : durement frappés par la crise mondiale, ses clients n'avaient tout simplement plus les moyens de s'offrir un yaourt dont le prix venait d'augmenter de 60 %. (Les ventes réalisées dans les magasins de Bogra et des environs ne chutèrent que de 40 % environ.)

Quant au réseau de vente rural que Grameen Danone avait construit si soigneusement lors des six mois précédents, il s'écroula. La disparition de leurs clients incita les dames Grameen à abandonner cette activité. Grameen Danone fut bientôt privée d'accès à ses clients ruraux, même si certains d'entre eux voulaient toujours acheter ses yaourts. Une diminution de 80 % des ventes se transforma en fiasco.

Alors que Grameen Danone avait débuté son activité un an plus tôt, nous étions revenus au point de départ. Il était temps de repenser complètement le projet.

L'entreprise avait par bonheur acquis une expérience sur laquelle s'appuyer. Elle disposait par ailleurs d'une solide équipe de gestionnaires. Cette équipe entreprit de passer au crible tous les aspects de l'activité de Grameen Danone, en commençant par le produit lui-même.

Il était clair que la hausse du prix de notre yaourt avait été trop importante et trop soudaine pour pouvoir être acceptée par le marché rural. Grameen Danone comprit qu'elle devait concevoir une version plus abordable de son produit.

Les experts en développement de produits alimentaires de Danone se mirent au travail. Ils doutaient de parvenir à faire entrer la même quantité de micronutriments dans un pot de yaourt pesant moins de 80 grammes tout en préservant les qualités gustatives du produit. Ils réalisèrent de nouvelles expériences en utilisant une recette légèrement plus sucrée et découvrirent qu'il était possible de faire entrer la même quantité de micronutriments (représentant 30 % des apports journaliers recommandés à un enfant) dans un pot de 60 grammes de yaourt.

C'était un plus petit goûter, certes, mais pas plus petit que ceux que commercialise Danone dans d'autres pays comme la Turquie. En juin 2008, le pot de 60 grammes devint la nouvelle norme sur le marché rural – 60 grammes pour 6 takas, ce qui correspondait à une augmentation de 1 taka par rapport à l'ancien prix.

Le lancement de cette nouvelle formule s'accompagna d'une série de petits événements promotionnels et de la création de programmes de formation à la nutrition dans les écoles des villages. Grameen Danone reconstitua progressivement son réseau de dames Grameen. L'entreprise disposa bientôt d'une équipe plus petite mais très efficace composée de 35 dames Grameen Danone Ladies travaillant dix-sept jours par mois et vendant chacune environ 50 pots par jour. Près de 30 000 pots étaient ainsi vendus chaque mois dans les zones rurales : c'était un bon point de départ.

Grameen Danone a également compris qu'il était important de faire croître le marché urbain en vendant son produit dans des magasins d'alimentation disposant de rayons réfrigérés. C'était une nécessité financière. Le niveau de vente atteint à cette époque ne correspondait qu'à l'utilisation d'une petite partie de la capacité de production de l'usine de Bogra, ce qui était inefficace et coûteux. Augmenter le volume des ventes permettrait de réduire le coût unitaire de production et rapprocherait Grameen Danone de son seuil de rentabilité. À court terme, le moyen le plus simple d'obtenir ce résultat consistait à vendre plus de yaourts en ville.

Grameen Danone avança sur deux fronts. Elle étendit tout d'abord son programme de vente dans les magasins de détail à deux petites villes, Rajshahi et Pabna, qui se trouvent à 50 kilomètres environ de Bogra. (Les ventes étaient auparavant circonscrites à une zone se trouvant dans un rayon de 30 kilomètres autour de cette ville.) Dans ces magasins, le pot de 80 grammes est vendu à 8 takas, ce qui semble être un prix accessible pour les clients urbains.

Grameen Danone s'efforça par ailleurs d'accélérer un mouvement stratégique qu'elle envisageait depuis longtemps : rendre son yaourt disponible dans la plus grande ville du Bangladesh, Dacca.

Cela exigeait de modifier plus profondément le modèle économique de Grameen Danone. Il fallait en particulier créer un centre de distribution disposant d'un entrepôt réfrigéré et acquérir un camion frigorifique pour transporter deux fois par semaine les yaourts de l'usine de Bogra à Dacca, ce qui représente trois heures de trajet. Entretenir une « chaîne du froid » pour préserver la fraîcheur du yaourt ainsi que ses qualités gustatives est une obligation coûteuse à laquelle Grameen Danone avait tenté d'échapper grâce à son projet initial de commercialisation « hyper-locale ». Mais à présent, en raison de la nécessité de faire décoller les ventes pour améliorer sa marge, Grameen Danone décida de réaliser cet investissement.

Afin de couvrir les coûts de transport, Grameen Danone choisit de vendre son produit plus cher à Dacca que dans les autres villes : un pot de 80 grammes y coûterait 12 takas. Les clients des villages trouveraient ce prix outrageusement élevé, mais les habitants des villes acceptent de le payer. Grameen Danone commença en novembre 2008 à créer à Dacca (où les systèmes réfrigérés existent presque partout) un réseau de magasins qui acceptaient de mettre son yaourt en rayon. Shokti Doi fut bientôt disponible dans un nombre croissant de quartiers.

La formule gagnante ?

Le modèle économique dont Grameen Danone dispose aujourd'hui semble fonctionner. Les systèmes qu'elle met en œuvre et les produits qu'elle vend diffèrent selon le marché auquel elle s'adresse – urbain ou rural.

À Bogra, à Dacca et dans les villes environnantes, Grameen Danone commercialise son yaourt grâce à un réseau de plus de 5 000 magasins. L'entreprise s'est dotée d'une tête de pont dans la deuxième ville du Bangladesh, Chittagong (qui se trouve être ma ville natale). Seule une poignée de magasins proposent les yaourts de Grameen Danone à Chittagong ; mais leur nombre augmentera avec le temps. Début 2011, Grameen Danone couvre environ 40 % du pays.

Grameen Danone a également entrepris de diversifier son offre afin d'attirer de nouveaux clients (des adultes comme des enfants), de stimuler ses ventes et de faire un meilleur usage des capacités de production de son usine de Bogra. Grameen Danone propose à présent un yaourt parfumé à la mangue ainsi qu'un yaourt à boire dont le prix est abordable. Le yaourt à la mangue est vendu à 7 takas pour un pot de 60 grammes et à 12 takas pour un pot de 80 grammes. Le yaourt à boire est vendu à 5 takas pour 50 millilitres et à 7 takas pour 70 millilitres.

Afin de refléter l'extension de sa gamme de produits, Grameen Danone a modifié sa marque. Depuis septembre 2008, tous les produits Grameen s'appellent Shokti + (ce qui signifie « énergie plus »). En supprimant le mot « yaourt » de sa marque, Grameen Danone se donne la liberté d'étendre son activité à d'autres types de produits. La marque Shokti + lui permettra d'agir de la sorte quand les conditions économiques l'autoriseront.

Quant au réseau de vente dans les campagnes situées autour de Bogra, il continue de se développer. En juin 2009, environ 175 Grameen Danone Ladies vendaient notre yaourt à Bogra, ce de diverses manières. Certaines font du porte-à-porte dans leur village, d'autres ouvrent de petites boutiques à leur domicile, d'autres encore se rendent dans les centres de la Grameen Bank où se déroulent les réunions hebdomadaires et y vendent le yaourt aux femmes et aux enfants présents.

L'activité d'une Grameen Danone Lady fonctionne de la manière suivante : elle achète à l'usine des pots de 60 grammes au prix de 5 takas, les vend pour 6 takas et garde la différence de 1 taka qui constitue sa marge. Elle est livrée chaque jour de pots de 60 grammes qu'elle paye le lendemain, une fois ses ventes effectuées. Sur chaque pot, elle gagne une marge de 1,3 taka en moyenne. Comme une Grameen Danone Lady vend en moyenne 60 pots par jour et travaille 12 à 15 jours par mois, elle gagne 1 000 takas par mois (sur l'année 2010), ce qui équivaut à 11 euros. Pour une femme vivant dans une campagne bangladaise, cela représente une contribution importante au revenu familial.

Grâce à cette double conception des ventes et du marketing, l'activité de Grameen Danone semble être à présent sur une trajectoire fortement ascendante. Grameen Danone réalise à présent entre 20 % et un tiers de ses ventes à Dacca. Cela ne représente que la pointe de l'iceberg : dans une ville qui compte plus de 12 millions d'habitants, il n'y a presque pas de limite à la quantité de yaourts que Grameen Danone pourrait écouler. Quant aux capacités de production de l'usine de Bogra, elles sont à présent pleinement utilisées.

La prochaine étape importante consistera à atteindre le point mort, c'est-à-dire le niveau de production auquel les produits de Grameen Danone couvriront ses charges. L'entreprise commencera ensuite à dégager un surplus qui pourra être consacré au développement de son activité. Mais comme l'a montré l'expérience des deux dernières années, tout peut aller de travers dans un environnement économique aussi incertain.

La hausse du prix du lait en 2007-2008 et la chute des ventes qu'a entraînée l'augmentation du prix du yaourt destinée à la compenser auraient pu compromettre l'existence de Grameen Danone. Nous avons peut-être eu tort de procéder à cette hausse de prix. Mais conserver l'ancien ne constituait pas une option viable. J'aurais aimé savoir qu'il existait une troisième possibilité : modifier la formule de notre yaourt et créer un produit plus petit mais plus abordable, ce que Grameen Danone a fini par faire.

Je suis heureux que Grameen Danone ait trouvé cette solution ingénieuse à temps pour sauver l'entreprise et la mettre sur la voie d'une plus forte croissance. La prochaine fois que Grameen Danone sera confrontée à une situation de crise, le souvenir de ce qui s'est passé permettra peut-être d'y répondre plus sereinement et plus efficacement.

Les leçons de trois années tumultueuses

J'ai écrit dans *Vers un nouveau capitalisme* qu'« un social-business doit être au moins aussi bien géré que n'importe quelle entreprise maximisant le profit ». L'expérience de Grameen Danone illustre cette affirmation. Notre qualité de social-business n'a pas facilité la création de Grameen Danone : elle l'a plutôt compliquée.

Il est assez difficile de concevoir une activité réalisant des ventes suffisamment importantes pour assurer sa viabilité économique. Il est tout aussi difficile de concevoir une organisation qui apporte un bénéfice réel et mesurable à une partie de la société ou à son ensemble – une meilleure alimentation pour les pauvres, par exemple. Il est encore plus difficile de concevoir un social-business qui fait les deux choses à la fois !

Dans mon précédent livre, j'ai cité les paroles du célèbre architecte Ludwig Mies van der Rohe : « Dieu est dans les détails. » Cette citation s'applique parfaitement à l'histoire de Grameen Danone. Afin d'assurer le succès de l'entreprise, nous avons dû veiller à une multitude de détails, modifier nos projets pour tenir compte des circonstances, et nous soucier constamment de l'impact exercé par de petits éléments sur les ventes de Grameen Danone comme sur la situation de l'entreprise.

Voici quelques-unes des nombreuses leçons que nous avons pu tirer des trois premières années d'existence de Grameen Danone. Je crois qu'elles pourront intéresser ceux qui songent à lancer un social-business.

Soyez souple, mais ne perdez jamais de vue votre principal objectif. Bien que Grameen Danone ait réfléchi des mois durant à son modèle économique avant de commencer à construire son usine et à produire le moindre pot de yaourt, elle a dû procéder à de nombreux changements dans la conception même de son activité. La vie est trop compliquée pour que l'on puisse prévoir toutes les éventualités.

Ne craignez donc pas d'adapter votre modèle économique quand les circonstances l'exigent. Mais afin d'éviter de devenir uniquement réactif et de passer d'un modèle à un autre, ayez toujours à l'esprit l'objectif qui vous a conduit à créer ce social-business.

Dans le cas de Grameen Danone, ce but consistait à offrir une meilleure alimentation aux habitants du Bangladesh, en particulier aux enfants. Toute modification de son modèle économique qui permettrait de faciliter ce projet serait une bonne chose ; toute modification qui le compromettrait serait une mauvaise chose. L'existence de cette pierre de touche a permis à l'entreprise de choisir entre plusieurs alternatives lors des premiers mois de son existence. Serait-il sage de concentrer ses efforts sur les villes plutôt que sur les campagnes ? Oui, parce que cette stratégie permettrait de proposer le produit de Grameen Danone à un plus grand nombre de gens.

Immergez-vous dans la culture des gens que vous voulez aider. Comme le savent tous ceux qui font des affaires, comprendre le client est l'une des clés du succès. Cela signifie notamment qu'il vous faudra comprendre la culture des gens que vous voulez aider et éprouver de l'empathie à son égard : leurs valeurs, leurs rêves, leurs désirs, leurs craintes, leurs aversions, ce qu'ils aiment et ce qu'ils n'aiment pas.

C'est encore plus important si vous essayez de créer un social-business. Ceux qui veulent apporter un bénéfice social aux membres de leur communauté sont parfois enclins à l'arrogance. Ils sont remplis de bonnes intentions et veulent rendre le monde meilleur. Ils peuvent par conséquent se montrer impatients face aux faiblesses, aux défaillances et aux défauts de leurs « clients », et peuvent même finir par leur reprocher ce qui relève des différences de cultures. Si, en tant que créateur d'un social-business, il vous arrive de vous demander pourquoi vos clients n'apprécient pas les bonnes choses que vous essayez de leur apporter, c'est que vous faites fausse route. Arrêtez-vous et repensez votre projet !

Des malentendus culturels peuvent même apparaître quand vous connaissez bien les gens que vous voulez aider : c'est ce qui nous est arrivé lorsque nous avons bataillé pour doter Shokti Doi d'une force de vente efficace. Quand les gens sont projetés dans une situation nouvelle ou qu'ils sont confrontés à un nouveau défi, ils peuvent ne pas se comporter comme vous l'attendiez. Ils n'ont pas « raison » ou « tort » : ils sont simplement différents. Et si vous voulez leur venir en aide de façon efficace, vous devrez comprendre aussi vite que possible ce qui ne va pas.

Appuyez-vous sur des alliés partout où vous pourrez en trouver. Grameen Danone doit son existence à un partenariat entre des alliés improbables : Grameen Bank, une institution financière unique destinée aux pauvres, et le Groupe Danone, une puissante entreprise française produisant des biens de consommation. Grâce aux valeurs qu'elles partagent et à leurs compétences complémentaires, ces deux organisations se sont toutefois révélées parfaitement compatibles. Grameen Danone n'aurait pas pu être créée sans Franck Riboud, Emmanuel Faber et leurs brillants collaborateurs. Mais sans le réseau de Grameen et d'ONG qui font partie de l'aventure, le Groupe Danone aurait eu plus de peine à s'implanter sur le marché rural du Bangladesh.

Je crois que c'est ainsi que les social-business pourront réussir. Comme je l'ai souvent dit, les êtres humains éprouvent naturellement le désir de venir en aide à autrui. C'est une motivation aussi puissante que le désir de réaliser un profit. Le social-business satisfait ce désir de faire le bien. Les créateurs de social-business ne devraient donc pas être surpris lorsqu'ils rencontrent des personnes prêtes à les aider là où ils s'y attendaient le moins – et ils devraient accepter sans hésiter le soutien qui leur est offert.

Tirez parti des opportunités diverses qu'offrent différents marchés. Il est important pour un social-business de pouvoir s'autofinancer. Grameen Danone est bien partie pour réaliser cet objectif. Mais cela n'aurait peut-être pas été le cas si l'entreprise avait persisté à considérer tous ses clients potentiels de manière indifférenciée.

À la Grameen Bank, nous n'avons affaire qu'à des femmes pauvres vivant dans les campagnes. (La charte que nous avons signée avec les pouvoirs publics nous interdit de proposer nos services financiers aux habitants des villes.) Comme la pauvreté et la malnutrition frappent plus durement les habitants des campagnes bangladaises que ceux des villes, Grameen Danone a été conçue pour s'adresser principalement au marché rural : elle n'envisageait de distribuer ses produits en ville qu'après avoir atteint un certain niveau de développement dans les campagnes.

Nous avons cependant découvert que la meilleure approche consistait à s'attaquer simultanément aux deux marchés – mais pas de la même manière. En ville, nous pouvons vendre notre yaourt à un prix un peu plus élevé (mais qui reste accessible aux citadins pauvres). Le profit dégagé sur les ventes réalisées en ville nous permet de subventionner le marché rural. Grâce à la base de clients urbains que nous avons rapidement créée, nous avons un peu plus de temps pour construire un réseau de distribution dans les campagnes, village après village et district après district. Une fois présentes à Dacca, les équipes entamèrent également un programme dédié aux bidonvilles de la capitale : elles utilisèrent alors les mêmes techniques de ventes qu'elles avaient utilisées dans les campagnes en recrutant et formant des femmes très pauvres. En venant en ville, Grameen Danone trouva donc d'autres terrains d'action pour aider les plus démunis.

Le groupe Grameen a toujours eu l'intention d'utiliser les subventions croisées pour parvenir à l'équilibre financier. Dans le Groupe Grameen, on a toujours essayé d'utiliser le système de subventions croisées comme l'un des moyens de parvenir à l'équilibre financier, c'est-à-dire que certains produits plus rentables destinés à des populations plus favorisées compensent le manque à gagner sur des produits destinés aux plus pauvres. Nous utilisons la même approche pour assurer la viabilité économique de notre hôpital ophtalmologique : nous savons donc que cela fonctionne. Mais au départ, les gens de Danone ne voulaient pas procéder de la sorte. Nos partenaires ont eu besoin de temps pour comprendre et soutenir ce concept. Dans un social-business comme dans tout autre type d'activité, la patience est souvent nécessaire ! Comme l'a écrit Shakespeare, « le tout est d'être prêt ».

Le recours aux subventions croisées semble fournir de bons résultats. Bien qu'ils soient très différents, nos deux marchés se soutiennent mutuellement et contribuent à faire de Grameen Danone une entreprise plus forte et plus viable. Je crois qu'une telle dynamique pourrait être mise en œuvre dans de nombreux social-business.

Mettez en doute vos propres hypothèses. Même si elles sont le fruit d'une longue expérience et d'une étude rigoureuse, vos idées doivent être remises en question de temps en temps. Lorsque nous cherchions à élaborer la formule de notre yaourt avec l'aide d'une équipe de nutritionnistes de Danone, nous avions conclu qu'il n'était pas possible d'incorporer la dose élevée de micronutriments que nous voulions apporter aux consommateurs à une portion de yaourt inférieure à 80 grammes. Ajoutés à une portion moins importante, les micronutriments donneraient au yaourt un arrière-goût que les enfants n'auraient pas apprécié.

La hausse du prix du lait nous a obligés à réexaminer cette hypothèse. Nous avons alors découvert que nous avions eu tort : une portion plus petite et moins coûteuse de yaourt pouvait véhiculer le même cocktail nutritionnel.

Si vous essayez de construire un social-business, vous devrez reprendre périodiquement vos hypothèses de travail – les alternatives que vous avez éliminées ou les choix que vous regrettez de ne pas avoir faits – et vous demander si elles sont toujours valables. Vous constaterez peut-être que les circonstances ont changé ou que vos convictions initiales étaient fausses – ce qui est susceptible de créer des opportunités dont vous n'aviez jamais rêvé.

Le premier fonds de social-business

À long terme, l'histoire de danone.communities pourrait se révéler aussi passionnante que celle de Grameen Danone. Conçu et géré par le Crédit Agricole à la demande du Groupe Danone, danone.communities est un fonds d'investissement qui a fourni les sommes nécessaires au développement de Grameen Danone. Depuis, danone.communities a permis de financer d'autres social-business.

Les sommes investies par danone.communities viennent des actionnaires et des employés de Danone (qui ont choisi de verser à ce fonds une partie de leur intéressement aux bénéfices de l'entreprise), mais aussi d'investisseurs institutionnels, notamment des entités du Groupe Crédit Agricole, ou du grand public. Ces investisseurs savaient qu'ils ne seraient pas rémunérés au taux du marché. Quand ce fonds a été créé, les investisseurs ont été prévenus qu'ils pourraient récupérer les sommes investies et un retour sur investissement minimum, limité de 1 à 3 %. 10 % des sommes mises à la disposition du fonds sont par ailleurs investies dans des social-business. Ils ont néanmoins choisi de verser de l'argent à danone.communities plutôt qu'à un fonds d'investissement plus lucratif parce qu'ils avaient la satisfaction de savoir qu'ils contribueraient de la sorte à la création d'entreprises mises au service de l'humanité.

Que notre accord avec Danone comporte une clause promettant un dividende de 1 % aux investisseurs de Grameen Danone m'a toujours mis mal à l'aise. Comme je l'ai indiqué dans *Vers un nouveau capitalisme*, il s'agissait d'une erreur due à la rapidité avec laquelle cet accord a été conclu. Je n'ai cessé depuis lors de rappeler à Emmanuel Faber qu'elle devait être corrigée, et il m'a toujours assuré que cela serait fait.

En décembre 2009, une réunion du conseil d'administration de Grameen Danone s'est tenue à Dacca en présence d'Emmanuel Faber ainsi que d'autres responsables de Danone. Lors de cette réunion, M. Faber annonça fièrement que le conseil d'administration de danone.communities avait accepté la suppression du dividende de 1 % : les investisseurs récupéreraient leur mise initiale mais ne bénéficieraient d'aucune autre rémunération. Cette annonce me remplit de joie. « Quel soulagement ! ai-je pensé. Ce jour est enfin venu ! »

Toute l'assistance acclama et applaudit la nouvelle. L'un d'entre nous fit remarquer que c'était la première fois que des actionnaires faisaient la fête parce qu'ils avaient renoncé à recevoir des dividendes. C'était effectivement la première fois, mais ce ne sera pas la dernière.

Le lendemain, Emmanuel Faber m'envoya le courrier électronique suivant :

Cher Yunus,

Cela a été un plaisir renouvelé de travailler avec vous hier. […] Je me souviendrai de ce moment, UNIQUE dans l'histoire du capitalisme moderne, où les membres d'un conseil d'administration se sont félicités d'avoir définitivement supprimé tout risque de recevoir des dividendes !!!

Bien à vous,

Em

Je trouve impressionnant que plus d'un quart des employés de Danone en France aient choisi de verser une partie de leur intéressement aux bénéfices à danone.communities bien qu'ils ne puissent bénéficier d'autre forme de rémunération financière. Les investisseurs n'auront que la satisfaction psychologique et spirituelle de venir en aide à des personnes pauvres vivant à l'autre bout du monde. C'est une marque importante de soutien à un mode d'investissement qui n'a pas encore fait ses preuves.

Ce qui nous attend

L'année 2010 a bien commencé pour Grameen Danone. L'entreprise produit désormais plus de 100 tonnes de yaourts par mois et devrait bientôt atteindre son point mort. Elle se prépare par ailleurs à ouvrir une deuxième usine. Grameen Danone espère arriver à rendre ses produits disponibles dans les principales villes du Bangladesh d'ici quelques années. Sa deuxième usine se situera près de Dacca, où existent de grandes opportunités. Il s'agira d'une petite usine semblable à celle de Bogra. Guy Gavelle, le talentueux ingénieur de Danone, pense parvenir à construire cette deuxième usine au même prix que celle de Bogra, pour une capacité double. Franck Riboud a prévu d'assister à son inauguration.

Grameen Danone travaille simultanément au renforcement et à l'expansion de son réseau de distribution dans les campagnes proches de Bogra. Elle cherche à faire en sorte que tout enfant ayant besoin de l'apport nutritionnel de Shokti + ait une chance d'en bénéficier. Lorsque ce sera chose faite, Grameen Danone commencera à étendre ce système de vente et de distribution à d'autres zones rurales du pays. Son objectif consiste à disposer d'une vingtaine d'usines à travers le Bangladesh (la capacité cible de ces usines est maintenant de 6 000 tonnes, le double de celle prévue initialement) de façon à pouvoir apporter ses bénéfices à tous les habitants du pays, même à ceux des villages les plus reculés.

L'expérience de Grameen Danone ressemble à celle que j'ai faite avec la Grameen Bank. Le défi initial consistait à développer un modèle économique, à le tester, à l'affiner, et à le modifier afin de lui permettre de répondre à des circonstances changeantes. Après avoir prouvé que notre modèle était efficace, nous avons progressivement étendu le champ de son application. Il est indispensable de garder un œil sur les résultats obtenus et d'être prêt à effectuer les changements nécessaires : ce qui fonctionne à un endroit précis ou à un moment donné ne sera pas forcément aussi efficace dans d'autres circonstances. Surmonter ces défis est aussi enrichissant que fascinant.

Bien que Grameen Danone ait eu des hauts et des bas au cours de sa brève histoire, cette expérience a renforcé ma foi dans le potentiel de changement dont le social-business est porteur, au Bangladesh comme dans le reste du monde.

3. Lancer un social-business

Bien que le social-business soit une idée neuve, les motivations qui expliquent la création d'une telle entreprise nous sont familières. Le besoin de créer, le désir d'entreprendre, la volonté de rendre le monde meilleur sont des caractéristiques communes à des millions de personnes. Et c'est tout ce dont vous avez besoin pour lancer un social-business.

Nous avons l'habitude d'employer le mot « entreprenariat » en référence à une entreprise traditionnelle. La principale différence entre la création d'un social-business et celle d'une entreprise classique réside en la nature de la motivation de l'entrepreneur. La plupart des gens qui veulent fonder une entreprise maximisant le profit désirent gagner le plus d'argent possible. Ils cherchent donc une idée d'activité rentable : un marché sur lequel des clients solvables expriment une demande qui n'est pas satisfaite, un produit ou un service de niche qu'aucune entreprise ne propose, une nouvelle réponse à un besoin pour laquelle les gens seraient prêts à payer le prix fort.

Mais quand vous créez un social-business, vous

ne cherchez pas une activité rentable : vous vous concentrez sur le problème social que vous voulez résoudre avant de réfléchir à la manière de procéder pour atteindre votre objectif.

Réaliser un profit est une condition nécessaire à l'existence de votre entreprise : ce n'est pas son but. Vous n'essayez pas de trouver la manière la plus rentable d'employer vos compétences sur un marché donné. L'idée initiale vient d'ailleurs : de la compassion que vous inspirent les autres êtres humains. Vous avez peut-être pris conscience des privations que subissent trop d'individus et décidé de changer les choses : c'est un mouvement parfaitement naturel. Vous commencez alors à chercher une solution. Si vous abordez votre projet du point de vue du social-business, vous aurez l'assurance que vos efforts produiront durablement des effets parce que votre activité sera économiquement viable. Vous donnerez aussi à vos clients la possibilité de faire partie du système économique plutôt que d'être assistés.

Pour lancer un social-business, vous devez tout d'abord identifier un besoin et le mettre en rapport avec vos capacités et vos talents. Regardez autour de vous et posez-vous les questions suivantes : qu'est-ce qui vous dérange ? Que voulez-vous vraiment changer ? Cherchez à identifier les causes de ce problème : quels sont les besoins essentiels qu'il faut satisfaire ? Soyez précis, et ne vous contentez pas de rester à la surface des choses.

Vous pouvez tout d'abord établir la liste des problèmes dont souffre le monde. Choisissez l'un d'entre eux et demandez-vous si vous pouvez concevoir un social-business permettant de le résoudre. C'est par là qu'il faut commencer. Et quand vous parcourrez votre liste, ne soyez pas découragé parce que certaines choses « ne peuvent pas être faites » : ce sont peut-être celles qui vous sont destinées.

Utilisez votre imagination. Nous avons de la chance parce que les techniques actuelles permettent de donner un impact fort à une idée originale. Et des techniques encore plus puissantes seront bientôt disponibles. Des choses qui vous semblent impossibles aujourd'hui se réaliseront demain. Mettre ces techniques au service des problèmes sociaux est le défi que doit relever le social-business.

De nombreux problèmes ont besoin d'une solution. Choisissez-en un et mettez-vous au travail. Mais souvenez-vous que rien ne marche du premier coup. Regardez les choses de la façon suivante : vous avez de la chance que tous ces problèmes vous attendent et que vous ayez le choix. S'ils avaient déjà été résolus, vous ne sauriez pas quoi faire.

Une bonne façon de démarrer consiste à faire la liste des problèmes qui existent dans votre voisinage : pauvreté, faim, maladie, insuffisance de soins médicaux, chômage, enfants abandonnés, consommation de drogues, logement, pollution, environnement, etc. Dressez la liste des types de sujets auxquels vous souhaitez vous intéresser plus particulièrement et demandez-vous ce qui pourrait faire l'objet d'un social-business. Commencez à travailler à l'un de ces sujets. Créez un *business plan* en vous appuyant sur les informations relatives aux différents aspects de cette activité.

Attaquez-vous à un problème que vous pourrez gérer aisément. Pour votre première entreprise, ne vous orientez pas vers une activité ambitieuse ou vers un problème particulièrement vaste. Cherchez plutôt un bon terrain d'apprentissage. Il se peut que vous participiez à de nombreux social-business au cours de votre vie. Pour l'instant, contentez-vous d'apprendre les bases de la création et du fonctionnement d'une entreprise de cette nature.

Commencez là où vous êtes, et utilisez les compétences, les ressources ainsi que les autres moyens dont vous disposez.

Il se peut par exemple que vous vous préoccupiez des pauvres du monde en développement – d'Afrique, d'Asie du Sud, d'Amérique latine – alors que vous vivez en Europe, au Japon ou en Amérique du Nord. Vous ne vous êtes peut-être jamais rendu dans ce type de pays. Que pouvez-vous faire ? Tirez parti de ce que vous connaissez. Vous connaissez votre marché domestique et les gens qui vous entourent. Vous savez comment produire un bien ou un service spécifiques. Vous disposez d'un ensemble unique de compétences. Faites donc preuve de souplesse en réfléchissant à votre projet de social-business. Dans chaque entreprise, il y a des gens qui travaillent tout au long de la chaîne de valeur : la production des matières premières, leur transformation, la fabrication du produit, enfin sa commercialisation. Et il y a des pauvres dans tous les pays. Trouvez le groupe auquel vous viendrez d'abord en aide. Il peut parfaitement s'agir de personnes vivant dans un pays développé. Vous étendrez ensuite vos activités de façon à en faire bénéficier davantage d'individus.

Aussi longtemps que vous aurez confiance en votre capacité à vendre votre produit et à remplir l'objectif de votre social-business, continuez à aller de l'avant. Ce ne sera peut-être pas le projet le plus célèbre, mais c'en est un. L'important est d'en faire un succès. Si vous avez à l'esprit le social-business idéal et que vous vous battez en vain durant des mois, cela ne vous mettra pas dans de bonnes dispositions. Vous perdrez votre enthousiasme. N'oubliez pas que vous devez prendre plaisir à y travailler.

Pour déterminer les besoins des pauvres, n'entrez pas dans des débats sophistiqués sur ce qui leur est réellement nécessaire. Tout le monde a besoin de nourriture, d'un revenu, de soins médicaux, d'un logement, d'eau, de services financiers, d'électricité, de systèmes sanitaires, d'un accès aux technologies de l'information, etc. Si vous pouvez produire quelque chose qui entre dans ce champ, faites-le. Si quelqu'un peut vous aider à accomplir votre tâche, acceptez son aide.

Vous devrez ensuite définir votre objectif aussi clairement que possible pour ne pas finir par faire autre chose. Développez le produit ou le service au moyen duquel votre objectif pourra être réalisé. Faites en sorte qu'il existe un lien étroit entre ce produit ou ce service et votre objectif.

Ne vous attendez pas à ce que votre premier social-business soit un succès retentissant. Les premières tentatives se soldent généralement par des échecs. Cela ressemble à la mise en orbite d'une fusée. Bien des fusées ont explosé avant d'avoir quitté le sol. L'une d'entre elles a fini par décoller. Et plus tard, l'homme est allé sur la Lune. C'est ainsi que les choses avancent.

Si vous créez quelque chose, ne vous attendez pas à ce que cela fonctionne immédiatement. De petites réparations seront nécessaires : cela marchera un peu avant de s'arrêter une nouvelle fois. Continuez à essayer. Ayez foi en votre capacité à innover. Un jour, cela fonctionnera vraiment.

D'un objectif grandiose à un but spécifique

Ne vous enfermez pas dans des rêves excessifs qui vous feront perdre de vue les occasions de commencer tout de suite. Trouvez plutôt le moyen de transformer ces rêves en objectifs concrets.

L'éradication de la pauvreté constitue par exemple un vaste dessein. Comment pouvez-vous y contribuer ?

Voici quelques suggestions. Vous pouvez par exemple chercher à procurer un emploi à 5 personnes. Il y a mille et une manières d'en créer. Et tout social-business qui réussit y parvient. Si vous lancez un social-business, vous le ferez pour créer du travail, non pour gagner de l'argent. Les personnes auxquelles vous aurez donné un poste ne seront plus aussi pauvres que par le passé. Vous aurez arraché 5 personnes à la misère. La création d'un social-business peut donc contribuer à l'élimination de la pauvreté.

Lancer une entreprise de microfinance sous forme de social-business peut également contribuer à la réalisation de cet objectif. En fournissant aux pauvres un accès au microcrédit, vous les autorisez à créer leur propre activité. C'est une autre manière d'éradiquer la pauvreté.

Supposons que votre parcours, votre expérience, vos connaissances et vos centres d'intérêt vous incitent à lancer un social-business dans le domaine des soins médicaux. N'essayez pas de réformer le système de santé mondial. Songez plutôt aux centaines d'opportunités qui existent dans ce secteur. Choisissez-en une et construisez un social-business destiné à répondre à ce problème particulier.

C'est exactement ce que nous faisons avec nos partenaires dans nos *joint ventures* au Bangladesh. L'accès à une eau potable de bonne qualité constitue un enjeu de santé : avec Veolia Eau, nous avons créé un social-business pour y répondre. L'alimentation des enfants pauvres des villages est également un enjeu : nous avons conclu un partenariat avec Danone afin de lancer un social-business destiné à y répondre. Pour proposer des opérations de la cataracte à un tarif accessible, nous avons lancé deux hôpitaux ophtalmologiques sous forme de social-business. Le problème de la santé est trop vaste pour être traité en une seule fois. C'est pourquoi nous traitons chaque situation de manière spécifique.

Nous avançons sur plusieurs fronts en matière de santé. Comme bien d'autres pays, le Bangladesh manque d'infirmières. Nous avons décidé de faire de ce problème une opportunité. La Grameen Bank a

8 millions d'emprunteurs. Dans ces familles beaucoup de jeunes femmes pourraient entrer dans des écoles d'infirmières si elles existaient. Nous avons eu l'idée de fonder des écoles d'infirmières et de proposer à ces jeunes femmes de bénéficier de prêts étudiants de la Grameen Bank. Les droits de scolarité permettront à ces écoles de couvrir leurs coûts. Cet exemple illustre parfaitement le concept de social-business.

Notre projet consiste à offrir à chacune de ces femmes la garantie d'un emploi. Dès qu'elles auront obtenu leur diplôme, elles auront un emploi au sein de Grameen Healthcare et recevront un salaire mensuel de départ de 15 000 takas (220 dollars). Chaque infirmière consacrera un tiers de son salaire au remboursement de son prêt jusqu'à l'acquittement de sa dette. Les infirmières pourront également travailler à l'étranger : en ce cas, elles recevront un salaire allant jusqu'à 70 000 takas par mois (1 000 dollars).

En s'attaquant à un point particulier, chacun de nos social-business contribue à répondre au problème de la santé pris dans son ensemble. Améliorer l'alimentation des enfants et mettre de l'eau potable à la disposition des villageois réduira l'incidence de certaines maladies, ce qui diminuera la pression sur les hôpitaux et les cliniques. Ouvrir des écoles d'infirmières permettra de former des professionnels qui apporteront des soins de meilleure qualité à des millions de personnes. Les salaires qui leur seront versés contribueront à réduire la pauvreté et, par ce biais, à bénéficier à la santé de bien d'autres. La situation s'améliorera à mesure que nous ajouterons des pièces à ce puzzle. Une spirale descendante a été transformée en spirale ascendante – non en créant un « vaste projet » pour réparer le système, mais en s'y attaquant point par point.

Il y a encore de la place pour de nombreux social-business dans le domaine de la santé – non seulement au Bangladesh et dans d'autres pays en développement, mais aussi dans le reste du monde.

Rendre les médicaments accessibles à tous constitue une opportunité pour le social-business. Les prix des médicaments sont souvent très supérieurs à leur coût de fabrication : les industriels consacrent beaucoup d'argent aux emballages, et ils en dépensent davantage encore en marketing et en relations publiques. Un social-business proposant des traitements à des prix abordables pourrait, en évitant ces dépenses, vendre les médicaments à un prix plus faible.

Pour un tel projet, de nombreux éléments restent à concevoir. Si des médicaments génériques étaient proposés à un prix voisin de leur coût de fabrication aux pauvres d'Afrique et d'Asie du Sud, il faudrait mettre en place des contrôles pour éviter que ces médicaments ne soient expédiés frauduleusement vers l'Amérique du Nord ou l'Europe afin d'y être vendus au marché noir. (Une solution plus satisfaisante consisterait à abaisser leur prix dans les pays développés de façon à réduire le différentiel de prix et à décourager la fraude.) En dépit de la difficulté de cette tâche, je crois qu'elle peut être menée à bien.

Fournir des vaccins est un champ d'action intéressant pour le social-business. En raison de la lenteur de la fabrication du vaccin ou de son inexistence, six maladies continuent de faire des morts, comme le choléra et la typhoïde. Par exemple le choléra sévit toujours au Bangladesh alors qu'en étendant la couverture vaccinale on pourrait l'éliminer.

Rien n'interdit à celui qui désire lancer un social-business de produire et de vendre des vaccins à un prix abordable dans le monde en développement. Deux ou trois éléments devraient venir compléter la chaîne d'approvisionnement : une entreprise détenant la licence de production des vaccins et assurant leur fabrication ; une entreprise chargée de leur importation dans les pays pauvres ; et une entreprise qui les vendrait à ceux qui proposent les soins dans les villes et les villages. L'utilisation de subventions croisées permettrait de rendre ce système viable : les gens de la classe moyenne paieraient un peu plus cher pour créer un surplus grâce auquel les pauvres ne paieraient que quelques *cents* par vaccin.

D'autres défis attendent ceux qui se lanceront dans une telle entreprise. Peuvent-ils être relevés ? Mes décennies d'expérience de création de social-business me font penser que c'est le cas.

Une liste bien plus longue de social-business dans le domaine de la santé pourrait être dressée. De nombreuses écoles n'ont pas les moyens d'employer une infirmière qui apporterait les premiers soins, ferait de la prévention et assurerait l'éducation des élèves à la santé : un social-business pourrait être créé afin de mettre une infirmière à la disposition de chaque école. On manque de professionnels de santé pour venir en aide aux personnes âgées, à ceux qui sont atteints de maladies chroniques et à ceux qui sont trop handicapés pour sortir de chez eux : ces services pourraient être fournis par un social-business. Les pratiques sexuelles sans risques jouent un rôle important dans la prévention de la diffusion du SIDA et d'autres maladies sexuellement transmissibles. Pourquoi n'existerait-il pas dans chaque quartier un dispensaire, géré sous forme de social-business, où l'on présenterait aux jeunes couples les moyens de se protéger de ces maladies ?

Commencez par quelque chose qui vous passionne

Si vous êtes médecin, infirmière, physiothérapeute, chercheur en pharmacie, ou si vous exercez une autre forme d'activité liée à la santé, vous êtes peut-être enthousiaste à l'idée de réfléchir aux nombreuses possibilités de changement que le social-business apporte à ce secteur. Mais qu'en est-il si vous travaillez dans un domaine qui n'a pas de lien évident avec les problèmes sociaux dont souffre le monde ? Vous est-il possible de mettre vos talents au service des défis que l'humanité doit relever ?

Dans de nombreux cas, la réponse est oui. Je crois qu'avec un peu d'ingéniosité, presque tout intérêt personnel peut être transformé en un moyen de rendre le monde meilleur.

Imaginons que vous travailliez dans l'univers de la culture – les arts, la littérature, la musique, la danse ou le théâtre. Pouvez-vous utiliser vos talents afin de créer un social-business ?

La réponse est oui ! Mon travail avec les entreprises du groupe Grameen m'a montré que la culture contribuait au bonheur des individus. Les barrières culturelles entravent souvent le progrès social, alors que des forces culturelles positives peuvent être utilisées pour faciliter le changement.

Lors des premières années d'existence de la Grameen Bank, les normes culturelles dominantes dans le monde musulman empêchaient les femmes de s'adresser à nous pour solliciter des prêts. Beaucoup de villageoises bangladaises n'avaient jamais touché d'argent ; certaines étaient effrayées à l'idée d'entrer dans un monde considéré comme le domaine exclusif des hommes. La plupart d'entre elles étaient illettrées et bénéficiaient de la protection de leur communauté, elles hésitaient à relever les défis présentés par le microcrédit.

Avec le temps, nous avons réussi à atténuer ces craintes en modifiant l'environnement culturel des femmes des villages. Nous avons enseigné la lecture et l'écriture à des milliers de femmes, ce qui leur a donné de l'autonomie. Des milliers d'autres ont découvert la puissance de la communauté des emprunteurs Grameen, lesquels se soutiennent mutuellement. Elles prenaient plaisir à participer aux rencontres hebdomadaires organisées dans les centres Grameen : elles chantaient des chansons, faisaient des exercices simples et partageaient des récits concernant leurs familles et les petites entreprises qu'elles avaient créées.

Aujourd'hui, d'innombrables emprunteurs de la Grameen Bank sont des femmes autonomes, pleines de ressources et audacieuses. Ce changement culturel spectaculaire a bénéficié non seulement aux femmes mais aussi à leurs époux, à leurs enfants ainsi qu'à leur communauté.

Nous continuons de faire face à des défis culturels. Certains villageois ont par exemple des difficultés à comprendre l'importance des micronutriments qu'apporterait à leurs enfants la consommation des yaourts Shokti +. « J'ai grandi avec un bol de riz par jour, nous disent-ils. Pourquoi cela ne suffirait-il pas à mon enfant ? »

Voici une idée de social-business liée à la culture. Des projets culturels comportant des chants, des danses et des jeux donneraient aux villageois du Bangladesh une meilleure compréhension des besoins de leurs familles en matière de santé. Des programmes radiophoniques et télévisés pourraient s'y ajouter. Alors que les Bangladais sont de plus en plus nombreux à avoir des téléphones portables, il faudrait créer des applications culturelles associant éducation, information et divertissement. Des offres de ce type changeraient la vie de millions de villageois.

Supposons maintenant que vous soyez ingénieur. Avez-vous votre place dans l'univers du social-business ?

Les possibilités sont en réalité presque illimitées. En voici un exemple : pourquoi le recyclage des déchets ne pourrait-il pas être organisé sous forme de social-business ?

Comme beaucoup de villes en croissance rapide du monde en développement, Dacca, la capitale du Bangladesh, souffre de conditions sanitaires désastreuses provoquées par l'afflux de millions de pauvres venus des campagnes et vivant dans des logements dépourvus de tout-à-l'égout et de système de collecte des ordures ménagères. Or ce problème est parfaitement gérable et pourrait faire l'objet d'un social-business. Les déchets ont de la valeur : ils peuvent être transformés en électricité, en engrais, en biocarburants pour la cuisine et le chauffage, en gaz pour faire fonctionner les véhicules – les possibilités sont nombreuses. (Je le sais parce que Grameen Shakti, notre société spécialisée dans les énergies renouvelables, vend aux villageois bangladais des systèmes permettant de procéder à ce type de recyclage.)

Il suffirait qu'un ingénieur passionné par le social-business s'établisse à Dacca – ou à Tegucigalpa, à Accra, à Lagos ou dans une autre ville du monde en développement – et qu'il traite les déchets urbains de façon économiquement et environnementalement viable. La diffusion de ce modèle rendrait la vie de millions de gens plus saine et plus agréable.

Qu'en est-il des amoureux de la nature – de ceux qui passent tout leur temps libre à randonner, à escalader des montagnes ou à camper dans les bois ? Est-il possible de faire de cette passion le socle d'un social-business ?

Absolument. Réfléchissez au problème de la déforestation. Les paysages boisés ont été dénudés partout dans le monde par des individus sans scrupule, des entreprises cupides et, dans certains cas, par des fonctionnaires payés par les contribuables pour les protéger. La destruction des forêts contribue à l'accélération du changement climatique et rend notre planète moins belle. Planter des arbres sur de vastes étendues de terre pourrait constituer un projet très pertinent de social-business.

Le social-business offre même des opportunités aux banquiers – et je ne parle pas seulement du microcrédit. Des dizaines de millions d'individus ont besoin d'un meilleur accès aux services financiers. Chacun des services susceptibles de leur être apportés pourrait constituer la base d'un social-business.

Créer un service d'envoi de fonds sous forme de social-business serait une excellente idée. Beaucoup de pauvres dépendent d'envois de fonds. Pour trouver du travail, les plus démunis franchissent les frontières, et parfois même les océans. Ils doivent ensuite trouver le moyen d'envoyer une fraction de leur revenu à leurs familles, qui ont besoin de cet argent pour survivre. À l'heure actuelle, ce service est malheureusement très coûteux. C'est une dépense inutile, d'autant que les technologies modernes de l'information permettent de procéder électroniquement à ces transferts, ce en quelques secondes et pour un coût très faible.

Un banquier astucieux pourrait créer – peut-être en partenariat avec un expert en technologies de l'information – un service d'envoi de fonds instantané et peu onéreux. Un tel social-business permettrait d'améliorer rapidement la vie d'innombrables individus.

Comme vous pouvez le voir, vous pouvez lancer un social-business quels que soient votre métier, les disciplines que vous avez étudiées ou les talents qui sont les vôtres. Trouvez le moyen de relier vos centres d'intérêt à un problème social. Créer un social-business devrait être amusant, excitant et satisfaisant.

Créer un social-business autour de ses bénéficiaires

Si vous avez des difficultés à identifier le problème que vous voudriez résoudre, essayez une autre approche : observez un groupe de personnes qui ont besoin d'aide et demandez-vous ce que vous pouvez faire pour elles.

Mon travail au Bangladesh est construit autour des nombreux besoins des pauvres, qui sont des dizaines de millions dans ce pays. Vous pouvez choisir de travailler avec les pauvres ou avec d'autres individus ayant d'importants besoins : les personnes âgées, les handicapés, les nourrissons et les enfants, les mères célibataires, les malades mentaux, les anciens détenus, les sans-abri, les chômeurs, les toxicomanes, ceux qui sont privés de soins médicaux. Il est souvent possible de développer une bonne idée de social-business en s'intéressant à ses futurs bénéficiaires.

L'objectif consiste à trouver un produit ou à créer un service qui rendra vos clients plus autonomes. Efforcez-vous de leur proposer quelque chose qui leur donnera la possibilité de gagner ou d'épargner davantage d'argent que ce qu'ils consacrent à l'achat de votre produit. Il peut s'agir d'un crédit grâce auquel vos clients créeront leur propre entreprise, ce qui leur assurera un revenu plus élevé et leur donnera une chance d'accéder à l'autonomie financière. Votre produit peut également avoir trait à l'éducation et à l'information, ce qui permettra à ses acquéreurs d'améliorer la rentabilité de leurs entreprises. Ou lié au domaine de la santé, ce qui les autorisera à travailler plus longtemps et plus intensément. Donner l'accès à l'électricité, à une forme d'équipement ou à la technologie moderne. Ce peut aussi être une police d'assurance destinée à les protéger des risques les plus graves.

Un social-business ne commercialise pas nécessairement un produit. En renforçant l'autonomie de ses bénéficiaires, il facilite leur accès aux marchés des pays développés, en leur donnant de bons emplois ou en les associant à la propriété d'une entreprise, ce qui se traduira par une hausse de leur revenu. Dans tous ces cas, votre social-business donnera à des individus moins chanceux que vous la possibilité de prélever une plus grande partie de la valeur produite. Si, par exemple, vous choisissez de lancer un social-business fabriquant des produits textiles, vous pourrez vendre des vêtements à la mode à des clients fortunés ; mais ce ne sera qu'un moyen et non une fin en soi. Votre véritable objectif consistera à créer de bons emplois pour des producteurs de coton et des ouvriers du secteur textile. Vous vous efforcerez de maximiser le nombre de bénéficiaires de votre activité ainsi que le bénéfice individuel de chacun des travailleurs.

Voici quelques idées qui vous aideront peut-être à concevoir de nouveaux social-business pour le groupe de gens que vous choisirez d'aider.

Améliorer la production et l'accès aux marchés.

Les gens que vous voulez aider travaillent-ils actuellement ? Ont-ils des compétences particulières ? Pouvez-vous leur donner un meilleur accès à des marchés intéressants ? Pouvez-vous leur donner des outils, une formation ou un accès à des connaissances leur permettant d'accroître la valeur qu'ils peuvent créer et de gagner ainsi plus d'argent ? Vous pourriez intervenir du côté de la production ou du côté de la commercialisation – en trouvant par exemple un moyen de donner aux artisans du monde en développement un accès aux clients des pays développés.

Fournir des emplois. Votre social-business pourrait être conçu de manière à venir en aide aux gens en leur fournissant des emplois. Vous pourriez ouvrir un magasin et engager comme vendeurs d'anciens drogués ou des mères célibataires (l'un des parents s'occuperait des enfants pendant que l'autre travaillerait). Travailler avec des handicapés et concevoir un social-business où leurs compétences seraient valorisées et où leurs handicaps passeraient inaperçus (par exemple, former des aveugles à assembler des meubles, coudre des vêtements ou faire des massages).

Aider les consommateurs. Pouvoir acquérir des produits et des services qui leur sont nécessaires à un prix abordable est bénéfique aux consommateurs. C'est ce qui a orienté l'action de Grameen, qu'il s'agisse de consentir des prêts autorisant les gens à participer à l'activité économique, de vendre des panneaux solaires qui produisent de l'électricité sans nuire à l'environnement, ou de commercialiser des yaourts enrichis pour améliorer l'alimentation des enfants. Vous pourriez aussi proposer des produits éducatifs dont l'impact sur le bien-être des individus est particulièrement fort : cela va des programmes d'alphabétisation aux cours d'informatique en passant par l'enseignement professionnel et l'apprentissage des langues étrangères. Vous pourriez également commercialiser des technologies utiles, comme l'accès à Internet ou des applications de téléphonie mobile permettant aux gens d'avoir une meilleure connaissance de l'état des marchés. Pour que votre entreprise soit considérée comme un social-business, la valeur pour le consommateur des produits et des services que vous vendez devrait être supérieure à leur coût. Ces produits et ces services devraient également être accessibles à ceux qui en ont le plus besoin, que leur prix au comptant soit modeste ou que de généreuses conditions de crédit autorisent l'étalement du paiement sur une longue période.

Favoriser l'entreprenariat. La vie m'a enseigné que tout individu dispose d'un énorme potentiel de création et d'entreprenariat. Votre social-business devrait être conçu de manière à encourager l'entreprenariat. Il y a de nombreuses façons d'y parvenir. Vous pourriez créer un centre dans lequel les entrepreneurs rencontreraient des gens disposant des connaissances, des compétences, de l'expérience ou de la technologie nécessaires pour lancer une entreprise. Créer un fonds d'investissement, un programme de formation ou une agence de marketing. Vous pourriez inaugurer un programme de tutorat destiné à des aspirants entrepreneurs ou financer des concours permettant de sélectionner, de récompenser et de promouvoir les meilleurs concepts d'entreprises. Avec le temps, vous serez fier d'avoir contribué à créer un ensemble d'entreprises prospères.

Fournir de la stabilité. Les pauvres ne disposent d'aucune protection contre les aléas de la vie, qu'il s'agisse de chocs personnels, économiques ou sociaux. Comme ils n'ont que de quoi survivre, il suffit d'un petit rien pour les entraîner dans une spirale qui les plonge souvent dans la plus grande pauvreté. Ce petit rien peut être une mauvaise récolte, un accident grave, une maladie, une détérioration de la situation économique ou une crise familiale – par exemple un enfant qui se drogue. Vous pourriez créer un social-business qui donnerait aux personnes vulnérables une plus grande sécurité. En répartissant le risque entre de nombreuses personnes, un peu comme le fait une compagnie d'assurances. Vous pourriez créer des groupes d'individus se soutenant mutuellement, comme le fait une coopérative. Peut-être aurez-vous de meilleures idées.

Quels que soient les avantages que vous voulez apporter à vos bénéficiaires, votre social-business sera plus efficace si ceux que vous souhaitez aider participent à son développement. Entrez en relations avec les gens qui bénéficieront de votre activité : invitez-les à faire partie de cette aventure. N'oubliez pas que les pauvres sont aussi capables, entreprenants et travailleurs que n'importe qui. Ils ont les qualités nécessaires pour concevoir d'astucieux projets. Après tout, qui connaît mieux les besoins des pauvres que les pauvres eux-mêmes ? Entretenir de telles relations ne vous permettra pas seulement de concevoir un meilleur modèle économique : cela produira aussi un climat de respect et augmentera vos chances de réussite.

Mettre la technologie au service des besoins humains

Une autre manière de développer une idée de social-business consiste à se demander comment mettre les technologies disponibles au service des besoins humains. Voici quelques idées susceptibles de vous faire pousser un « eurêka ».

Développer l'accès aux infrastructures. Dans bien des endroits où sévit la pauvreté, les infrastructures posent problème. On a besoin d'un pont ou d'une route pour relier un village au marché le plus proche. Il peut ne pas y avoir d'accès au réseau électrique ou à l'eau potable. Le système d'irrigation ne suffit pas aux besoins des agriculteurs locaux. Il peut ne pas y avoir de système de recyclage ou d'autre forme de gestion des déchets, ce qui favorise l'apparition d'un degré élevé de pollution. Améliorer la qualité des infrastructures peut produire des revenus plus importants : la population concernée acceptera souvent de payer pour cela.

Un entrepreneur pourrait choisir l'un de ces problèmes et créer un social-business de dimensions modestes pour s'y attaquer : il pourrait s'agir par exemple d'une Société d'Amélioration des Égouts de la Grand-rue. Après avoir atteint cet objectif, il pourrait passer à un autre projet puis à d'autres encore.

Si vous disposez des ressources nécessaires, vous pourrez également vous attaquer à des problèmes d'infrastructure de plus grande ampleur : créer un port maritime pour favoriser les échanges, un aéroport pour faciliter les voyages lointains, des centrales électriques et des lignes à haute tension. Votre rôle de créateur d'un social-business consistera à organiser une telle entreprise, à trouver des investisseurs, à vous procurer les technologies nécessaires, à concevoir un cadre juridique, à élaborer un modèle économique prévoyant la manière dont les recettes seront réparties, ou à trouver le moyen de surmonter les obstacles réglementaires et bureaucratiques.

Adapter aux besoins des pauvres les technologies utilisées par les riches. Bien des technologies ayant permis de faciliter la vie des riches pourraient être adaptées aux besoins des pauvres. Cela consisterait essentiellement à les rendre plus solides et moins coûteuses. Le téléphone mobile constitue un bon exemple. En 1997, quand nous avons permis aux villages bangladais d'accéder au réseau téléphonique et que nous avons créé un réseau national de « dames téléphone », nous nous sommes contentés d'apporter une nouvelle technologie aux plus démunis. Il existe aujourd'hui beaucoup d'autres technologies dont les pauvres pourraient bénéficier : l'informatique, Internet, les technologies mobiles, les énergies renouvelables, les technologies médicales et bien d'autres. Il faut que des créateurs de social-business conçoivent des modèles économiques viables afin de mettre ces technologies à la portée de tous.

Utiliser la technologie pour protéger l'environnement. Le recours au social-business peut nous permettre d'améliorer considérablement les conditions environnementales, ce qui bénéficiera à la santé humaine et favorisera la croissance économique. Si nous parvenons à organiser sous forme de social-business des activités comme le reboisement, la protection des bassins hydrographiques, la gestion des pêcheries, l'écotourisme et l'agriculture durable, les rendements agricoles de long terme seront plus élevés et la vie dans les communautés rurales deviendra beaucoup plus facile. Le créateur d'un tel social-business devra réunir les fonds permettant de faire la transition vers des pratiques durables, d'obtenir les connaissances et les technologies nécessaires, et d'organiser l'accès aux marchés.

Tester le modèle

L'un des principaux défis que pose le social-business consiste à créer un modèle économique qui soit rentable tout en fournissant un service utile aux pauvres ou à d'autres groupes sociaux dont les besoins ne sont pas satisfaits – qu'il s'agisse de soins médicaux, de services financiers, d'accès aux technologies de l'information ou d'éducation. Cette étape requiert généralement un peu d'ingéniosité.

Prenez donc le temps de réfléchir. Faites les recherches et les lectures nécessaires. Étudiez les méthodes que d'autres que vous ont appliquées à la résolution de ce problème social et efforcez-vous de comprendre pourquoi ils ont échoué – et comment ils auraient pu réussir. Mettez-vous en quête de solutions innovantes et demandez-vous s'il est possible d'adapter ces solutions à votre projet. Une idée venue du domaine des transports ou des technologies de l'information pourrait peut-être s'appliquer aux soins médicaux, au logement ou à l'éducation – ou vice versa.

Passez du temps auprès de ceux que vous voulez aider. Apprenez à connaître leurs centres d'intérêt, leurs besoins, leurs capacités et leurs rêves. L'un d'entre eux a peut-être à l'esprit la solution parfaite : il suffirait que quelqu'un comme vous prenne le temps de l'écouter !

Lorsque vous aurez trouvé un modèle économique, il faudra le tester. Cette phase expérimentale est essentielle parce qu'elle vous permettra de savoir si votre idée est réalisable, de connaître ses forces et ses faiblesses, et d'identifier les compétences, les connaissances et les autres ressources nécessaires à sa mise en œuvre. Vous pourrez de la sorte développer un modèle économique efficace et savoir combien d'argent il vous faudra pour consolider votre activité.

Mieux vaut commencer petit mais rapidement. Dès que vous aurez formulé votre idée, demandez-vous – et demandez aux membres de votre équipe – comment créer une structure type et quels sont les organisations ou les membres de votre communauté susceptibles de vous aider à débuter à très petite échelle.

Efforcez-vous d'utiliser aussi peu de ressources

que possible à ce stade. Pour l'essentiel, vous financerez votre projet pilote de votre poche. De nombreux entrepreneurs sociaux ont procédé ainsi. J'ai déjà raconté comment je me suis lancé dans le microcrédit avec 27 dollars sortis de mon portefeuille. De la même façon, Dhruv Lakra de Bombay (Inde) a commencé à tester son idée de service de courrier en 2008 avec 300 dollars économisés sur la bourse d'études que lui avait accordée l'université d'Oxford. Il a utilisé cette somme pour engager deux jeunes malentendants venant d'écoles du coin. Il a ensuite contacté certains de ses amis et leur a demandé s'ils accepteraient de confier des paquets à son nouveau service de courrier. Quelques personnes ont eu recours à la petite entreprise de Lakra. C'est ainsi qu'il a commencé à créer une société employant des personnes handicapées venant de familles pauvres. Aujourd'hui, Mirakle Couriers emploie 35 personnes, toutes sourdes, qui parcourent la ville pour livrer des paquets.

Aujourd'hui, les entrepreneurs sociaux en herbe sont particulièrement chanceux. Grâce notamment aux technologies modernes, il est possible de tester un nouveau modèle économique à peu de frais. Est-il vraiment utile de dépenser de l'argent pour payer le loyer d'un bureau ? Probablement pas : de nombreuses entreprises peuvent être gérées au moyen d'un simple téléphone portable. Est-il nécessaire d'ouvrir un magasin pour vendre des produits ? De nos jours, ouvrir un site Internet permettant d'atteindre plus de clients qu'une boutique bien située est rapide, facile et peu onéreux. Faut-il avoir recours à un graphiste et à un imprimeur pour créer des brochures d'information ou des dépliants publicitaires ? Vous pourrez vraisemblablement obtenir des résultats honorables en utilisant un ordinateur et une imprimante bon marché, voire faire aussi bien que des professionnels grâce à l'aide apportée par un ami artiste.

Vous pourrez également économiser de l'argent durant la phase expérimentale en travaillant à temps partiel au lancement de votre social-business. Comme le dit l'adage, « ne lâchez pas la proie pour l'ombre » – aussi longtemps du moins que vous n'aurez pas la certitude que votre modèle économique fonctionne. Beaucoup d'entrepreneurs affirment que le jour le plus important de leur vie a été celui où ils ont renoncé à leur ancien métier pour se consacrer pleinement au nouveau.

Comment adapter un modèle existant

Si vous avez l'intention de lancer un social-business, vous n'aurez pas nécessairement besoin de créer une solution entièrement nouvelle pour répondre au problème social qui vous intéresse. De nombreuses organisations ont déjà développé des approches innovantes et efficaces. Étudiez tout d'abord les tentatives réalisées par le passé pour régler ce problème : vous trouverez peut-être une idée qui vous inspirera et que vous pourrez adapter à un environnement différent.

Si un social-business s'est déjà attaqué avec succès

à ce qui vous préoccupe, entrez en contact avec ses responsables. Faites-leur part de votre point de vue, posez-leur des questions et apprenez un maximum de choses. Demandez-leur une copie de leur *business plan* : de nombreuses organisations seront ravies de vous en envoyer une. Peut-être pourriez-vous reproduire leur modèle sous forme de franchise et contribuer de la sorte à son expansion. Ce processus d'imitation, de reproduction, d'expérimentation et d'amélioration a permis au microcrédit de s'étendre au-delà des villages du Bangladesh où il était né et de devenir un mouvement mondial qui a amélioré la vie de cent millions d'individus sur les cinq continents.

Vous avez également beaucoup à apprendre des ONG et des entreprises conventionnelles. Certains organismes caritatifs drainent des fonds importants ; très souvent, leur modèle pourrait être transformé en social-business. De grandes entreprises traditionnelles travaillent avec des personnes défavorisées : elles leur offrent des emplois ou leur fournissent des biens et des services qui rendent leur vie plus aisée. Si vous copiez leurs meilleures pratiques tout en supprimant l'objectif de recherche du profit, vous pourrez créer un social-business.

Ne vous laissez pas décourager par des débuts difficiles. En 1982, quand le premier ordinateur de bureau a été commercialisé, sa mémoire n'était que de 256 kb – une toute petite fraction de la mémoire que l'on trouve aujourd'hui dans le plus modeste des téléphones portables. Les premières automobiles pouvaient atteindre une vitesse maximale de 8 kilomètres par heure. Le premier avion que les frères Wright réussirent à faire décoller vola douze secondes et parcourut un peu plus de 35 mètres. C'est ainsi que les choses commencent. Avec le temps, de nombreuses personnes – des collaborateurs, des concurrents, des contrefacteurs – ajouteront de nouvelles caractéristiques, apporteront des améliorations intelligentes et perfectionneront le système. Chaque étape apporte de nouvelles possibilités. Les idées ne cessent de s'accumuler et nous rapprochent du but.

C'est ainsi que le social-business progressera. Les magnifiques succès que nous célébrons aujourd'hui paraîtront minuscules et risibles dans dix, vingt ou trente ans : nos successeurs auront énormément appris de nos premières tentatives.

Chaque étape est importante. La simple reproduction d'un modèle existant de social-business permet de montrer à quelles conditions et de quelle manière ce modèle peut être adapté à de nouvelles circonstances : de nouvelles conditions sociales, de nouveaux clients, un nouvel environnement économique. Et bien souvent, la reproduction d'un social-business permettra d'obtenir quelque chose de plus. Il se peut que vous commenciez par imiter un social-business et que vous ayez un jour une idée permettant d'améliorer ce modèle. À votre tour, vous deviendrez un entrepreneur du social-business. Ce sera un moment merveilleux.

Un modèle alternatif : le social-business dont les pauvres sont propriétaires

Des entreprises maximisant le profit peuvent être transformées en social-business en transférant la totalité ou la majorité de leur capital à des personnes défavorisées. La Grameen Bank relève de ce second type de social-business : elle est détenue par les pauvres qui sont ses emprunteurs. Chaque année, les profits générés par l'activité de la banque sont reversés aux pauvres sous forme de dividendes.

Les pauvres pourraient recevoir gratuitement les actions de ces social-business ou les acheter avec leur propre argent. Les achats d'actions des emprunteurs de la Grameen Bank sont financés par de petits prélèvements effectués automatiquement sur leurs comptes. Ces actions ne peuvent pas être transférées à des personnes qui ne sont pas des emprunteurs Grameen : de cette manière, la banque restera détenue par les pauvres au profit desquels elle a été créée. Les clients/propriétaires votent chaque année pour élire le conseil d'administration de la Grameen Bank, qui est constitué d'emprunteuses. Le conseil d'administration détermine les grandes orientations de la politique de la banque, tandis que son activité quotidienne est gérée par une équipe de professionnels.

Les donateurs bilatéraux et multilatéraux qui participent aux programmes internationaux en faveur du développement économique pourraient aisément créer ce type de social-business. Au lieu d'accorder un prêt ou une subvention à un pays en développement pour construire un pont, le donateur pourrait créer une « société du pont » détenue par les pauvres locaux. Les profits dégagés par cette société pourraient être versés aux pauvres sous forme de dividendes ou consacrés à la construction d'autres ponts. De nombreux projets d'infrastructures pourraient être menés à bien de cette manière, qu'il s'agisse de ponts, d'autoroutes, d'aéroports, de ports maritimes ou d'entreprises de services publics.

Les pauvres pourraient également détenir des social-business exerçant des activités plus conventionnelles. Une entreprise de construction pourrait être lancée afin de créer des emplois, de générer des revenus et de stimuler la croissance économique dans une ville ou un village en plein marasme. La propriété de cette entreprise pourrait être transférée aux habitants de la zone concernée, par exemple en attribuant des actions à toutes les familles vivant dans une province ou une commune données. Un conseil d'administration serait élu pour gérer l'entreprise au nom de ses actionnaires. L'entreprise pourrait employer les chômeurs locaux. Elle serait en concurrence avec les entreprises traditionnelles pour tous les travaux de construction projetés dans les environs. S'il est bien géré, ce social-business réalisera des profits que ses propriétaires se partageront. Ils les recevront soit directement (sous forme de dividendes), soit indirectement, par le biais du développement de projets civiques ou de l'amélioration d'infrastructures existantes – une nouvelle école publique, une maison de retraite, un meilleur système de distribution de l'eau.

Nous saurons bientôt comment fonctionne ce type de structure : comme je l'expliquerai un peu plus loin, la Grameen Bank et la société allemande Otto s'apprêtent à lancer conjointement un tel social-business.

Travailler avec des partenaires

La plupart des social-business sont créés par une seule personne ou par un petit groupe d'individus – des amis, des collègues de travail ou des gens partageant un intérêt pour un problème social particulier. Il est donc probable que vous ne disposerez pas de toutes les ressources nécessaires pour réaliser votre projet. Cela ne doit pas vous arrêter ! Cherchez autour de vous des personnes avec lesquelles vous pourrez nouer un partenariat.

Nous avons utilisé cette méthode pour développer les activités de la Grameen Bank. Un grand nombre des social-business créés par Grameen l'ont été au moyen de *joint ventures* avec des entreprises maximisant le profit, comme Danone et Veolia.

Ces *joint ventures* sont de véritables partenariats s'appuyant sur le talent, l'expertise et l'enthousiasme des deux organisations. Jamais l'une des parties n'a tiré toute la couverture à elle tandis que l'autre gérait l'entreprise.

Après avoir eu des contacts préliminaires et avant que les dirigeants des deux organisations n'entament des discussions, nous envoyons une présentation de notre concept de social-business de façon à ce que nos partenaires potentiels sachent parfaitement de quoi il s'agit. Nous leur indiquons alors que nous serions ravis de discuter avec eux s'ils envisagent de se lancer dans ce type d'activité.

S'ils sont toujours intéressés, ils viennent nous voir et nous réfléchissons ensemble à une idée d'entreprise que nous pourrions fonder conjointement. Cette idée est généralement liée à l'expertise et à l'expérience de nos partenaires. Certains sont immédiatement enthousiastes ; d'autres ont besoin de réfléchir un peu plus longtemps. Leurs experts se rendent généralement plusieurs fois au Bangladesh avant que nous ne puissions signer un protocole d'accord non contraignant. Cette étape précède la conception d'un *business plan*, la constitution légale de l'entreprise et l'apport de fonds à ce nouveau social-business.

Tout au long de ce processus, notre objectif consiste à avancer à la bonne vitesse. Il est essentiel que les deux parties comprennent parfaitement ce à quoi elles s'engagent avant de faire une quelconque annonce publique. C'est d'autant plus important lorsqu'un concept aussi récent que le social-business est en jeu. Je veux que nos partenaires sachent que le seul bénéfice qu'ils retireront de notre association consistera en la satisfaction d'avoir aidé des êtres humains. Je suis heureux de dire que jusqu'à présent, les dirigeants avec lesquels j'ai négocié ont compris ce concept et l'ont soutenu – même quand ils ne se sentaient pas capables d'engager leur organisation dans la création d'un social-business.

Mais je crois aussi qu'il faut avancer relativement

vite quand on a une bonne idée. Trop d'analyse peut parfois paralyser. Quand je fais quelque chose de nouveau, je tiens à rassembler un maximum d'informations. Mais il faut ensuite faire une ou deux expériences. J'ai découvert qu'en règle générale, les difficultés qui se présentent lors des premiers mois d'existence d'un nouveau social-business n'auraient pas pu être mises au jour par une réflexion initiale plus approfondie. La seule manière de les faire apparaître consiste à lancer l'entreprise. Commencer rapidement à travailler vous permettra de procéder aux ajustements nécessaires et d'améliorer votre *business plan*.

Un partenariat entre une organisation destinée à aider les pauvres et une entreprise maximisant le profit n'a rien de conventionnel. Certaines personnes jugent étrange une telle association et mettent en doute la sincérité de l'entreprise traditionnelle. La *joint venture* ne serait-elle qu'une manière d'améliorer la réputation de l'entreprise, de répondre à une exigence de responsabilité sociale et de donner bonne conscience à ses dirigeants ?

Les journalistes me posent souvent ce genre de question. Ils utilisent parfois la formulation suivante : « Serait-il possible que Danone utilise la réputation de Muhammad Yunus et de la Grameen Bank afin d'apparaître comme l'amie des pauvres de la planète ? » Ils sous-entendent qu'il y a quelque chose de malhonnête dans le soutien apporté par Danone (ou Veolia Eau, ou Otto, ou BASF, ou Intel…) au concept de social-business – et que je devrais peut-être m'irriter de cette tentative d'« utiliser » mon nom ainsi que celui de la Grameen Bank pour accroître le prestige de l'entreprise concernée.

J'évite d'entrer dans ce genre de débats. On peut certainement interpréter de diverses manières l'attitude de nos partenaires. Est-il possible d'évaluer de façon précise l'enthousiasme manifesté par les dirigeants de Danone à l'idée de créer une *joint venture* avec nous ? Étaient-ils motivés par des objectifs sociaux, par le désir de donner plus d'éclat à la réputation de leur entreprise, par la conviction que les entreprises doivent exercer une responsabilité sociale, par l'attrait qu'exerce sur le public le modèle de l'entreprise solidaire, par leur fierté d'appartenir à cette entreprise, ou par un ensemble de raisons ? Nul ne peut le dire. Et j'avoue que rien de tout cela ne m'a traversé l'esprit quand j'ai rencontré Franck Riboud, le PDG de Danone. Il semblait réellement intéressé par ma proposition de créer un social-business afin de venir en aide aux enfants du Bangladesh. C'est cela qui m'a séduit – et tout le reste est secondaire.

Quand des journalistes me demandent si Danone m'« utilise », je leur réponds donc de la manière suivante : « Je crois que c'est moi qui utilise Danone ! L'engagement d'une si grande entreprise a permis de rendre légitime le concept de social-business et a provoqué la curiosité de tous les hommes d'affaires européens. Je crois donc que c'est moi qui utilise Danone pour promouvoir mon idée. Mais si vous avez raison, vous pourrez faire savoir au monde entier que je suis là pour être utilisé. S'il vous plaît, utilisez-moi ! Tous ceux qui veulent m'utiliser au profit d'une cause juste sont les bienvenus. »

Et cette cause, c'est le social-business.

Les *joint ventures* Grameen Danone et Grameen Veolia Water bénéficient des ressources dont disposent les grandes entreprises auxquelles elles sont adossées, en particulier de leur expertise. Mais ces *joint ventures* modifient également la façon de travailler de nos partenaires et, à travers eux, celle de l'ensemble du monde des affaires.

Participer à un projet de social-business a exercé un profond impact sur les employés de Danone et de Veolia Eau. Leurs dirigeants racontent que leurs collègues ont accueilli avec enthousiasme l'annonce de la participation de leur entreprise à cette nouvelle expérience. Les gens les arrêtent dans le hall pour leur demander des nouvelles de la *joint venture* avec Grameen, pour leur proposer de l'aide, pour leur faire part de leur désir de participer à ce projet et leur demander quand le prochain social-business sera lancé. Le social-business est l'un des sujets que les employés de Danone et de Veolia Eau aiment évoquer quand ils parlent de leur travail à des tiers. Quant aux jeunes diplômés, ils posent fréquemment des questions relatives au social-business quand ils postulent auprès de ces entreprises.

Supposez que Veolia Eau annonce que l'entreprise a trop à faire pour continuer à participer au projet Grameen Veolia Water. Que se passerait-il ? Le projet d'assainissement de l'eau se poursuivrait, parce que nous avons appris beaucoup de choses en collaborant avec Veolia Eau. Je suis par ailleurs prêt à parier que certains des employés de Veolia Eau avec lesquels nous avons travaillé nous proposeraient de nous aider bénévolement. Cela vaut également pour Danone.

Veolia Eau et Danone sont des entreprises, mais elles sont constituées d'individus. Nous ne changeons pas seulement la manière de faire des affaires : nous changeons également ceux qui en font.

Je ne dis pas que Veolia Eau et Danone vont se transformer en social-business. Nous avons lancé un nouveau mouvement en collaboration avec des entreprises maximisant le profit. Ce mouvement prendra de l'ampleur, grâce notamment à l'expérience apportée par nos partenaires. Certains collaborateurs de ces entreprises pourraient un jour renoncer à leur carrière pour lancer leur propre social-business. D'autres, qui continueront à travailler pour Veolia Eau ou Danone (ou l'une des autres entreprises avec lesquelles nous travaillons), appliqueront de plus en plus largement à leur activité quotidienne les valeurs et le mode de pensée particuliers au social-business. Ils se poseront de nouvelles questions : « Que faisons-nous pour rendre nos produits accessibles aux pauvres ? », « Comment pourrions-nous améliorer la durabilité sociale et environnementale de nos nouvelles activités ? », « Quels bénéfices notre nouvelle usine apportera-t-elle aux gens vivant à proximité ? ». L'entreprise traditionnelle s'imprégnera progressivement des valeurs du social-business.

Je ne crois pas que le Groupe Danone se transformera en social-business. Mais je ne serais pas surpris si, un jour, il lançait une nouvelle entreprise (qui pourrait s'appeler Danone Social) adoptant la forme du social-business. Nos partenariats pourraient avoir ce type de conséquence à long terme. Une telle association peut donc produire des bénéfices considérables.

Voici quelques exemples d'organisations avec lesquelles vous pourriez envisager de vous associer lorsque vous vous préparerez à lancer votre propre social-business :

— *un autre social-business* – pour reproduire, adapter ou étendre un modèle existant ;

— *une ONG ou un organisme caritatif* – pour compléter ou soutenir le travail d'une ONG grâce à votre nouveau social-business ;

— *un investisseur* – une personne privée, une entreprise, un fonds d'investissement, une fondation philanthropique, une institution publique cherchant à créer des bénéfices sociaux ;

— *un partenaire chargé des aspects technologiques* – pour vendre ou autoriser la production sous licence des produits technologiques ou de l'expertise nécessaires au succès de votre social-business, ou pour rejoindre le projet et y contribuer en fournissant ces technologies ;

— *un partenaire chargé de la production* – pour vous fournir les matières premières dont vous aurez besoin ou les produits finis que vous vendrez ;

— *un partenaire chargé des ressources humaines* – ce peut être une agence qui vous mettra en contact avec des individus talentueux et désireux de consacrer une partie de leur carrière à une cause utile, ou une université qui vous fera rencontrer des professeurs et des étudiants disposant d'une expertise correspondant à vos besoins ;

— *un partenaire chargé de la distribution* – ce peut être une ONG (si vous voulez vendre un produit à des clients pauvres), une entreprise maximisant le profit (si vous voulez vendre un produit à des clients aisés) ou une entreprise spécialisée dans la vente sur Internet (si vous voulez vendre un produit à des clients que la technologie n'effraie pas et qui sont géographiquement dispersés) ;

— *un partenaire chargé du contrôle de votre activité* – une organisation qui peut vous aider à définir et à mesurer l'impact de votre social-business. Ce peut être une organisation caritative, un *think tank* ou une équipe d'universitaires disposant d'une expertise dans votre domaine d'activité. Plus ce contrôle sera efficace, plus il vous sera facile de convaincre des investisseurs ou d'autres partenaires de l'intérêt de votre travail.

Vous serez sans doute amené à travailler avec différents types de partenaires. La capacité à créer et à conserver des relations harmonieuses avec les organisations partenaires est l'une des caractéristiques des social-business qui réussissent.

Attirer les talents

Un individu isolé peut lancer un social-business sans aide extérieure ; mais il ne pourra s'agir en ce cas que d'une très petite entreprise. Votre social-business aura vraisemblablement des employés, surtout s'il grandit. Cela nous amène à la question suivante : le social-business utilise-t-il les talents des individus d'une manière différente de celle d'une entreprise conventionnelle ?

Il me semble que la réponse à cette question dépend de celle qu'on apporte à une autre question : le désir de changer le monde est-il aussi fort que le désir de gagner de l'argent ? C'est tout le problème.

J'explique souvent qu'il est au moins aussi satisfaisant d'avoir un impact sur la vie des gens que de gagner de l'argent. Essayez. Vous pourriez être fasciné par votre capacité à changer le monde. Vous voudrez en faire toujours plus. Vous vous réveillerez la nuit et réfléchirez à tout ce que vous voudrez essayer de faire dès le matin. Le créateur d'un social-business est tout aussi obsédé par le succès que l'entrepreneur cherchant à maximiser le profit. Seule diffère la définition du succès.

Beaucoup de gens pensent que les employés d'un social-business ne sont pas très bien payés. Après tout, l'objectif du social-business consiste à aider les gens. Il semblerait donc naturel que ces entreprises fassent appel à de bonnes âmes acceptant de sacrifier leur intérêt personnel au bénéfice de la société.

Cette idée est totalement fausse. En réalité, le social-business rémunère mieux ses employés que ne le font les entreprises traditionnelles.

Quand un social-business cherche à attirer des talents, il entre en concurrence avec des entreprises maximisant le profit. Il lui faut donc proposer des salaires compétitifs et d'autres avantages. Si vous voulez embaucher un bon comptable, un bon spécialiste du marketing ou un bon expert en production pour votre social-business, vous devrez lui offrir des conditions similaires à celles que lui proposeraient une banque, un fabricant automobile ou une entreprise informatique.

Au-delà de ces conditions de base, la satisfaction personnelle apportée par un social-business est plus importante que celle que procurent les autres entreprises.

Supposez qu'un comptable ait deux offres d'emploi – l'une provenant d'un social-business et l'autre d'une entreprise traditionnelle. Ces deux entreprises lui offrent le même salaire, les mêmes avantages, un titre et des responsabilités similaires.

Il me semble que la plupart des gens examineront ces offres en se posant les questions suivantes : « Quelle est la différence entre ces deux emplois ? La principale différence est que le social-business me donne la possibilité de changer le monde – de devenir un élément de la solution plutôt que l'une des causes du problème. Je reviendrai tous les soirs de mon travail avec la satisfaction de savoir que je n'ai pas cherché à tirer profit des gens mais que je les ai aidés. Si les conditions financières sont les mêmes, pourquoi ne pas accepter l'offre d'emploi proposée par le social-business ? »

Je raisonne sur ce point comme un homme d'affaires qui a créé, fait croître et géré des social-business. La Grameen Bank et les autres social-business auxquels je collabore sont depuis longtemps en compétition avec de grandes entreprises pour embaucher et garder des employés intelligents, travailleurs et talentueux. Je suis heureux de dire que nous avons toujours réussi à attirer ce type d'individus. Certains restent deux ou trois ans, tandis que d'autres font toute leur carrière avec nous.

Plusieurs des principaux dirigeants de la Grameen Bank ont commencé à travailler avec moi alors qu'ils suivaient mes cours d'économie à l'université de Chittagong. Prêter de l'argent aux pauvres n'était alors qu'une expérience. Trente ans plus tard, ils font toujours partie de mon équipe. Et comme tout le monde, ils ont fondé une famille, envoyé leurs enfants à l'université, acheté un logement et économisé de l'argent pour leur retraite. Il n'est pas nécessaire d'être un saint ou d'avoir le sens du sacrifice pour travailler dans un social-business. Il faut simplement avoir envie de créer un monde meilleur.

Concevoir votre social-business

Un social-business ressemble par bien des aspects à une entreprise traditionnelle. Il a des employés et des gestionnaires, des clients et des fournisseurs. Il offre des biens et des services à un prix qu'il espère attractif. Il a des charges à couvrir, des salaires à verser et des loyers à payer. Ces paramètres financiers doivent être évalués avec précision et intégrés à un *business plan* réaliste.

La conception d'un social-business ne se distingue guère de celle d'une entreprise maximisant le profit. Avant de lancer votre entreprise, vous devrez mettre au point un *business plan* présentant vos objectifs ainsi que les moyens que vous consacrerez à sa mise en œuvre. Pour un petit social-business, le *business plan* pourra se résumer à quelques pages. Pour une entreprise plus importante, un document plus précis et plus complexe sera nécessaire. Vous aurez probablement besoin d'un *business plan* détaillé pour demander un financement à une banque ou à un investisseur extérieur.

Je n'ai pas l'intention de vous apprendre à faire un *business plan*. Il existe pour cela de très bons livres et de nombreux cours de niveau universitaire. Je ne pense pas d'ailleurs qu'il soit indispensable d'avoir des connaissances approfondies en gestion pour lancer un social-business.

Vous n'avez pas besoin de savoir « comment faire des affaires ». L'essentiel est que vous ayez le désir de répondre à un problème social. Il est certain qu'une connaissance pratique du monde de l'entreprise vous sera utile. Si vous ne disposez pas d'une telle expérience, vous apprendrez sur le tas. Vous bénéficierez peut-être de l'aide d'un mentor, d'un investisseur ou d'un associé. Mais savoir comment fonctionne une entreprise conventionnelle pourrait se révéler préjudiciable ou contre-productif. Cela pourrait vous amener à vous poser des questions qui ne sont pas adaptées au cas d'un social-business : comment réduire les coûts ou améliorer le fonctionnement de l'entreprise en faisant abstraction des bénéfices sociaux attendus ; comment promouvoir un produit qui n'apporterait pas de réel bénéfice au consommateur ; comment nuire à vos concurrents, etc. L'objectif d'un social-business ne consiste pas à maximiser le profit, à écraser ses concurrents ou à croître pour le seul fait de croître. Un social-business cherche à produire un bénéfice social et met une bonne gestion au service de cet objectif. La motivation du créateur d'un social-business importe davantage que les connaissances dont il dispose en matière de gestion.

Le *business plan* est cependant très important : ne vous lancez pas dans la création d'un social-business avant d'en avoir établi un. Si vous débutez dans les affaires, je vous conseille de commencer par reproduire un modèle existant. Ne vous sentez pas obligé de réinventer la roue pour votre première tentative : il est suffisamment difficile de mettre en œuvre un *business plan* ayant déjà fait ses preuves.

Qu'il s'agisse d'une création originale ou de la reproduction d'un modèle existant, votre *business plan* devra répondre aux questions suivantes :

— quel produit ou service vais-je offrir ?

— comment vais-je produire ce produit ou ce service ?

— qui sont mes clients ?

— combien sont-ils ?

— comment prennent-ils leurs décisions d'achat ?

— comment puis-je connaître le prix qu'ils seront prêts à payer pour le produit ou le service que je vais offrir ?

— qui sont mes concurrents ?

— quelles méthodes de marketing, de distribution, de publicité et de vente vais-je utiliser ?

— quelles sont les principales dépenses nécessaires pour lancer cette entreprise ?

— quel est le montant mensuel des charges auquel je dois m'attendre (loyer, salaires, avantages accordés aux employés, services divers, transports, etc.) ?

— comment mes charges évolueront-elles à mesure que croîtra le volume de mon activité ?

— quel est le niveau de recettes que je peux raisonnablement espérer pour le premier mois d'activité ? Pour les six premiers mois ? Pour la première année ? Pour les trois premières années ?

— sur la base de ces chiffres, quand puis-je espérer atteindre mon point mort ?

— au bout de combien de temps puis-je espérer rembourser le capital de départ (qu'il s'agisse de fonds apportés par des investisseurs ou de prêts) ?

Tout créateur d'entreprise doit se poser ces questions. Mais comme vous lancez un social-business, vous devrez aussi répondre à quelques questions complémentaires :

— à quel type de personnes mon social-business espère-t-il venir en aide ?

— quels sont les bénéfices sociaux que je cherche à produire ?

— comment les futurs bénéficiaires de mon social-business participeront-ils à sa conception et à sa création ?

— comment mesurer l'impact de mon social-business ?

— quels sont les objectifs sociaux que j'espère atteindre lors des six premiers mois d'existence de l'entreprise ? Lors de la première année ? Lors des trois premières années ?

— si mon social-business rencontre le succès, sera-t-il possible de le développer ou de reproduire ce modèle ?

— des bénéfices sociaux supplémentaires peuvent-ils être ajoutés à l'offre initiale ?

Comme le montrent ces questions complémentaires, un social-business doit être *mieux géré* qu'une entreprise traditionnelle. Après tout, les objectifs poursuivis par un social-business sont plus complexes et exigeants – et, selon moi, plus importants. Décevoir les investisseurs parce que vous n'avez pas dégagé autant de profit que vous l'espériez est une chose. Décevoir des enfants affamés, des familles sans logement ou des chômeurs qui ne comprennent pas pourquoi les bénéfices sociaux que vous leur aviez promis ne se sont pas matérialisés en est une autre.

Il existe des différences importantes entre le *business plan* d'une entreprise traditionnelle et celui qu'exige un social-business.

Le *business plan* d'un social-business doit tout d'abord être responsable. Un social-business devrait s'engager à poursuivre ses objectifs sociaux sans nuire à qui que ce soit et en minimisant l'impact de son activité sur l'environnement.

Nous avons appliqué ce principe à notre *joint venture* avec Danone. L'usine de yaourts de Bogra dispose d'installations de recyclage, de panneaux solaires et d'autres équipements « verts ». J'ai tenu à ce que les pots de yaourt soient biodégradables (nous n'autorisons pas l'utilisation du plastique). Les experts de Danone se sont battus pendant un moment avant de trouver un fournisseur chinois fabriquant un pot en amidon de maïs parfaitement biodégradable.

J'étais content, mais pas totalement satisfait. J'ai regardé ce pot et ai posé les questions suivantes : « Puis-je le manger ? Pourquoi les pauvres qui achètent notre yaourt devraient-ils jeter le pot ? Ne serait-il pas possible de fabriquer un pot comestible ? Les enfants mangeraient le pot après avoir consommé le yaourt, ce qui leur permettrait d'absorber plus de nutriments. » L'équipe de Grameen Danone continue d'y travailler. Je suis certain qu'elle va réussir et que le résultat révolutionnera l'industrie de l'emballage alimentaire.

Toutes les entreprises doivent évidemment assumer un minimum de responsabilités sociales. Elles doivent se conformer à un ensemble de lois et de règlements ainsi qu'à des règles éthiques comme l'honnêteté. Mais l'exigence de responsabilité pèse beaucoup plus lourd sur un social-business que sur une entreprise traditionnelle. Il est plus important encore que vous compreniez les besoins de vos clients. L'objectif d'un social-business consiste à traiter un problème : la pauvreté, la malnutrition, la maladie, l'ignorance, l'absence de logement. Il ne parviendra peut-être pas à le résoudre entièrement, mais il doit avancer dans la bonne direction. Et ses méthodes de gestion ne devraient certainement pas créer de nouveaux problèmes. Il serait particulièrement grave pour un social-business d'exploiter les travailleurs, de porter atteinte à l'environnement ou de commercialiser des produits défectueux ou dangereux.

Mais il est également nécessaire de créer un social-business viable. Votre objectif consiste à aider les gens de façon permanente. Si votre entreprise n'est viable que sous certaines conditions ou pour une durée limitée, les effets produits sur vos consommateurs pourraient être ravageurs. Cela ne veut pas dire que les entreprises n'échouent jamais – qu'il s'agisse des entreprises traditionnelles ou des social-business. Mais un social-business a une responsabilité particulière. Vous n'avez pas envie de laisser tomber des gens qui dépendent de vous. C'est pourquoi vous devrez apporter à votre social-business toute l'intelligence, l'astuce, le dévouement, la compassion et le travail que vous accorderiez à une entreprise naissante.

Un voyage d'un millier de kilomètres

Je conseille généralement à ceux qui montent un social-business de commencer modestement. Un petit projet est plus facile à gérer, et un projet pilote vous donnera l'expérience nécessaire pour affiner et améliorer votre *business plan*. Mais le plus important, c'est de commencer. Les premières semaines que vous consacrerez à travailler à un social-business vous ouvriront à de nouvelles possibilités. Cela vous donnera un avant-goût de la joie que vous éprouverez à aider les gens – même s'il ne s'agit que d'une seule personne.

Vous connaissez probablement ce vieil adage : « Un voyage d'un millier de kilomètres commence par un pas. » Faites le premier pas ! Ne vous préoccupez pas trop des kilomètres à venir : l'essentiel, c'est de continuer à poser un pied devant l'autre.

Cherchez un modèle qui fonctionne. Cela peut exiger de nombreuses expériences. Vous modifierez votre *business model* jusqu'à ce qu'il permette de répondre à un problème social d'une manière efficace et économiquement durable. Il vous sera facile de procéder à des ajustements ou d'abandonner cette idée et d'en chercher une autre. Ne vous sentez pas frustré. Souvenez-vous que le social-business est encore une idée neuve. Vous êtes un innovateur, un pionnier. Vous faites un travail très difficile et vous pouvez réussir quelque chose d'inédit. Le chemin qui mène au succès n'est pas rectiligne. Faites preuve de ténacité, de patience et d'enthousiasme. Il vous faudra peut-être des années pour trouver un modèle économique qui fonctionne. Il m'a fallu des années pour y parvenir.

Mais cela en vaut la peine. Si vous parvenez à concevoir un modèle efficace, vos nombreux clients permettront de faire croître votre entreprise et bien des entrepreneurs vous imiteront. Votre activité changera rapidement d'échelle et exercera un fort impact. Vous changerez la vie de nombreuses personnes – mais vous changerez aussi la nature du système économique et social. Vous rejoindrez tous ceux qui se sont engagés sur cette voie. Et, ensemble, nous atteindrons les objectifs que nous nous sommes donnés : faire disparaître la pauvreté, créer un mode de vie durable, permettre aux plus nous avons créés et imposés à nos semblables. Mais nous devrions faire preuve d'une forme d'impatience un peu différente. Au lieu de concevoir de vastes plans pour sauver le monde d'un seul coup, il nous faut « penser petit ». Imaginez un modeste projet permettant d'aider quelques personnes – et au lieu de passer des mois ou des années à le peaufiner, le développer et le financer, mettez-le en œuvre immédiatement.

Certaines parties de votre projet fonctionneront bien ; d'autres échoueront ; d'autres produiront des résultats inattendus. Vous pourrez alors utiliser l'expérience que vous aurez accumulée pour parfaire votre idée. Avec le temps, vous parviendrez à créer un social-business qui améliorera réellement la vie de quelques personnes. Il pourra être reproduit une fois, deux fois, dix fois, cent fois, mille fois. Qui sait ? Il changera peut-être la vie de centaines de millions d'individus.

L'un des avantages de cette forme d'impatience consiste à mettre le social-business à la portée d'un plus grand nombre. Certains des premiers social-business que j'ai contribué à créer reposaient sur des partenariats avec de grandes entreprises disposant d'une expérience considérable, de beaucoup d'argent et de bien d'autres ressources. Mais un social-business peut également être lancé par une seule personne ou par un groupe d'amis ayant des moyens beaucoup plus limités et intervenant à une toute petite échelle.

Il est impossible de savoir quelle est la méthode qui produira les meilleurs résultats. Quand j'ai démunis de devenir autonomes, éradiquer les maladies. Je ne vois aucune limite à ces possibilités – à condition que nous ayons le courage de faire le premier pas.

4. Guérir un enfant : un exemple de social-business dans le domaine des soins médicaux

Nous sommes nombreux à être naturellement impatients. Nous voulons régler les choses rapidement. C'est particulièrement vrai des terribles problèmes qui accablent l'humanité depuis des siècles : la pauvreté, la maladie, la faim, le manque de logements, l'oppression. Ceux qui s'intéressent à ces questions voient le nombre de victimes augmenter – les milliards de pauvres, les centaines de millions d'individus qui ont faim, soif, ou sont malades – et voudraient pouvoir les sauver immédiatement. Après tout, pourquoi devrions-nous supporter plus longtemps cette horreur ?

Cette attitude est aussi compréhensible qu'estimable. Mais elle est parfois contre-productive. Les plans ambitieux conçus pour venir en aide à des millions d'individus échouent souvent. « Penser grand » peut conduire au désastre.

Quand je parle du social-business à de jeunes gens, je n'essaie pas de brider leur impatience. Il est normal d'avoir hâte de faire disparaître les fléaux que lancé la Grameen Bank, je n'avais pas de modèle économique permettant de répondre aux besoins de millions de personnes : j'ai simplement prêté l'équivalent de 27 dollars à 42 habitants du village de Jobra. Donc, pensez petit – et commencez maintenant !

Dans ce chapitre, j'illustrerai ce principe au moyen d'un social-business développé par deux jeunes Italiens : Lawrence Faulkner, qui est médecin, et Eugenio La Mesa, qui est entrepreneur. Avec une poignée d'amis et de sympathisants, ils ont créé une ONG appelée Cure2Children afin de lutter contre une grave maladie génétique, la thalassémie.

Tout a commencé par les soins prodigués à quelques enfants qui semblaient condamnés à une vie brève et douloureuse. Les bénéfices de cette action ont été immédiats, et son potentiel sur le long terme est énorme.

Vous ne savez peut-être pas ce qu'est la thalassémie. C'est une terrible maladie génétique affectant le sang des enfants qui en sont atteints. Comme l'anémie à hématies falciformes, la thalassémie est transmise par un gène récessif. Un individu qui n'a qu'un gène thalassémique ne présente pas de symptômes et ignore généralement qu'il est porteur de ce gène. Mais si deux individus porteurs se marient, chacun de leurs enfants aura une chance sur quatre d'hériter de deux gènes thalassémiques. Un enfant qui se trouve dans ce cas commencera à souffrir d'anémie quelques années après sa naissance. Sa survie dépendra de transfusions sanguines à répétition. Même quand elles bénéficient de ce traitement, peu de victimes de la thalassémie survivent au-delà de l'âge de dix-huit ans dans les pays pauvres.

En raison de son mode de transmission, la thalassémie est particulièrement répandue dans certains groupes de population. Elle sévissait autrefois autour du bassin méditerranéen – en Italie, en Grèce, en Espagne. Grâce au dépistage génétique, la thalassémie a pratiquement disparu en Europe comme dans la plupart des pays riches. En Europe et aux États-Unis, chaque femme enceinte participe à ce dépistage, qui est réalisé au moyen d'un simple test sanguin. Si son enfant est atteint, la mère peut avoir recours à un avortement thérapeutique. De nombreux couples qui projettent de se marier décident par ailleurs de se faire tester pour savoir s'ils sont porteurs du gène. Quand deux porteurs de ce gène tombent amoureux, ils peuvent choisir de ne pas avoir d'enfant ou d'en adopter un.

Maintenant que la thalassémie a pratiquement disparu en Europe et aux États-Unis, cette maladie est essentiellement observée dans certains pays en développement – en particulier en Asie du Sud, où une partie importante de la population est porteuse du gène responsable de son apparition. Les mariages consanguins y sont fréquents dans certaines parties, ce qui aggrave le problème. Dans les familles où la thalassémie est répandue, cela accroît fortement le risque que la mère et le père soient porteurs de ce gène et le transmettent à leurs descendants.

Environ 100 000 enfants en souffrent au Bangladesh. Près de 7 000 nouveaux cas sont recensés chaque année. La thalassémie n'est bien sûr qu'une des maladies qui frappent les enfants bangladais. Mais pour toute famille dont l'un des enfants est atteint, c'est une véritable tragédie.

Deux méthodes peuvent être employées pour rayer la thalassémie de la liste des maladies qui affligent l'humanité. La première, que j'ai déjà mentionnée, consiste à procéder à un dépistage génétique et à fournir des conseils appropriés. De tels programmes ont montré leur efficacité dans les pays riches d'Europe et d'Amérique du Nord ; il en irait certainement de même dans le reste du monde, y compris en Asie du Sud. Les seuls obstacles sont ceux que créent la pauvreté, le manque de soins et de conseils médicaux ou la difficulté d'y avoir accès, et, tout simplement, l'ignorance. Tous ces obstacles peuvent être levés.

Le second espoir d'éliminer ce fléau réside en un traitement apporté aux individus souffrant déjà de thalassémie – un traitement qui va au-delà des soins palliatifs prenant la forme de transfusions sanguines. Ce traitement a été conçu en 1984 par un brillant médecin italien, Guido Lucarelli.

En utilisant des cellules souches adultes provenant d'un donneur compatible, le docteur Lucarelli a découvert qu'il pouvait réaliser une greffe de moelle osseuse sur un patient atteint de thalassémie. L'intervention est longue, difficile, lourde et physiquement traumatisante : le patient doit rester à l'hôpital pendant quarante-cinq jours environ afin de s'en remettre. Mais sauf dans de très rares cas, la guérison est complète. Le patient peut mener une vie normale, il n'a plus besoin de transfusions sanguines et la sentence de mort liée à la thalassémie est levée. C'est un véritable miracle médical.

Lawrence Faulkner s'est familiarisé avec cette technique auprès du docteur Lucarelli. Né à Florence, le docteur Faulkner a étudié la médecine à l'université de Florence avant de compléter sa formation à New York, au Long Island College Hospital et au Memorial Sloan Kettering Cancer Center. Il retourna ensuite en Italie, où il participa à la création de l'un des centres les plus réputés au monde pour la réalisation de greffes et la formation aux techniques de transplantation. En plus des malades atteints de thalassémie, il soigna des patients souffrant d'autres pathologies, en particulier la leucémie et différentes formes de cancers du sang.

La tragédie qui frappa deux de ses patients amena le docteur Faulkner à se demander comment il pourrait contribuer à la lutte contre la thalassémie dans le monde en développement.

En dépit des traitements prodigués par le docteur Faulkner et ses collègues, ces deux petits enfants succombèrent à une maladie du sang particulièrement rare. Comme vous pouvez l'imaginer, leurs parents avaient le cœur brisé. Mais ils étaient décidés à faire en sorte que leur malheur serve à quelque chose. Ils sont allés voir le docteur Faulkner, dont ils étaient devenus très proches durant les longs mois de traitements de leurs enfants, et lui ont dit ceci : « Nous aimerions faire quelque chose pour épargner à d'autres familles ce que nous venons de traverser. Avez-vous des idées ? »

Il en avait. « Vous pourriez créer une fondation pour venir en aide à des familles vivant en Italie. Mais j'ai une autre suggestion à vous faire. Pourquoi ne pas créer une organisation qui fournirait des soins médicaux aux enfants pauvres atteints de maladies rares du sang dans les pays les plus misérables du monde ? »

La proposition du docteur Faulkner n'était pas uniquement motivée par l'altruisme : elle avait également une raison scientifique. Il y a dans les pays en développement des milliers d'enfants malades qui n'ont pas accès aux soins médicaux. Un grand nombre des cancers et des maladies rares du sang qui les emportent ne sont ni soignés ni étudiés parce qu'ils peuvent se révéler n'importe où : dans un village reculé d'Inde, dans un quartier pauvre du Bangladesh, dans la jungle africaine. Bien que ces cas représentent une tragédie pour les familles concernées, ils peuvent être précieux pour les médecins et les scientifiques.

« Prenez l'exemple du neuroblastome, expliqua le docteur Faulkner. Cette maladie est très rare en Italie. Il n'y a qu'une cinquantaine de cas par an dans ce pays. Cela rend très difficile la constitution d'une base de données indispensable à l'amélioration du traitement.

« On pense toutefois qu'il existe des milliers de cas dans les pays en développement. Ils se produisent dans des centaines d'endroits différents et sont diagnostiqués – quand ils le sont – dans des hôpitaux locaux par des médecins qui n'ont aucun moyen de comparer leurs expériences et d'en tirer des enseignements.

« Si nous pouvions commencer à étendre le bénéfice des soins médicaux aux pauvres des pays en développement, cela pourrait créer une situation gagnant/gagnant. Nous pourrions apporter de l'aide et des traitements à ceux qui souffrent tout en rassemblant des informations sur des maladies rares que l'on considère aujourd'hui comme mystérieuses. »

Les parents comprirent le message du docteur Faulkner et décidèrent de soutenir son idée. Des fonds supplémentaires furent apportés par une fondation liée à une grande banque italienne. Le docteur Faulkner prit une année sabbatique et commença en janvier 2007 à préparer la création de ce qui est devenu Cure2Children – un organisme caritatif destiné à chercher, développer et fournir des traitements des cancers et des maladies rares du sang qui frappent les enfants.

Une autre expérience personnelle contribua à définir la mission du docteur Faulkner. Il lui arrivait fréquemment de soigner des enfants venus du monde entier à l'hôpital pour enfants de Florence : leurs parents les y avaient amenés pour qu'ils bénéficient des soins des meilleurs spécialistes d'Italie. L'un de ces enfants était une petite Pakistanaise qui souffrait de thalassémie. Assisté d'un de ses collègues, le docteur Pietro Sodani, le docteur Faulkner lui greffa de la moelle osseuse en utilisant une technique innovante et risquée où la mère sert de donneur en lieu et place d'un frère ou d'une sœur. (Dans ce cas précis, il n'y avait pas de frère ou de sœur présentant le degré de compatibilité nécessaire[1].)

Cette intervention difficile réussit parfaitement : la vie du bébé fut sauvée. Le docteur Faulkner et le docteur Sodani avaient développé des liens étroits avec les parents de la fillette, qui étaient eux-mêmes médecins. Quand le docteur Faulkner leur présenta son projet de mettre les meilleurs traitements existants à la disposition des habitants des pays en développement, ils conclurent immédiatement que le Pakistan serait un endroit parfait pour commencer. La lutte contre la thalassémie constituerait l'objectif principal de leur entreprise. La mère de la petite fille, le docteur Sadaf Khalid, est à présent la directrice de la branche pakistanaise de Cure2Children (le père travaille pour le ministère de l'Intérieur du Pakistan).

Lancer ce projet au Pakistan était un saut dans l'inconnu pour le docteur Faulkner : il n'avait jamais travaillé dans le monde en développement. Mais il avait soigné beaucoup de malades d'Asie et d'ailleurs dans son hôpital de Florence et il était devenu sensible à leurs besoins comme à ceux de leurs familles. Sa formation aux États-Unis et la création à Florence d'un service ainsi que d'un laboratoire spécialisés

1. Sodani, Faulkner ainsi que d'autres médecins et chercheurs ont continué à développer cette technique. Ils ont publié en 2009 un article fondateur sur ce sujet dans *Blood*, la revue de référence dans ce domaine.

dans la réalisation de greffes lui avaient donné un aperçu des forces et des faiblesses de différents types de systèmes de santé – la haute technologie et la gestion privée en Amérique, la place accordée au facteur humain et la gestion publique en Italie. Grâce au soutien de ses deux partenaires pakistanais, il se sentit prêt à sauter le pas.

Aujourd'hui, Cure2Children soigne la thalassémie au Pakistan. L'argent des donateurs a permis de créer une unité de deux lits spécialisée dans la greffe de moelle osseuse à l'hôpital pour enfants de l'Institut pakistanais pour les sciences médicales d'Islamabad. Les coûts initiaux ne dépassèrent pas 25 000 euros. Les frais de fonctionnement sont également très faibles. Les dépenses liées aux salaires des quinze personnes employées par le service – des infirmières aux techniciens spécialisés – se montent à 4 000 euros environ par mois. Ces sommes étonnamment modestes permettent de sauver des vies.

Cure2Children opère actuellement à petite échelle, surtout si on compare son activité au nombre élevé de patients potentiels (estimé à 50 000 au Pakistan). En décembre 2009, le docteur Faulkner et son équipe avaient réalisé 20 greffes, avec des résultats comparables à ceux obtenus en Italie. Avec le temps, des unités supplémentaires seront ouvertes dans les hôpitaux du pays. Tous les enfants pakistanais qui en ont besoin bénéficieront un jour de ces interventions salvatrices.

Cure2Children a aussi un petit programme au Kosovo, un pays européen proche de l'Italie où l'organisation participe au traitement de cas de leucémie, une autre maladie du sang qui touche beaucoup d'enfants.

Les programmes développés par Cure2Children au Pakistan et au Kosovo n'ont pas été conçus sous forme de social-business : Cure2Children est une ONG traditionnelle qui dépend de dons.

Cure2Children se prépare à présent à introduire ses techniques salvatrices au Bangladesh. Et c'est là qu'entre en jeu le modèle du social-business.

Tout a commencé quand le PDG de Cure2-Children, un jeune homme énergique et charmant nommé Eugenio La Mesa, a lu mon précédent livre. Séduit par le concept de social-business, il m'a envoyé un courrier électronique décrivant le travail de son organisation au Pakistan et demandant mon avis sur son potentiel au Bangladesh. Voici un extrait de son message :

« Cure2Children n'est pas un social-business : nous collectons des dons en Italie et les utilisons dans des pays en développement afin de soigner des enfants pauvres atteints de maladies graves (principalement la thalassémie). [...] Mais je suis séduit par votre concept de social-business et j'ai commencé à réfléchir à la manière dont je pourrais l'appliquer, notamment en matière de soins de santé dans les pays en développement. Si vous ou l'un de vos collègues avez une idée permettant de transformer Cure2-Children en social-business, ayez la gentillesse de me le faire savoir ; dans l'intervalle, je continuerai à réfléchir. »

Je lui répondis rapidement par courrier électronique :

« Je suis enchanté de votre démarche. Nous lançons au Bangladesh un vaste projet destiné à concevoir et à fournir des soins médicaux en utilisant le social-business. L'introduction dans notre pays d'une technique permettant de soigner la thalassémie y aurait parfaitement sa place. Nous aimerions en discuter plus longuement avec vous. »

Une série de courriers électroniques, de conversations et de réunions entre les responsables de Cure2Children et l'équipe de Grameen a suivi. Nous sommes aujourd'hui sur le point de créer au Bangladesh un social-business destiné à soigner la thalassémie. Il prendra la forme d'une *joint venture* entre Cure2Children et Grameen Healthcare Trust.

Mais comment des greffes de moelle osseuse peuvent-elles être réalisées par une entreprise qui s'autofinance – en particulier dans un pays pauvre comme le Bangladesh ? Cela exige une grande ingéniosité et une organisation rigoureuse.

Afin de permettre à cette activité de s'autofinancer, il faut recourir à des subventions croisées : les familles riches qui peuvent payer le prix normal d'une greffe de moelle osseuse contribueront au financement des interventions dont bénéficieront les patients les plus démunis.

Conformément au *business plan* préparé par Eugenio La Mesa selon les conseils d'Imamus Sultan, l'un des collaborateurs de Grameen, Cure2Children commencera par créer deux unités de transplantation au Bangladesh. Chacune de ces unités comptera trois lits. Deux de ces lits seront destinés à accueillir des patients payant le plein tarif, tandis que le troisième sera réservé à un enfant pauvre dont les parents ne verseront qu'une faible somme. Ce système devrait permettre à chaque unité de s'autofinancer.

Ces deux premières unités devraient être en mesure de réaliser entre 7 et 10 interventions par an. D'autres unités seront ensuite ouvertes au Bangladesh. Une fois que ce modèle de social-business aura été testé et perfectionné, Cure2Children envisagera de faire un nouveau saut dans l'inconnu : créer le même système à plus grande échelle en Inde. Chaque élément de ce plan a été conçu avec la plus grande attention.

Il y a d'abord la question des coûts. Cure2Children a l'intention de demander à ses riches patients l'équivalent de 20 000 dollars pour une greffe de moelle osseuse. Cela devrait suffire à couvrir les dépenses de l'unité, lesquels incluent les honoraires des médecins, les salaires de cinq infirmières et d'autres types de personnel, l'entretien de l'équipement, etc. 20 000 dollars, c'est beaucoup d'argent. Mais cela ne représente qu'un dixième du coût habituel d'une greffe de moelle osseuse réalisée aux États-Unis ou en Europe.

Le Bangladesh est un pays pauvre. Sera-t-il possible de trouver suffisamment de patients riches pour occuper ces deux lits à plein tarif et financer ainsi les soins prodigués à un enfant défavorisé ? La réponse à cette question comporte plusieurs éléments.

Il est tout d'abord possible que certains patients soignés au Bangladesh viennent de pays riches. Vous avez peut-être entendu parler du « tourisme médical » : des Américains et des ressortissants d'autres pays ayant besoin de soins médicaux sophistiqués et coûteux se rendent dans des hôpitaux asiatiques où ces interventions coûtent beaucoup moins cher qu'aux États-Unis. Même en ajoutant le coût du voyage, ces familles économisent beaucoup d'argent. Certaines compagnies d'assurance américaines commencent à encourager leurs clients à utiliser cette méthode afin de réduire les coûts des soins médicaux. Un service spécialisé dans la greffe de moelle osseuse installé au Bangladesh pourrait tirer profit de cette tendance.

Il y a par ailleurs un grand nombre de patients potentiels dans le monde musulman. Imaginez que vous veniez d'un riche pays musulman comme l'Arabie Saoudite et que votre enfant ait désespérément besoin d'une opération qui lui sauvera la vie. Vous pourriez vous rendre à Rome, à Londres ou à New York, ce qui vous contraindrait à dépenser entre 200 000 et 400 000 dollars pour payer les frais médicaux, les frais de voyage et les dépenses de logement. (Souvenez-vous qu'un enfant ayant subi une greffe de moelle osseuse doit rester à l'hôpital pendant quarante-cinq jours. Songez à ce qu'il en coûte de loger une famille entière dans un hôtel proche de l'hôpital pendant quarante-cinq jours !)

Une alternative intéressante consisterait à vous rendre dans un pays comme le Bangladesh dont la culture vous est familière et où vos dépenses se limiteront à 10 % de ce montant. Alors que la plupart des habitants de pays musulmans seraient incapables de financer une telle intervention dans un pays comme l'Italie, un certain nombre d'entre eux pourraient s'offrir ce service au Bangladesh.

Ajoutez à cela le fait que la technique de la greffe de moelle osseuse permet de soigner d'autres maladies que la thalassémie, dont la leucémie, le lymphome, le myélome multiple et l'anémie à hématies falciformes. Cela accroît le nombre de patients qui pourraient envisager de venir se faire soigner au Bangladesh.

Afin d'attirer des patients étrangers, il faut bien sûr que la qualité du service fourni soit aussi élevée qu'en Italie ou aux États-Unis. Nul ne veut compromettre la santé d'un enfant, même pour économiser de l'argent. Grâce au docteur Faulkner ainsi qu'aux autres esprits ingénieux de Cure2Children, cet objectif devrait pouvoir être atteint.

Les technologies de l'information et de la communication y contribueront. Vous vous souvenez que l'une des raisons pour lesquelles le docteur Faulkner voulait soigner des patients du monde en développement consistait à établir une vaste base de données indispensable à la recherche relative aux cancers et aux maladies rares du sang. C'est pourquoi Cure2Children s'est employée à créer un système sophistiqué de communication reliant les spécialistes du monde entier.

Cure2Children se conçoit comme une « entreprise apprenante ». Elle a créé sur Internet une plateforme ouverte destinée à faciliter la communication entre ses différentes équipes, lesquelles se trouvent en Italie, au Pakistan, au Kosovo et bientôt au Bangladesh. Skype et Yugma – deux systèmes de communication par Internet – permettent aux individus qui se trouvent dans des endroits isolés de participer à une présentation ou à un séminaire. D'autres outils informatiques sont utilisés pour faciliter la gestion de projet et le partage d'informations par l'ensemble des membres de l'organisation. Les médecins et les infirmières qui travaillent à Islamabad ou à Dacca peuvent à présent consulter quotidiennement des spécialistes exerçant à Florence, à Rome ou à Milan.

Au début de ce chapitre, j'ai comparé un social-business de petite taille à une semence qui peut se répandre avec le temps. L'une des raisons pour lesquelles je me réjouis de la *joint venture* entre Cure2Children et Grameen Health Trust est le potentiel d'amélioration des soins médicaux dont elle est porteuse.

L'un des éléments de ce potentiel réside en la volonté de Cure2Children d'être une « entreprise apprenante » : elle s'attache autant à développer et partager son expertise qu'à soigner ses patients. Toutes les greffes réalisées au Bangladesh le seront par des médecins locaux, non par des spécialistes venus d'Europe ou d'Amérique : c'est selon ce modèle que Cure2Children fonctionne au Pakistan. À Islamabad, les docteurs Faulkner et Sodani ont formé deux médecins aux techniques de transplantation qui leur ont été enseignées par le docteur Lucarelli. D'autres spécialistes venus d'Italie ont assuré la formation d'un groupe d'infirmières locales. Les Italiens sont restés au Pakistan pendant un mois afin d'assister aux premières interventions et de vérifier que les équipes locales maîtrisaient les techniques opératoires.

Ce partage de connaissances se poursuit. Cure-2Children utilise des logiciels spécifiques pour permettre aux infirmières pakistanaises de partager quotidiennement les informations relatives à leurs patients avec les membres de l'équipe qui se trouvent en Italie. Il arrive au docteur Faulkner et à ses collègues italiens d'organiser des conférences téléphoniques avec leurs homologues pakistanais pour discuter de certains cas délicats. « Nous avions par le passé l'habitude de former des médecins venant de pays en développement dans notre centre en Italie – un médecin à la fois. Le système actuel est beaucoup plus efficace : il nous permet de créer une équipe entière de professionnels qualifiés qui pourront transmettre leurs connaissances au sein de leur communauté. »

Le docteur Faulkner a aimé transmettre son savoir à des médecins et à des infirmières en Asie du Sud. Ils sont très motivés et savent qu'étudier avec un spécialiste mondialement reconnu de la transplantation constitue une formidable opportunité.

Les différences culturelles posent-elles problème quand un Italien intervient auprès des professionnels venant de pays musulmans ? Le docteur Faulkner sourit. « Les hommes musulmans ressemblent aux hommes d'autres cultures : ils ont du mal à reconnaître qu'ils n'ont pas compris ou qu'ils ont commis une erreur. C'est plus facile pour les femmes. Cela explique pourquoi nous avons si bien réussi à former des femmes médecins au Pakistan. Il en ira peut-être de même au Bangladesh. »

Introduire la technique de la greffe de moelle osseuse au Bangladesh fera progresser l'ensemble de notre système de soins. Aucune infirmière travaillant pour le programme Cure2Children au Pakistan n'a quitté son poste pour le moment (dans une profession où la rotation des personnels est généralement assez élevée). Le bon niveau des salaires proposés ne suffit pas à l'expliquer : les infirmières trouvent de l'intérêt à leur travail et sont motivées par la qualité des soins qu'elles prodiguent. Nous avons le même objectif au Bangladesh.

Voilà un exemple du pouvoir du social-business. J'ai commencé ma vie professionnelle comme professeur d'économie. Le docteur Faulkner a débuté la sienne comme médecin spécialisé dans les cancers qui frappent les enfants. Des années plus tard, nous nous posons tous les deux la même question : comment fournir aux habitants pauvres des pays en développement des biens essentiels (des services de santé ou des soins médicaux) d'une qualité comparable à celle des biens auxquels ont accès les individus riches des pays développés ? Nous pensons tous deux que le social-business peut nous permettre d'y répondre. Les détails varient d'une activité à l'autre, mais la plupart des principes qui les animent sont les mêmes.

À long terme, l'objectif de Cure2Children comme de sa *joint venture* avec Grameen Heathcare Trust est d'éradiquer la thalassémie – au Bangladesh comme dans le reste du monde. Les greffes de moelle osseuse ne suffiront pas à atteindre ce but : il faudra aussi développer la prévention. Cela implique de mettre l'accent sur l'éducation, la communication, le dépistage prénatal et les conseils apportés aux familles. Cela prendra peut-être quinze à vingt ans, mais c'est parfaitement réalisable.

L'information relative à la thalassémie – son origine et son mode de transmission – est déjà plus répandue. En Italie, le docteur Lucarelli, l'inventeur du traitement par greffe de moelle osseuse, est contacté par des patients du monde entier qui ont entendu parler de lui et de son travail par des associations de familles de malades. De telles associations existent en Asie du Sud : l'association de lutte contre la thalassémie de Chittagong, la deuxième ville du Bangladesh, compte 5 000 membres. Ces associations offrent une base à partir de laquelle diffuser l'information relative à la prévention de la maladie.

Les centres de transplantation qui seront créés par notre *joint venture* joueront un rôle essentiel. Tous les enfants atteints de thalassémie ne peuvent pas recevoir une greffe de moelle. Dans le cas d'un patient présentant un faible niveau de risque, l'intervention a 90 % de chance de réussir et de se traduire par une meilleure qualité de vie. Pour les patients dont le niveau de risque est élevé, le taux de réussite est plus proche de 50 % et l'amélioration de la qualité de vie est moindre. Les principaux facteurs permettant de distinguer les patients à faible niveau de risque de ceux dont le niveau de risque est élevé sont l'âge (les meilleurs résultats sont obtenus dans le cas de patients de moins de huit ans), la condition physique (l'hépatite et le VIH sont des facteurs de risque) et l'existence d'un frère ou d'une sœur compatible. On estime que 30 % des 100 000 personnes atteintes de thalassémie que compte le Bangladesh présentent un faible niveau de risque : ce sont celles à qui Cure2Children proposera une opération.

Avec le temps, nous espérons atteindre toutes les familles dont l'un des membres souffre de thalassémie. Nous utiliserons la possibilité d'accès à un traitement comme outil d'éducation et de prévention. Dans les cas où il ne sera pas possible d'opérer, notre équipe apprendra aux gens à s'occuper de leur enfant malade et à le soigner. Et quand les parents solliciteront une opération pour leur enfant, l'équipe en profitera pour proposer un dépistage : « Nous allons tester votre enfant pour savoir s'il est possible de l'opérer. Mais en contrepartie, nous vous demandons de faire venir tous les membres de votre famille pour les soumettre à un dépistage génétique. » De cette manière, l'information relative à la thalassémie se répandra progressivement à travers le Bangladesh.

Pendant ce temps, l'adhésion de Cure2Children au modèle du social-business ne fait que se renforcer. « Nous avons déjà considérablement réduit le soutien financier que nous apportons à nos centres au Pakistan, dit le docteur Faulkner. Lors de leurs premiers mois d'existence, nous leur donnions environ 10 000 euros par mois. Ils ne reçoivent plus que 5 000 euros. Avec le temps, ces centres devraient pouvoir s'autofinancer. Si tous les projets que nous développons autour du monde pouvaient prendre la forme de social-business, ce serait merveilleux. »

L'éradication de la thalassémie constitue un objectif réaliste. Environ 80 % des patients qui bénéficient d'une greffe de moelle osseuse en Europe ou aux États-Unis guérissent complètement. L'expérience de Cure2Children au Pakistan suggère qu'un tel taux de réussite peut également être obtenu dans le monde en développement, surtout s'il est possible de créer et de faire fonctionner un centre de transplantation pour un coût raisonnable.

Le docteur Faulkner et moi considérons qu'il est très important de gérer un social-business de façon ouverte. Comme la médecine, le social-business doit résoudre des problèmes, aider les gens et rendre le monde meilleur. Il est fondé sur l'altruisme, alors que l'entreprise traditionnelle poursuit des intérêts égoïstes.

Il est donc logique que les propriétaires d'un social-business cherchent à partager des informations, des idées et des expériences. Cure2Children prévoit de diffuser ses connaissances relatives à la thalassémie à des professionnels ainsi qu'à d'autres partenaires potentiels, ce au moyen de colloques, de publications, de programmes de formation et d'enseignement.

J'espère que tous les social-business partageront leur expertise dans le même esprit. Après tout, pourquoi créer une graine extraordinaire si ce n'est pour la semer aux quatre vents ?

5. Le cadre juridique et financier du social-business

Comme je l'ai expliqué dans le chapitre 3, l'essentiel quand on veut lancer un social-business est d'avoir une idée. Celle-ci naîtra généralement de la découverte d'un problème social – quelque chose qui produit de la souffrance dans votre communauté ou ailleurs. La réaction naturelle consiste à vouloir soulager la souffrance humaine et à faire en sorte qu'elle disparaisse définitivement. Votre créativité et votre ingéniosité entreront alors en jeu. Si vous pensez avoir une idée permettant d'apporter une solution astucieuse et durable à ce problème, ou si vous avez un début d'idée qui devra être approfondi, vous êtes peut-être prêt à plonger dans l'univers du social-business.

Une fois ce point atteint, il sera temps de songer au moyen de financer votre social-business. Trouver un financement est probablement l'un des principaux obstacles que vous rencontrerez quand vous chercherez à lancer et à gérer un social-business. Mais avec un peu d'ingéniosité et beaucoup de patience, vous devriez parvenir à atteindre vos objectifs.

Ce chapitre vous aidera à savoir où et comment trouver des moyens de financement. La question du financement est étroitement liée à celle de la structure de l'entreprise. Les régimes légaux et réglementaires qui encadrent le fonctionnement des entreprises et des autres organisations dépendent de la forme et de l'objet de ladite organisation. Et ces divers ensembles de règles exercent un impact fort sur votre capacité à lever des capitaux. Une partie de la réflexion présentée dans ce chapitre concernera donc les choix relatifs à la structure juridique de votre social-business. Ces décisions auront des conséquences importantes sur la manière dont vous lèverez des fonds pour lancer votre projet, le faire fonctionner et le développer.

Concevoir un *business plan* qui vous aidera à trouver un groupe d'investisseurs constitue une étape importante dans la recherche de moyens de financement.

Concevoir un business plan *pour attirer des investisseurs*

J'ai décrit plusieurs aspects du *business plan* dans le chapitre 3. Comme je l'ai expliqué, développer votre *business plan* sera certainement une entreprise de longue haleine. Vous en réaliserez probablement plusieurs versions. La première, qui présentera votre idée, sera destinée à vos associés, à vos soutiens et à vos amis. Une version plus détaillée sera présentée à des prêteurs et à des investisseurs potentiels. Des versions révisées permettront de tenir compte de l'évolution des circonstances et des leçons acquises par l'expérience. Il est parfaitement normal de modifier et de réécrire votre *business plan*.

Puisque nous nous concentrons à présent sur le financement du social-business, je vais présenter certaines questions relatives à la présentation de votre *business plan* à des investisseurs.

Quand vous serez prêt à lancer un social-business nécessitant un apport financier important, vous devrez concevoir un budget détaillé pour l'exploitation de votre entreprise. Vous pourrez le faire en réalisant des prévisions financières à cinq ans. Cela implique de décrire de façon précise les coûts en les répartissant en différentes catégories incluant les dépenses de personnel (qui représentent généralement le poste le plus important), les dépenses immobilières, les frais de voyages, le prix des matériaux, des terres et des ressources matérielles, et les services fournis par des spécialistes.

Le budget devra également indiquer la structure des recettes de l'entreprise, ce qui inclut le prix du bien ou du service produit. Si votre idée est viable, les recettes de votre entreprise couvriront ses dépenses – avec, de préférence, une marge confortable pour vous permettre de faire face à d'éventuelles difficultés. C'est là que se situe le problème que rencontrent beaucoup d'entrepreneurs en herbe. Il est courant de faire preuve d'un peu trop d'optimisme quant aux recettes de l'entreprise, en particulier lors de sa première ou de sa deuxième année d'existence. N'oubliez pas que les clients mettront du temps à découvrir l'existence de votre entreprise, et plus de temps encore à modifier leurs habitudes de consommation. Et de nouveaux concurrents peuvent apparaître à tout moment. La démarche la plus prudente consiste à estimer le niveau de ventes que vous devriez atteindre lors des cinq premières années et à le diviser par deux. Il est très probable que les chiffres les plus faibles seront les plus proches de la réalité. Et si vous êtes suffisamment chanceux pour obtenir de meilleurs résultats, félicitations ! Ce sera un « problème » agréable à régler.

Lorsque vous ferez vos prévisions à cinq ans, concentrez-vous sur le tableau des flux de trésorerie. Il permet de connaître les entrées et les sorties d'argent sur une base hebdomadaire et sur une base mensuelle. Certains entrepreneurs font l'erreur d'évaluer la situation financière de leur entreprise en se fondant sur le solde des produits et des charges observé en fin d'exercice. Les chiffres de fin d'exercice sont importants, mais si vous devez faire une grosse dépense en avril alors que vous ne percevrez de recettes qu'en septembre, votre entreprise fera peut-être faillite durant l'été ! Si vous ne connaissez pas la comptabilité, demandez à un spécialiste d'examiner vos prévisions de flux de trésorerie.

Réaliser des projections financières structurées et détaillées vous aidera à connaître l'ampleur de vos besoins financiers et à savoir quand ils apparaîtront. Cela vous permettra également de savoir qui vous êtes, quels sont vos compétences, votre expérience et vos objectifs, et de quelle manière votre social-business exercera un impact sur la communauté à laquelle vous souhaitez venir en aide.

L'élaboration de votre budget vous servira à déterminer le montant du capital que vous devrez lever pour financer le lancement de votre entreprise et le montant total qui vous sera nécessaire durant les cinq premières années de son existence. Durant une période pouvant aller jusqu'à trois ans après sa création, une nouvelle entreprise dépense généralement plus d'argent qu'elle n'en gagne. Votre objectif consiste évidemment à ce que votre entreprise devienne rentable, mais vous devez vous attendre à enregistrer des flux de trésorerie négatifs pendant la période durant laquelle vous chercherez de quoi financer vos activités futures. Souvent appelée *burn rate*, la somme que vous dépenserez chaque mois vous permettra d'estimer le montant de capital qui vous sera nécessaire pour atteindre le point auquel votre social-business pourra s'autofinancer.

Trouver un groupe d'investisseurs

Trouver un investissement initial est essentiel au lancement de votre entreprise. Parvenus à ce point, vous et votre équipe devrez vous poser les questions suivantes : comment allons-nous organiser notre campagne de levée de fonds ? Aurons-nous recours aux capitaux propres (ce qui consiste à proposer aux investisseurs des titres de propriété), à l'endettement, aux subventions, ou à un mélange de ces trois modes de financement ? Quelle est la meilleure manière de convaincre les investisseurs de la valeur sociale de notre activité ? Comment mettrons-nous en évidence l'impact potentiel de notre social-business ? Comment illustrer les techniques innovantes ou les idées nouvelles sur lesquelles repose notre modèle économique ?

Ces questions vous aideront à mettre au point une stratégie pour approcher d'éventuels investisseurs. Cette stratégie vous permettra de transformer votre *business plan* et vos prévisions de flux financiers en une présentation séduisante qui fera passer votre message de façon rapide et efficace. Soyez aussi innovant que possible. Et assurez-vous que votre motivation et votre enthousiasme soient palpables. Quand tout cela sera en place, vous serez prêt à utiliser votre carnet d'adresses pour entrer en contact avec les bons investisseurs.

Dans la plupart des cas, les premiers investissements dont bénéficie un social-business sont apportés par le créateur de l'entreprise, par sa famille et par ses amis. Quelques riches individus – des *business angels* – fournissent parfois le capital nécessaire au lancement d'une entreprise. Mais dans tous les autres cas, le succès de votre levée de fonds dépendra de votre capacité à créer un réseau de contacts et de ressources. Vous commencerez généralement par des gens que vous connaissez : des amis, des collègues, d'anciens camarades de classe, des partenaires en affaires, des membres de votre réseau et des gens qui pourraient s'intéresser au problème social que vous cherchez à résoudre. Avec le temps, votre réseau s'étendra à des « amis d'amis » et à d'autres relations indirectes. Des outils de communication comme les sites web, les blogs, Twitter, les réseaux sociaux, les mails et les newsletters, d'autres formes de connexion encore peuvent vous aider à trouver des gens prêts à soutenir vos efforts.

L'équipe de direction de l'entreprise devra être en place avant que vous ne démarchiez les membres de votre réseau. Les responsabilités auront été clairement réparties au sein de l'équipe : il vous faudra montrer aux investisseurs potentiels que vous êtes prêts à conduire votre entreprise dans la bonne direction. Votre modèle économique jouera par ailleurs un rôle essentiel : il vous permettra de mettre en évidence la manière dont votre social-business se propose de fournir des bénéfices sociaux ainsi que la méthode qu'il utilisera. Vous pourrez également enrichir votre présentation en faisant état des résultats obtenus par votre programme pilote ou des réactions favorables de vos premiers clients.

Les fonds de responsabilité sociale dont disposent à présent beaucoup d'entreprises, notamment au Japon, constituent une autre source potentielle de financement. Je suis un ardent défenseur de l'idée selon laquelle les entreprises devraient utiliser une partie au moins de leurs fonds de responsabilité sociale pour soutenir des social-business débutants au lieu de les consacrer intégralement à des œuvres de bienfaisance (comme c'est généralement le cas). Cela permettrait de faire un usage plus productif de cet argent : comme un social-business cherche à s'autofinancer, il est possible que l'argent investi dans une telle entreprise produise des bénéfices pour la société pendant des années, voire des décennies. Les sommes consacrées à des activités caritatives sont au contraire fréquemment épuisées en l'espace de quelques mois – et les bénéfices ainsi produits tendent à disparaître tout aussi rapidement.

Si vous décidez de vous adresser à de grandes entreprises de votre communauté pour leur proposer d'investir dans votre social-business, il vous faudra consacrer un certain temps à leur présenter ce nouveau concept. Au fil des ans, quand un nombre croissant de gens prendront conscience du pouvoir du social-business, les gestionnaires des fonds de responsabilité sociale des entreprises se mettront en quête de social-business prometteurs et leur offriront spontanément un soutien financier.

Les différentes formes juridiques du social-business

Au cours des deux dernières années, j'ai consacré beaucoup d'énergie à faire connaître le social-business dans le monde entier. Ce livre est un élément de ce travail. Je suis intervenu devant des publics très variés : des chefs d'entreprise, des étudiants, des responsables politiques, des dirigeants d'ONG ou de fondations, de simples citoyens venus d'horizons divers. Je suis si profondément convaincu que le social-business peut permettre de répondre aux pires fléaux de l'humanité qu'il me semble extrêmement urgent de présenter ce concept à un maximum de gens.

Le fait que nos systèmes légaux et réglementaires

n'accordent pas de place au social-business a constitué l'une de mes principales motivations. Les entreprises conventionnelles et les organismes à but non lucratif traditionnels (les fondations, les organismes caritatifs, les ONG) disposent de règles particulières en matière d'organisation, de gouvernance, de prise de décision, de fiscalité, de publicité de l'information et de transparence, etc. Mais le social-business ne bénéficie pas encore d'une telle reconnaissance. Cela doit changer. Plus vite il existera un cadre légal et réglementaire pour le social-business (de préférence commun aux différents pays du monde), plus il sera facile pour les entrepreneurs et les entreprises de créer une multitude de social-business pour s'attaquer aux problèmes dont souffre l'humanité.

En attendant que ce vide soit comblé, quelles sont les options dont disposent une personne ou un groupe d'individus désireux de fonder un social-business ? Dans les pages qui suivent, je vais présenter en termes généraux les possibilités existantes et indiquer ce qui, selon moi, fait la force et la faiblesse de chacune d'entre elles. Si vous développez un social-business, vous devrez bien évidemment consulter un avocat connaissant la réglementation applicable à votre entreprise.

La structure de l'entreprise maximisant le profit. Une première option consiste à doter votre social-business de la structure traditionnelle d'une entreprise maximisant le profit. Cela implique d'utiliser les principes de gestion régissant le fonctionnement de ce type d'entreprise, mais sans perdre de vue l'objectif social placé au cœur de votre activité. Un nombre croissant d'entreprises traditionnelles se réclament d'une mission sociale ; une poignée d'entre elles vont jusqu'à renoncer à la recherche du profit, ce qui les rapproche beaucoup d'un authentique social-business.

Doter un social-business de la structure d'une entreprise maximisant le profit présente de nombreux avantages. C'est pourquoi cette structure juridique a été utilisée pour des social-business pionniers comme Grameen Danone et Grameen Veolia Water. Un tel social-business dispose d'une structure de propriété traditionnelle, ce qui permet de procéder à une répartition claire du pouvoir et des responsabilités. Une entreprise conventionnelle a plusieurs possibilités pour lever des fonds. Elle peut solliciter des investisseurs, qu'il s'agisse de personnes physiques, d'entreprises ou de fonds d'investissement. Elle peut émettre des actions. Et elle peut emprunter de l'argent à des banques ou à d'autres établissements de prêts, à condition de faire la preuve de sa stabilité financière et de sa solvabilité. Dans la plupart des systèmes juridiques, la réglementation encadrant l'activité des entreprises est moins intrusive que celle régissant les organismes à but non lucratif ; cela leur donne davantage de liberté et de souplesse dans la mise en œuvre de leur modèle économique.

Le modèle de l'entreprise traditionnelle présente toutefois certains inconvénients. Contrairement à la plupart des organismes à but non lucratif, les entreprises doivent payer des impôts sur leurs bénéfices. Les investissements dans de telles entreprises ne bénéficient pas du traitement fiscal favorable accordé aux organismes caritatifs et à d'autres types d'organismes à but non lucratif. Comme il ne bénéficie d'aucun avantage fiscal, un social-business adoptant la forme d'une entreprise maximisant le profit doit être aussi efficace financièrement que n'importe quelle entreprise faisant du profit.

Dans de nombreux États et pays, les entreprises recherchant le profit ont l'obligation légale de maximiser les profits au bénéfice de leurs propriétaires et de leurs investisseurs. Les dirigeants d'un social-business pourraient être poursuivis pour avoir consacré une partie des ressources de l'entreprise à un objectif social – par exemple, accorder des salaires supérieurs aux salaires du marché à des employés issus de groupes sociaux défavorisés ou vendre aux pauvres des biens et des services à prix réduit.

Même si les investisseurs savent dès le départ que l'entreprise est un social-business qui ne cherchera pas à faire du profit au détriment de ses objectifs sociaux, il se peut qu'ils changent d'avis et jugent « coûteuses » et « inutiles » les pratiques sociales qu'ils soutenaient jadis. Cela pourrait par exemple se produire en période de récession. Tenter de faire entrer le concept de social-business dans une structure juridique conçue pour des entreprises maximisant le profit est intrinsèquement contradictoire et peut créer des problèmes.

Dans la plupart des systèmes juridiques, il est difficile pour un organisme à but non lucratif comme une fondation d'investir dans une entreprise recherchant le profit. Cela signifie qu'une fondation dédiée à l'amélioration de l'état de santé des individus pourrait être privée de la possibilité d'investir une partie des fonds dont elle dispose dans un social-business fournissant des soins médicaux aux pauvres. Selon la loi américaine, les fondations ne peuvent investir dans des entreprises recherchant le profit que si cet investissement satisfait aux conditions d'un *program-related investment* (PRI)[1]. Les règles régissant les PRI sont malheureusement compliquées, et la fondation qui les transgresserait risquerait de graves problèmes fiscaux. Beaucoup de fondations évitent donc de réaliser de tels investissements.

La structure de l'organisme à but non lucratif. Une autre option consiste à donner à votre social-business la forme d'un organisme à but non lucratif – celle d'un organisme caritatif, d'une fondation ou d'une ONG.

L'idée qu'un organisme à but non lucratif puisse s'engager dans une activité commerciale n'est pas nouvelle. Certains organismes à but non lucratif ont coutume de vendre des biens et des services et d'utiliser les recettes ainsi réalisées pour financer leurs activités, venir en aide aux pauvres et à d'autres individus, et produire des bénéfices sociaux. Les hôpitaux, les écoles, les universités, les institutions artistiques et les organismes de logement social sont des exemples d'organismes à but non lucratif engagés dans des activités générant des recettes. Ce modèle a été récemment mis en œuvre par des organismes à but non

1. Les PRI ou « investissements liés au programme » sont des aides financières consenties par une fondation à un organisme pour un projet lié à ses propres objectifs philanthropiques. (*N.d.T.*)

lucratif produisant des biens et des services exclusivement destinés aux pauvres.

Doter un social-business de la forme d'un organisme à but non lucratif présente certains avantages. On n'attend pas d'un organisme à but non lucratif qu'il dégage un profit : ses gestionnaires ne seront donc pas harcelés par des donateurs exigeant une rétribution financière. Un tel organisme peut bénéficier d'un traitement fiscal favorable, ce qui encourage le versement de dons. Et il est plus facile à des organismes à but non lucratif comme les fondations d'accorder des subventions à d'autres organismes à but non lucratif que d'investir dans des entreprises recherchant le profit, même si les activités réalisées et les bénéfices sociaux produits sont très semblables.

Ce type de structure n'est toutefois pas dépourvu d'inconvénients. Le plus important d'entre eux est peut-être le strict encadrement juridique dont les organismes à but non lucratif sont l'objet. (C'est le prix à payer pour bénéficier d'un traitement fiscal favorable.) Dans un article de 2009 consacré aux choix organisationnels auxquels font face ce qu'il appelle les « entreprises sociales », l'avocat Robert A. Wexler a commenté la difficulté qu'ont de telles organisations à obtenir un statut d'organisme à but non lucratif exempté d'impôt aux États-Unis :

« Chaque demande d'exemption que j'ai présentée pour une organisation cherchant à fabriquer des produits ou à développer des services destinés à bénéficier aux pauvres m'a valu de nombreuses questions de la part de l'administration fiscale. Pourquoi ? De mon point de vue, ces questions ne sont pas déplacées étant donné le flou qui entoure un domaine en constante évolution. Les fonctionnaires chargés d'examiner les demandes d'exemption disposent de peu d'indications précises : on ne peut leur reprocher de se montrer prudents[1]. »

Si vous essayez de lancer un social-business sous la forme d'un organisme à but non lucratif, vous devrez donc vous préparer à répondre à des questions précises : de quels avantages bénéficieront les fondateurs de cette organisation ? Pouvez-vous apporter la preuve que les activités de l'organisation seront exclusivement éducatives ou charitables – ou des personnes physiques en seront-elles les principaux bénéficiaires ? Pourquoi la puissance publique devrait-elle considérer que l'organisation a une nature non commerciale alors qu'elle réalise des activités commerciales, comme la production et la vente de biens et de services ? Vous devrez apporter à ces questions des réponses jugées satisfaisantes par l'administration fiscale si vous voulez que votre social-business puisse disposer du statut d'organisme à but non lucratif.

Un organisme à but non lucratif lié à une entreprise recherchant le profit. Une autre option consiste à créer un organisme à but non lucratif fonctionnant parallèlement à une entreprise recherchant le profit.

Il n'est pas inhabituel pour un organisme à but non lucratif de créer des filiales commercialisant des biens et des services et réalisant ainsi des recettes

1. Robert A. Wexler, « Effective Social Enterprise – A Menu of Legal Structures », *The Exempt Organization Tax Review*, vol. 63, n° 6 (juin 2009), p. 565-576.

destinées à soutenir l'activité de la branche non lucrative. D'autres organismes à but non lucratif créent des partenariats avec des entreprises recherchant le profit, ce qui leur permet de réaliser des recettes mises au service de leur mission sociale. La détention et la gestion d'un ensemble de magasins par un hôpital illustrent cette stratégie.

La combinaison organisme à but non lucratif/entreprise traditionnelle est de plus en plus utilisée pour poursuivre des objectifs sociaux en associant les méthodes de gestion des entreprises aux levées de fonds familières aux organismes caritatifs. La société D.light est une entreprise recherchant le profit fondée par Sam Goldman pour concevoir et fabriquer des lampes bon marché utilisant l'énergie solaire ; elles sont destinées aux pauvres des pays en développement qui n'ont qu'un accès limité au réseau électrique. La lampe à pétrole, qui constitue l'alternative la plus courante, est coûteuse, polluante, et présente des risques non négligeables pour la santé. L'objectif de Goldman est de fournir des lampes utilisant l'énergie solaire à 100 millions de personnes en Inde et dans d'autres pays en développement d'ici 2020.

La lampe commercialisée par D.light coûte l'équivalent de 10 dollars, ce qui, selon l'entreprise, correspond au coût d'utilisation d'une lampe à pétrole pendant trois à six mois. Afin d'aider les familles pauvres à s'offrir son produit, Goldman a créé un organisme à but non lucratif, Beyond Solar, qui utilise des dons pour financer des programmes de crédit à bas coût autorisant les pauvres à acquérir des lampes D.light et à étaler le paiement dans le temps.

Je ne suis pas juriste : je n'essaierai donc pas d'analyser les questions complexes qui résultent de la création de ce type de structure. Les spécialistes de ce domaine considèrent que la poursuite d'une telle stratégie peut s'avérer délicate. Dans l'article que j'ai déjà cité, Robert A. Wexler souligne ses dangers :

« Une structure hybride associant une entité soumise à l'impôt à une entité qui en est exemptée paraît idéale parce que ses créateurs peuvent bénéficier de divers modes de financement, allant des dons à l'émission d'actions. [...] Il faut cependant s'assurer que les fonds provenant de dons et d'autres contributions sont exclusivement destinés au financement d'activités pouvant justifier une exemption fiscale et ne sont pas dirigés vers des activités liées à la recherche du profit. Selon la nature de l'activité d'une telle structure, il sera plus ou moins facile de procéder à cette distinction. »

Comme cette observation le suggère, l'approche consistant à associer un organisme à but non lucratif à une entreprise recherchant le profit peut être intéressante, mais elle exige de s'entourer d'un luxe de précautions juridiques.

L'émergence de structures alternatives. De nouvelles structures différant tant de l'entreprise conventionnelle que de l'organisme à but non lucratif ont récemment fait leur apparition. Ces nouveaux développements constituent pour partie une réponse aux évolutions sociales qui m'ont conduit à créer le concept de social-business. Le nombre limité d'options offertes par le système économique et politique actuel produit chez bien des gens un sentiment de frustration. De nombreuses personnes cherchent une nouvelle manière d'allier la créativité et le dynamisme de l'entreprise à l'idéalisme et au désintéressement de la charité. Leurs demandes ont amené certains gouvernements à créer de nouvelles structures destinées à pallier les carences du système existant.

Aucune des structures dont on fait actuellement l'expérience ne convient malheureusement au concept de social-business. Mais les personnes désirant lancer un social-business pourront toutefois adopter l'une de ces structures alternatives plutôt que de créer leur organisation sous forme d'entreprise cherchant le profit ou d'organisme à but non lucratif – structures qui, nous l'avons vu, ne sont pas parfaitement adaptées au social-business.

La *community interest company*[1] (CIC) est l'une des structures juridiques alternatives récemment apparues. Destiné aux « entreprises sociales », ce statut existe depuis 2005 au Royaume-Uni. Selon les autorités britanniques, « les CIC seront des organisations poursuivant des objectifs sociaux comme l'amélioration de la qualité de l'environnement, les transports collectifs, le commerce équitable, etc. Les entreprises sociales jouent un rôle croissant dans la renaissance des zones défavorisées, la revitalisation des communautés locales et la fourniture de services innovants ».

1. Société d'intérêt collectif. (*N.d.T.*)

La CIC s'apparente à un organisme caritatif traditionnel : elle cherche à fournir des bénéfices à la collectivité plutôt qu'à enrichir ses propriétaires ou ses actionnaires. Un régulateur public est chargé d'examiner chaque projet de CIC pour le soumettre à un « test d'intérêt collectif » – autrement dit, pour s'assurer que les objectifs de la CIC « peuvent être considérés par une personne raisonnable comme conformes à l'intérêt de la collectivité ou d'un plus large public ». Les bénéfices apportés par la CIC ne doivent pas être limités à un petit nombre d'individus ou à un groupe fermé : il s'agit d'éviter qu'une entreprise recherchant le profit ne se transforme en CIC au prétexte qu'elle créerait des « bénéfices sociaux » pour un petit groupe d'individus – la famille et les amis du fondateur de la société, par exemple.

Le « test d'intérêt collectif » auquel une CIC doit se soumettre est moins restrictif que les règles auxquelles un organisme caritatif doit se conformer au Royaume-Uni. La CIC ne dispose pas des mêmes avantages fiscaux qu'un organisme caritatif. Le régime fiscal des CIC est très proche de celui d'une entreprise ordinaire. Les actifs détenus ou créés par une CIC (ce qui inclut un résultat positif) sont soumis à un « blocage d'actifs ». Cela correspond à l'exigence légale d'utilisation exclusive des actifs de la CIC au bénéfice de la collectivité. Les actifs peuvent par exemple être utilisés pour bénéficier directement à la collectivité, pour développer l'activité de la CIC, ou comme garantie d'un prêt nécessaire à la poursuite de l'activité de l'entreprise. Cette règle connaît une seule exception, que j'évoquerai un peu plus loin.

Comme une entreprise traditionnelle, une CIC a un ou plusieurs propriétaires. Une CIC peut être détenue par un organisme caritatif, une personne physique, un groupe d'individus ou une autre entreprise. (Mais un parti politique ne peut pas être propriétaire d'une CIC.) Une CIC peut également solliciter des investisseurs ou émettre des actions. Vue sous cet angle, une CIC s'apparente à mon concept de social-business. (Grameen Danone et Grameen Veolia sont détenues conjointement par le groupe Grameen et par une entreprise partenaire, respectivement Danone et Veolia Eau.)

Mais contrairement à un social-business, une CIC peut verser des dividendes à ses actionnaires : c'est l'exception à la règle du blocage des actifs. Le versement de ces dividendes est encadré par la loi : à l'heure actuelle, le dividende maximal par action correspond à un pourcentage de la valeur de l'action de 5 % supérieur au taux de base de la Banque d'Angleterre, et le total des dividendes distribués chaque année ne peut pas dépasser 35 % des profits de l'entreprise.

On peut conclure de ce qui précède qu'une CIC n'est qu'une forme particulière d'entreprise recherchant le profit, et qu'elle se heurte donc aux limites et aux inconvénients rencontrés par une telle entreprise quand elle tente de répondre à un problème social. Le gouvernement britannique justifie cette approche de la manière suivante : « Nous pensons qu'il est possible de trouver un équilibre entre la souplesse dont une CIC a besoin pour lever des capitaux et la nécessité de bloquer les actifs. Bien que les investisseurs aient la possibilité de bénéficier d'une modeste rémunération, celle-ci sera limitée pour faire en sorte que l'activité de la CIC profite principalement à la collectivité. »

J'ai expliqué ailleurs les raisons pour lesquelles je crois qu'un social-business ne doit pas être soumis aux attentes et aux pressions qui apparaissent naturellement quand le versement de dividendes est prévu par le *business plan*. L'« équilibre » recherché par les autorités britanniques est souvent assez fuyant. C'est la raison pour laquelle je ne considère pas qu'une CIC soit un véritable social-business – sauf si les fondateurs, les propriétaires et les actionnaires d'une CIC renoncent explicitement au versement de dividendes et à toute autre forme de distribution des profits.

Le concept de CIC suscite un grand intérêt. À la fin de l'année 2009, il y avait plus de 3 300 CIC au Royaume-Uni. Certaines d'entre elles ont eu du succès et sont devenues très connues. Firefly Solar utilise des technologies renouvelables pour produire des événements organisés par des institutions aussi différentes que le festival de musique de Glastonbury et Greenpeace. Eco-Actif Services offre des formations professionnelles et des services de conseil à d'anciens délinquants, d'anciens drogués, des parents célibataires et d'autres individus à risque. Zaytoun collabore avec des coopératives agricoles palestiniennes pour produire l'huile d'olive équitable qu'elle commercialise au Royaume-Uni.

Le Canada envisage de créer une structure juridique similaire. En novembre 2007, l'ancien Premier ministre Paul Martin a donné une conférence intitulée « Libérer le pouvoir de l'entreprise sociale » au Munk Centre for International Studies. Il a évoqué le potentiel des entreprises dotées d'objectifs sociaux et a présenté la nécessité pour le gouvernement canadien de répondre à « la véritable évolution de l'économie sociale, celle de l'entreprise sociale au plein sens du terme ». J'espère que cet intérêt pour les CIC s'étendra au social-business.

La *low-profit limited liability company*[1] (L3C) est une autre structure nouvelle traduisant la volonté de mettre la puissance de l'entreprise au service d'objectifs sociaux. Cette variante de la société à responsabilité limitée a été conçue par Robert Lang, le président de la Mary Elizabeth & Gordon B. Mannweiler Foundation. Elle a depuis lors été affinée et promue par l'organisation Americans for Community Development, le Council on Foundations, la Social Enterprise Alliance ainsi que d'autres organisations cherchant de nouvelles manières de combiner les méthodes des entreprises maximisant le profit et les objectifs sociaux.

La première loi créant une L3C a été adoptée par l'État du Vermont en 2008. À la fin de l'année 2009, ce concept avait été reconnu par plusieurs autres États : le Michigan, l'Utah, le Wyoming et l'Illinois. L'adoption d'une législation autorisant les entreprises à se constituer sous cette forme est envisagée en Caroline du Nord, en Georgie, dans le Dakota du Sud, dans le Tennessee et dans le Montana. La Crow

1. Société à faible profit et à responsabilité limitée. (*N.d.T.*)

Indian Nation et la tribu des Sioux Oglala reconnaissent également cette forme juridique.

Comme la CIC, la L3C est une entreprise recherchant le profit qui poursuit un objectif social. Une L3C a un ou plusieurs propriétaires, qui peuvent être des individus, des organismes caritatifs ou des entreprises traditionnelles. Comme une CIC, une L3C peut verser des dividendes prélevés sur le profit qu'elle génère. Ces dividendes sont supposés être faibles, puisque les lois créant les L3C précisent que « l'objectif principal de l'entreprise n'est pas de réaliser des gains ou d'accroître la valeur de ses actifs ». Contrairement à la CIC, il n'existe toutefois pas de règle limitant les dividendes. Il n'y a pas non plus de régulateur public chargé de contrôler les dividendes versés par chaque L3C.

Comme les autres sociétés à responsabilité limitée, la L3C dispose d'un statut particulier accordé par l'administration fiscale américaine. L'entreprise elle-même ne paie pas d'impôt : les recettes, dépenses, gains et pertes sont « transmis » aux « membres » de la L3C (c'est-à-dire ses propriétaires) proportionnellement à la répartition des actions.

L'un des avantages présentés par cette structure est que les exigences présidant à la création d'une L3C – être consacrée à des « objectifs caritatifs ou éducatifs », refuser que le profit soit un « but essentiel », rejeter les « objectifs politiques ou législatifs » – sont le reflet des règles définissant les *program-related investments* (PRI) fixées par le code fiscal américain. Certains partisans de la L3C ont exprimé le souhait que ce type d'entreprise sociale puisse bénéficier du soutien financier de fondations, tout comme les PRI dans lesquels les fondations peuvent investir. C'est particulièrement important pour les fondations puisque, comme je l'ai déjà souligné, les règles fiscales américaines définissant les PRI sont excessivement complexes et difficiles à respecter. L'existence d'une forme d'entreprise considérée comme un PRI devrait encourager les fondations à y placer une partie de leurs fonds.

Les fondations qui soutiennent des L3C peuvent également offrir des avantages financiers indirects à ces entreprises. La technique du « tranchage » permet de structurer les investissements de façon à ce que les fondations qui investissent supportent l'essentiel du risque financier tout en ne demandant qu'une rémunération faible, voire nulle. Cela rend les tranches restantes plus attractives pour les autres investisseurs (banques, compagnies d'assurances, fonds de dotation), puisqu'elles présentent un risque plus faible et que la rémunération potentielle qui leur est associée est plus importante.

Il sera intéressant d'observer le développement du concept de L3C lors des années à venir. La presse pourrait notamment avoir recours à cette structure juridique. Comme les journaux locaux font face à de sérieuses difficultés financières liées à l'essor de l'Internet et à la diminution des recettes publicitaires qui en résulte, certains journalistes ont commencé à chercher de nouvelles manières de financer des organisations consacrées au reportage d'investigation et à l'éducation des citoyens. Certains d'entre eux espèrent à présent que la création de L3C soutenues par des fondations sera un moyen de permettre au journalisme traditionnel de perdurer.

La Chicago News Cooperative en est un exemple. Cette entreprise, qui a vocation à offrir « une information professionnelle de grande qualité concernant la région de Chicago sur le Web, sur papier ou sur les ondes », a été créée sous forme d'organisme à but non lucratif et étudie la possibilité de se transformer en LC3 – possibilité ouverte par une loi récemment adoptée par l'État de l'Illinois. Dirigée par un journaliste expérimenté, James O'Shea, et travaillant en partenariat avec la chaîne de télévision publique de Chicago, WWTW, la Chicago News Cooperative a reçu le soutien de la fondation John D. et Catherine T. MacArthur et espère que d'autres fondations lui apporteront des fonds. (Le président du comité consultatif de la coopérative, Peter Osnos, a fondé Public Affairs Books et a été mon éditeur ainsi que mon ami.)

L'idée de L3C a des points communs avec mon concept de social-business. Cette structure juridique et financière autorise une organisation comme une fondation à investir dans une entreprise dotée d'objectifs sociaux et à récupérer sa mise initiale tout en renonçant – si elle le souhaite – à toute forme de rémunération.

Mais la L3C se distingue du social-business de la même manière que la CIC : la réalisation d'un profit destiné aux propriétaires de l'entreprise et le versement de dividendes font partie du programme d'une L3C, alors que le concept de social-business les exclut. Selon moi, l'équivoque entre la recherche du profit et les objectifs sociaux est source d'une faiblesse qui rendra la L3C moins efficace que le social-business en matière de production de bénéfices humanitaires.

La *B corporation* (« entreprise B ») est un troisième concept permettant de créer une entreprise à vocation sociale. Cette appellation ne correspond à aucun statut juridique particulier : il n'y a pas de loi définissant la *B corporation* ou précisant les règles qui lui seraient applicables. L'idée de *B corporation* est venue d'une organisation appelée B Lab qui a été fondée en juin 2006 par un jeune entrepreneur social, Coen Gilbert. Face à l'incapacité de la pensée économique et sociale traditionnelle à concevoir une entreprise associant des objectifs sociaux à des objectifs financiers, Gilbert a forgé l'appellation *B corporation* par analogie avec la *C corporation* et la *S corporation* – des structures juridiques dont le nom vient de dispositions particulières du code fiscal américain. Le B de *B corporation* ne fait pas référence au code fiscal mais à l'adjectif *beneficial* (bénéfique), puisqu'une *B corporation* a pour vocation d'apporter des bénéfices à la collectivité.

Si la *B corporation* n'a pas de véritable statut juridique, pourquoi créer ce terme ? Gilbert et ses associés du B Lab essaient de trouver une place dans le système économique pour une entreprise consacrant la totalité ou une partie de ses profits à des causes sociales. Conformément aux règles adoptées par le B Lab, une entreprise qui souhaite être « officiellement » reconnue comme une *B corporation* doit indiquer dans les documents qui régissent son fonctionnement (ses statuts et les modifications qui leur ont été apportées, les accords de partenariat qu'elle a conclus, etc.) que les dirigeants de la société ne s'intéressent pas exclusivement aux intérêts financiers des actionnaires mais aussi au bien-être des autres parties prenantes à l'activité de l'entreprise : ses employés, ses clients, la collectivité, et même l'environnement. L'idée consiste à reconnaître formellement les responsabilités de l'entreprise à l'égard de la société parallèlement à sa responsabilité économique à l'égard de ses investisseurs, et à protéger ainsi les dirigeants de l'entreprise de poursuites éventuelles lorsqu'ils font des choix qui bénéficient à la société mais qui sont susceptibles de réduire les profits.

B Lab propose par ailleurs un système de notation qui permet aux entreprises de mesurer leurs performances sociales et environnementales en répondant à une série de questions. Les résultats sont exprimés sous forme de points : seules les entreprises réalisant un certain score (qui est actuellement de quatre-vingts points sur un maximum de deux cents) peuvent être qualifiées de *B corporation*. L'objectif est de faire de la *B corporation* un label permettant à chacun – les clients, les investisseurs, les employés, le grand public – d'identifier les entreprises ayant un véritable engagement social et environnemental.

Nul ne sait malheureusement si le concept de *B corporation* parviendra à atteindre son but : donner aux dirigeants d'entreprises la possibilité de conjuguer objectifs sociaux et objectifs financiers. Comme l'a écrit la journaliste Ilana DeBare, « il est trop tôt pour connaître le degré de protection juridique que le label *B corporation* apporterait réellement aux entreprises [...] si, par exemple, elles étaient poursuivies par un investisseur mécontent qui n'adhère pas à leurs priorités sociales ou philanthropiques ». DeBare remarque également que « la situation est d'autant moins claire que certains États ont adopté des lois autorisant les entreprises à prendre en compte d'autres intérêts que ceux de leurs actionnaires alors que d'autres États, dont la Californie, ne disposent pas de textes législatifs statuant sur ce point[1] ».

En dépit de ces incertitudes, certains entrepreneurs ont adopté l'idée de *B corporation* : il y avait plus de deux cents *B corporations* aux États-Unis à la fin de l'année 2009.

Je tiens à rappeler qu'une *B corporation* n'est pas la même chose qu'un social-business. Une *B corporation* poursuit des objectifs sociaux, ce qui est une bonne chose. Mais chaque *B corporation* a sa propre conception du rôle que doit jouer le profit. Plutôt que de renoncer à rechercher le profit comme le font les gestionnaires d'un social-business, les dirigeants d'une *B corporation* peuvent verser des dividendes aux actionnaires de l'entreprise et réclamer une fraction des profits réalisés. Il me semble que cela réduit la portée du concept de *B corporation*.

L'existence de ces formes alternatives d'entreprises – la CIC, la L3C et la *B corporation* – est le reflet de la situation qui inspire mon travail depuis plusieurs

1. Ilana DeBare, « "B Corporation" Plan Helps Philanthropic Firms », *San Francisco Chronicle*, 18 mai 2008.

décennies : la persistance de problèmes humanitaires que ni les organismes à but non lucratif ni les entreprises recherchant le profit ne sont parvenus à résoudre, et l'existence d'un vide dans notre système économique et juridique que la reconnaissance d'une « troisième voie » permettrait de combler. Le fait que ces formes alternatives d'entreprises aient été conçues et que tant de gens se soient hâtés d'en faire l'expérience montre que nombreux sont ceux qui, à travers le monde, partagent mon désir de traiter les problèmes sociaux. Ces expériences m'apparaissent donc comme un signe d'espoir. Mais je reste convaincu que le concept de social-business, qui distingue nettement entre la recherche du profit et la poursuite d'objectifs sociaux, constitue la meilleure manière de porter la structure du capitalisme contemporain à son point d'achèvement.

Une grande partie du travail incombera aux gouvernements, aux législateurs et aux juristes. Une nouvelle structure régulatrice devra être créée pour répondre aux besoins du social-business : le plus tôt sera le mieux. En attendant, ceux qui souhaitent lancer un social-business devront s'accommoder de l'une des options existantes. Aucune n'est parfaite ; mais avec un peu d'ingéniosité, chacune d'entre elles pourra servir de base à la création d'un authentique social-business.

6. Grameen Veolia Water : un projet social de recherche et développement pour répondre à la crise mondiale de l'eau

Pragmatisme, ouverture d'esprit, expérimentation : ces éléments sont indissociables de mon approche du social-business. Il me semble moins important de déterminer les moyens que de définir clairement les fins. Le but du social-business est de résoudre des problèmes qui touchent le monde réel et d'aider les êtres humains à mener une vie meilleure. Aussi longtemps que le social-business ne perdra pas de vue son objectif, les méthodes utilisées pour le mettre en œuvre pourront évoluer en tenant compte des circonstances et de l'apparition d'idées nouvelles.

L'histoire de Grameen Veolia Water illustre de façon très intéressante la priorité accordée au pragmatisme. Deuxième expérience de création d'un social-business par une grande entreprise, Grameen Veolia Water est destinée à fournir de l'eau potable de bonne qualité aux pauvres d'un village bangladais appelé Goalmari.

Ce projet vise à donner une autre alternative aux

populations rurales bangladaises qui dépendent de réserves d'eau contenant de l'arsenic. Ce produit toxique est naturellement présent dans les sols alluviaux du Bangladesh, mais on ne l'a décelé dans l'eau qu'en 1993. Les pathologies qu'il provoque – et qui incluent des lésions cutanées et des cancers – touchent au moins 10 000 personnes dans mon pays. Des millions d'habitants boivent quotidiennement de l'eau contenant de l'arsenic. Ce phénomène est particulièrement marqué dans les zones rurales. On ne connaît pas le nombre exact de personnes concernées : les estimations varient entre 35 et 80 millions.

Nous avons tenté de répondre à ce problème en mettant en œuvre différents programmes à travers Grameen Shikka (Education). Nurjahan Begum, le PDG de Grameen Shikka, a cherché le moyen d'apporter de l'eau potable aux habitants des villages. Les membres de son équipe et elle-même ont prélevé des échantillons et étudié des cartes indiquant les différentes concentrations en arsenic de l'eau des puits artésiens au Bangladesh. Ils ont essayé toutes les solutions proposées par les experts : la filtration, la collecte des eaux de pluie, le traitement à l'alun des eaux de surface, le recours à des puits particulièrement profonds. Aucune n'a permis de trouver une solution.

Nous ne sommes pas les seuls à avoir tenté de relever ce défi. La Banque mondiale ainsi que d'autres donateurs s'intéressent à cette question depuis des années et y ont consacré beaucoup d'argent. L'UNICEF, à qui l'on a reproché d'avoir encouragé les habitants du Bangladesh à abandonner les eaux de surface polluées au profit de puits artésiens qui se sont révélés contenir de l'arsenic, s'est efforcé de trouver un moyen efficace. Rien n'y a fait.

En 2007, un dirigeant de la société française Veolia Eau, Eric Lesueur, me posa la question suivante : existe-t-il un social-business que nous pourrions créer ensemble afin d'améliorer la qualité de l'eau consommée par les pauvres du Bangladesh ? J'ai immédiatement rejeté cette idée. Je pensais qu'il parlait d'eau en bouteille, qui est déjà répandue au Bangladesh mais qui coûte aussi très cher. Elle ne peut pas répondre aux besoins en eau d'une importante population rurale. Mais Eric Lesueur n'abandonna pas : il resta au Bangladesh et continua de chercher à me parler.

Je demandai finalement à mes collaborateurs de dire à Eric que s'il pensait pouvoir fournir de l'eau aux villages au prix de 1 taka[1] pour 10 litres, j'accepterais de discuter avec lui. Il resta silencieux pendant deux jours. Je crus qu'il avait quitté le Bangladesh. Mais il entra une nouvelle fois en contact avec moi. « Oui, répondit-il. Nous pouvons le faire. » Je fus agréablement surpris et j'eus très envie de le rencontrer. C'est ainsi que naquit Grameen Veolia Water.

Veolia Eau fait partie d'une entreprise multinationale, Veolia Environnement, qui propose des systèmes de gestion des déchets, de gestion de l'énergie, de transports publics et de gestion de l'eau et de l'assainissement. Veolia Eau est spécialisée dans la

1. 1 taka = 0,01 euro en mars 2011.

conception et la construction de systèmes de traitement et la gestion des services d'eau et d'assainissement. Elle a pour clients des collectivités publiques et des entreprises industrielles et a réalisé en 2010 un chiffre d'affaires de 12,1 milliards d'euros.

Avant de rejoindre Veolia Eau en 2006, Eric Lesueur était directeur adjoint du département Recherche et développement de Veolia Environnement. Ses fonctions l'ont conduit à s'intéresser aux systèmes de gestion environnementale et aux questions relatives au développement durable, notamment en ce qui concerne l'approvisionnement en eau.

La technologie ne peut suffire à relever les principaux défis du monde contemporain : les questions sociales et les relations humaines qui permettent de rendre les technologies efficaces sont tout aussi importantes. Le social-business peut contribuer à relever ces défis. Le social-business est destiné à faire en sorte que chacun puisse participer à l'activité économique, y compris les pauvres qui en sont habituellement exclus. C'est là qu'entrent en jeu les problèmes traités par une entreprise comme Veolia Eau. Comment peut-on fournir de l'eau potable de bonne qualité à des gens disposant de revenus trop faibles pour les autoriser à financer les infrastructures nécessaires ? Comment peut-on adapter ce nouveau service aux coutumes et aux attentes liées à leur mode de vie ?

Ces questions sont extraordinairement importantes, complexes et fascinantes. Et c'est pour y répondre qu'Eric Lesueur a rejoint Veolia Eau. Selon son directeur général, Antoine Frérot (qui depuis a été nommé PDG de Veolia Environnement), sa mission consistait à renforcer la capacité de l'entreprise à apporter des réponses à ce type de questions dans le monde en développement et ailleurs.

Il est clair que l'eau constituera un enjeu essentiel lors des prochaines décennies. Environ 20 % des habitants de la planète ne disposent pas d'un accès satisfaisant à l'eau potable, qu'il s'agisse de la boire ou de l'utiliser pour faire la cuisine. Les experts considèrent qu'environ 2 millions d'enfants succombent chaque année à des maladies liées à l'eau : cela va de la diarrhée sévère au choléra en passant par la malaria. Et ces problèmes ne feront qu'empirer. En raison notamment du réchauffement climatique, la moitié de la population mondiale pourrait manquer d'eau en 2025.

Des sonnettes d'alarme ont retenti partout dans le monde. Les Objectifs du millénaire des Nations unies mettent l'accent sur la nécessité de permettre à tous les habitants de la planète d'avoir accès à une eau saine. Le septième Objectif du millénaire demande aux États de « réduire de moitié la proportion d'individus dépourvus d'un accès durable à l'eau potable et à un système sanitaire de base ».

L'accès à une eau saine est aussi un enjeu pour les droits des femmes. Dans le monde en développement, ce sont généralement les femmes et les enfants qui vont chercher de l'eau pour l'ensemble de la famille. Là où les points d'eau sont difficilement accessibles, cela peut prendre plusieurs heures par jour – porter de lourds récipients sur une longue distance avant de trouver une source, une pompe ou une rivière, puis rapporter les récipients pleins et plus lourds encore à la ferme ou au village. La nécessité de consacrer la moitié de la journée à assurer les besoins en eau de leur famille prive nombre d'entre elles de la possibilité de créer une petite entreprise ou d'avoir un emploi. Et les enfants qui participent à cette tâche ne peuvent pas aller à l'école.

Avoir accès à de l'eau de bonne qualité est plus important pour les femmes et les enfants que pour les hommes, en particulier dans des pays comme le Bangladesh où, en raison de facteurs culturels, les hommes sont plus libres de sortir de chez eux. Dans de nombreux villages, ils ont l'habitude de passer dans des échoppes ou des magasins où ils peuvent boire de l'eau potable. Pendant ce temps, les femmes et les enfants restent à la maison et n'ont accès qu'à une eau contaminée puisée à la source ou au ruisseau.

Offrir une eau de bonne qualité constitue donc un enjeu de santé publique, une condition du développement économique et un moyen d'améliorer la condition féminine.

Alors qu'il prenait ses nouvelles fonctions, Eric Lesueur entra en contact avec diverses organisations, dont l'Association pour le droit à l'initiative économique (ADIE). L'ADIE est dirigée par une femme talentueuse et énergique, Maria Nowak, qui est l'une des pionnières du microcrédit en France et se trouve être mon amie. Eric Lesueur apprit par Maria Nowak que je viendrais à Paris en mars 2007 pour rencontrer les membres de l'ADIE et participer à un colloque. C'est en assistant à ce colloque qu'il eut l'idée de lancer un social-business destiné à fournir de l'eau saine aux habitants du Bangladesh.

Avant même d'entrer en contact avec la Grameen Bank, Eric Lesueur fit part de son idée à ses collègues. Il en discuta plus particulièrement avec Patrick Rousseau, le directeur général de Veolia Eau pour l'Asie du Sud. Lorsqu'il revient sur cette expérience, Eric souligne la nécessité de s'appuyer dès le départ sur quelques alliés sûrs si l'on veut lancer un social-business au sein d'une grande entreprise : « Si j'avais été seul, j'aurais eu du mal à y arriver – même avec le soutien des principaux dirigeants de l'entreprise. »

Voilà une leçon utile pour ceux qui veulent lancer un social-business : un cadre d'une grande entreprise peut être à l'origine d'un social-business s'il prépare bien le terrain, et notamment s'il prend soin de susciter dès le départ l'enthousiasme d'autres employés.

Eric Lesueur est venu à Dacca en septembre 2007 ; il était accompagné de Patrick Rousseau et d'Estelle Lasselin, une collègue travaillant à la direction financière de Veolia Eau. Lors de notre rencontre, j'ai bien évidemment été séduit par l'idée de créer un nouveau social-business en collaboration avec une grande entreprise experte dans le domaine de l'eau. J'ai compris qu'ils voulaient réellement s'attaquer au défi de la distribution d'eau potable aux populations pauvres et qu'ils étaient prêts à consacrer du temps, de l'énergie et de l'argent à la conception de ce nouveau type d'entreprise. Durant ce voyage, ils ont également visité l'usine de yaourts Grameen Danone à Bogra, qui était alors en construction.

Nous nous sommes donc engagés sur la voie de la création d'une *joint venture*, première étape d'une aventure complexe et passionnante.

En rentrant à Paris, Eric Lesueur a présenté notre projet à son directeur général, Antoine Frérot. Ils ont discuté durant deux heures du concept de social-business, du problème posé par la présence d'arsenic dans l'eau consommée au Bangladesh, et du potentiel que constituerait une collaboration avec Grameen. À la fin de cette conversation, Antoine Frérot nous accorda son soutien total.

Eric appela également Emmanuel Marchant de Danone et lui annonça que Veolia Eau était sur le point de rejoindre Danone parmi les entreprises soutenant le concept de social-business. Ce premier contact marqua le début d'un échange d'idées et d'informations entre ces deux entreprises.

En décembre 2007, lors d'une de mes visites à Paris, un protocole d'accord fut signé entre Grameen Healthcare Service et Veolia Eau. Cette nouvelle collaboration était donc officiellement sur les rails.

Les hommes d'affaires se demandent souvent comment leurs collègues réagiront à l'idée du social-business. Après tout, un professionnel qui a consacré de nombreuses années à apprendre à gérer une organisation cherchant à maximiser le profit pourrait être perturbé par ce type de concept. Mais la réalité est tout autre. Chez Veolia Eau comme chez Danone, les gens ont été passionnés par l'idée de participer avec Grameen à un tel projet. Eric Lesueur se souvient de son étonnement : « De nombreuses personnes venaient me trouver dans les couloirs pour en parler, proposer leur aide et même se porter volontaire pour travailler avec moi au Bangladesh. Leur enthousiasme était extraordinaire. »

Ces réactions ne me surprennent pas. Elles sont semblables à celles que je rencontre chaque fois que je parle du social-business. Le désir de contribuer à rendre le monde meilleur et à améliorer la vie d'autres individus est aussi présent dans la nature humaine que la volonté de faire du profit. Il est tout naturel que des hommes d'affaires ayant réduit au silence la partie altruiste de leur être des années durant soient enthousiastes à l'idée de pouvoir la laisser s'exprimer.

La place de Veolia Eau dans l'économie mondiale explique également la portée du concept de social-business pour cette entreprise. Elle fournit déjà de l'eau potable à plus de 6,5 millions d'individus en Inde et en Afrique. Et les pays en développement représenteront à l'avenir un marché de plus en plus conséquent pour les services qu'elle propose. À une époque où le manque d'eau, le changement climatique et les polémiques entourant la mondialisation de l'économie ainsi que la délégation de l'approvisionnement en eau à des sociétés privées créent des défis politiques et économiques pour Veolia Eau, il est important pour elle de jouer un rôle positif et de relever les défis sociaux posés par la gestion de l'eau.

Comme le souligne Antoine Frérot :

« Beaucoup de personnes comprennent mal notre rôle. Nous ne vendons pas d'eau. N'importe qui peut prendre un seau, le plonger dans la Seine, le Nil ou le Brahmapoutre, et puiser de l'eau. Notre activité consiste à la traiter de façon à ce que les gens puissent la boire sans crainte. Dans d'autres cas, quand il n'y a pas d'eau disponible, nous trouvons un moyen d'en apporter à nos clients.

Mais comme les gens ne comprennent pas ce que nous faisons, nous sommes parfois attaqués dans les médias. C'est désagréable pour nos collaborateurs, qui travaillent dur pour fournir des services de qualité – ce qui va du développement de nouvelles techniques de traitement d'eau à la réparation de pompes à eau ou au colmatage de fuites, tous les jours même le week-end. Quand nous nous sommes engagés à créer un social-business au Bangladesh, nos collaborateurs se sont montrés très enthousiastes : cela représentait pour eux un bol d'air frais. Veolia Eau et ses collaborateurs veulent contribuer à résoudre les problèmes sociaux posés par la gestion de l'eau, et c'est une formidable occasion de le faire. »

Je pense que l'entreprise espère que ce nouveau projet lui permettra d'acquérir une expertise qu'elle pourra mettre en œuvre dans d'autres pays en développement. Il n'est d'ailleurs pas anodin qu'Eric Lesueur soit issu du département Recherche et Développement. Que nous ayons décidé de lancer un modeste projet pilote plutôt que de tenter de résoudre immédiatement les problèmes des 35 millions de Bangladais souffrant de la contamination de l'eau par l'arsenic n'est pas non plus un hasard. Notre objectif consiste à créer dans un village du Bangladesh un système d'approvisionnement en eau potable, durable et autofinancé, d'apprendre à le faire fonctionner et de comprendre comment le reproduire. Si nous y parvenons, les bénéfices sociaux potentiels seront énormes.

Comprendre comment approvisionner en eau des populations rurales est d'une importance cruciale pour Veolia Eau. On ne peut pas vivre sans eau et cela crée d'énormes enjeux politiques, psychologiques, sociaux et économiques – et cela exerce une pression considérable sur Veolia Eau. Ses clients sont essentiellement des collectivités publiques qui lui demandent de fournir de l'eau à tous les habitants d'une ville, qu'ils soient riches ou pauvres. Le contrat conclu avec la ville de Tanger couvre par exemple tous les quartiers : les quartiers riches, où les tuyaux sont neufs et en bon état, et les quartiers pauvres, où ils sont vieux et endommagés. Veolia Eau doit fournir le même service dans toute la ville.

Voici une autre leçon pour les entreprises qui envisagent de lancer un social-business : inspirez-vous de votre activité principale, non d'une activité annexe. Pour être économiquement durable, un social-business doit être lié aux intérêts les plus profonds de l'entreprise. C'est ainsi qu'il disposera de l'attention, des ressources et du soutien nécessaires et qu'il ne sera ni négligé ni abandonné quand la situation économique deviendra difficile.

Dans le cadre des différents contrats conclus avec des collectivités publiques en Europe, en Asie du Sud, en Afrique et dans d'autres parties du monde, Veolia Eau a trouvé des solutions permettant de fournir aux régions pauvres un approvisionnement durable en eau à un prix raisonnable. Plusieurs approches ont été testées et jugées utiles dans des circonstances données.

Une première solution consiste à subventionner les services apportés aux zones pauvres grâce aux profits réalisés dans les zones riches. Cette approche a été retenue par Grameen Healthcare Service : la contribution financière demandée aux patients soignés dans ses hôpitaux ophtalmologiques dépend de leur capacité à payer. La politique de prix appliquée par Grameen Danone repose sur un principe voisin : le prix de son yaourt est plus élevé dans les zones urbanisées que dans les villages.

Une deuxième solution consiste à soutenir le financement de la distribution d'eau dans les régions pauvres grâce aux profits réalisés par la vente d'électricité. C'est possible lorsque la même entreprise commercialise des systèmes d'approvisionnement en eau et des systèmes de fourniture d'électricité (comme Veolia Eau le fait au Gabon).

Une troisième solution consiste à trouver des méthodes destinées à rationaliser les systèmes de distribution et de paiement. Il pourrait s'agir par exemple de cartes prépayées permettant d'acheter de l'eau à des points de distribution. Le système de bornes-fontaines développé par Veolia Eau au Maroc et appelé Saqayti – « ma fontaine » en arabe – fonctionne selon ce principe.

L'entreprise a travaillé avec des collectivités locales pour développer d'autres méthodes destinées à financer l'approvisionnement en eau des pauvres ; le recours aux impôts locaux (qui permettent de faire peser les coûts sur un plus grand nombre d'individus) et l'utilisation du microcrédit en font partie. Ces différentes solutions ont été mises en œuvre au moyen de partenariats public-privé dans plusieurs parties d'Afrique, pour l'essentiel dans des régions urbanisées. Ces expériences sociales et économiques expliquent l'enthousiasme de Veolia Eau pour le modèle du social-business.

Selon l'accord de *joint venture* créant Grameen Veolia Water, Veolia Eau et Grameen Healthcare Service travaillent conjointement au développement d'un modèle économique permettant de répondre aux problèmes d'approvisionnement en eau potable du Bangladesh. Le processus a débuté quand Veolia Eau a pris contact avec Grameen et a tenu le langage suivant : « Dites-nous où nous devrions lancer notre projet. Nous cherchons un endroit où l'arsenic pose un vrai problème, qui ne soit pas trop loin de Dacca, et dont les habitants se montreront enthousiastes et nous soutiendront. » Après en avoir discuté entre nous, nous leur avons proposé de lancer un projet pilote dans le village de Goalmari, qui compte environ 20 000 habitants et se trouve à une cinquantaine de kilomètres à l'est de Dacca.

Comme je l'ai expliqué, l'entreprise dispose d'une expérience significative en matière de fourniture de services liés à l'eau aux habitants des pays en développement. Mais jusqu'à présent, les contrats concernaient presque exclusivement des zones urbaines. Approvisionner en eau les habitants d'un village bangladais crée des défis radicalement différents. La densité de la population est faible. L'alternance de saisons sèches et de saisons humides transforme totalement le paysage, ce qui complique la situation.

Les défis sociaux et économiques du Bangladesh rural sont plus importants encore. Grameen Veolia Water devait trouver le moyen d'intégrer son nouveau système de distribution d'eau à la structure sociale du village, d'attirer des clients vivant dans des endroits reculés et disposant de niveaux de revenu très divers, et de convaincre les gens de payer pour un produit dont ils avaient l'habitude de bénéficier gratuitement mais qui présentait un risque pour la santé de leur famille.

La nature complémentaire de notre *joint venture* était claire dès le départ. Veolia Eau fournissait l'expertise technique tandis que Grameen apportait son réseau au sein de la population locale et sa connaissance des conditions sociales et économiques. Je me suis rendu plusieurs fois à Goalmari avec les membres de l'équipe de Grameen Veolia Water pour rencontrer les gens, présenter notre concept de social-business, expliquer l'importance du nouveau système d'approvisionnement en eau ainsi que le rôle de Veolia Eau – une entreprise française que peu de Bangladais connaissaient. Grameen Veolia Water a également réalisé une enquête socio-économique préalable, destinée à évaluer le nombre d'habitants du village susceptibles d'acheter de l'eau et à mieux connaître leurs conditions de vie.

Veolia Eau avançait rapidement de son côté : le projet commença en mars 2008, trois mois après la signature du protocole d'accord. Antoine Frérot explique pourquoi :

« Nous avons décidé de nous lancer. Plutôt que de passer des mois à étudier les conditions économiques du projet et à concevoir l'usine, nous avons préféré trouver un emplacement, acheter le terrain, commencer à travailler immédiatement et apprendre au fur et à mesure.

La modestie du projet initial a permis une telle approche : l'investissement nécessaire était limité. Plutôt que de consacrer des millions d'euros à la création de vastes installations et de risquer de perdre la totalité de notre investissement, nous avons choisi de débuter à petite échelle. Étant donné que nous considérons ce projet comme un investissement en recherche et développement, nous sommes prêts à dépenser de l'argent pour acquérir une nouvelle expertise. »

C'est une leçon importante pour ceux qui envisagent de lancer un social-business : démarrer à petite échelle présente de grands avantages. Un projet modeste vous autorise à débuter rapidement, ce qui vous permet d'apprendre de vos erreurs, de changer de direction et d'apporter régulièrement des améliorations à votre modèle. Le lancement des différentes entreprises Grameen m'a montré que c'est la meilleure manière de créer des entreprises réellement innovantes. C'est également créatif, enthousiasmant et amusant !

Les problèmes techniques liés à l'approvisionnement en eau d'une zone rurale ont pu être réglés par des systèmes que Veolia Eau avait développés antérieurement. Au Bangladesh, Grameen Veolia Water traite les eaux de surface provenant de la rivière Meghna plutôt que celle des nappes phréatiques traditionnellement exploitées au moyen de puits. S'attaquer aux nappes phréatiques est beaucoup plus onéreux et cela produit des déchets difficiles à éliminer. La méthode retenue est simple : elle associe la décantation lamellaire, deux étapes de filtration (la filtration sur sable puis sur charbon actif) et la chloration. La principale innovation a consisté à adapter ce système aux besoins d'une zone rurale en créant une petite usine ne traitant que 10 mètres cubes d'eau par heure : les habitants réservent l'usage de l'eau purifiée à la boisson et à la cuisine. (Se laver avec une eau contaminée par l'arsenic ou l'utiliser pour d'autres usages sanitaires ne présente pas de danger.)

Veolia Eau a examiné deux modèles pour cette usine. Le premier consistait à construire une usine sur un socle de béton. Le second reposait sur l'utilisation de petites unités mobiles semblables à celles que l'on emploie pour faire face à des situations d'urgence, par exemple pour apporter de l'eau à des réfugiés rassemblés dans des campements. Veolia Eau a finalement choisi de construire une usine fixe.

Au départ, j'avais proposé un prix de 1 taka pour 10 litres d'eau achetés directement à l'usine. Mais l'eau vendue ailleurs dans le village était plus onéreuse, incluant le transport de l'eau grâce à la création et l'entretien du réseau de canalisations. Il est également nécessaire d'accorder une marge aux revendeurs. Sur l'ensemble du réseau actuel, 20 femmes des environs vendent cette eau à leurs amis et à leurs voisins. L'équipe a rapidement compris que les habitants n'étaient pas prêts à payer plus cher un même produit en fonction du lieu d'achat. L'entreprise a donc très vite décidé de faire payer à tout le monde le même prix, soit 2,5 takas pour 10 litres (soit 0,25 cts d'euros/litre).

Grameen Veolia Water estime qu'un foyer moyen a besoin de 30 litres d'eau par jour pour la boisson et la cuisine, ce qui représente un coût quotidien de 7,5 takas et demi. Ce n'est pas rien pour une famille pauvre du Bangladesh, mais cela reste abordable[1].

Grameen Veolia Water a donc construit l'usine et créé un réseau de canalisations et de bornes-fontaines[2] couvrant un rayon de 2 kilomètres. Dans un premier temps, cela a permis d'ouvrir un accès à l'eau potable en 11 points du village. L'exploitation de l'usine a commencé en mars 2009, et le réseau est devenu opérationnel en juin de la même année. Il est géré par une équipe constituée de trois Bangladais recrutés et formés par Grameen Veolia Water et épaulés par un technicien français. Le directeur basé à Dacca, Ajoy Chakraborty, est un ingénieur bangladais expérimenté qui, grâce à ses compétences, a permis au projet d'être mis en œuvre avec succès malgré les difficultés liées au site. En cas de besoin, l'équipe de Veolia Water India située à New Dehli intervient pour apporter aide et conseils.

Du point de vue technique, tout a fonctionné parfaitement. Quand l'usine de traitement de Grameen

1. Une étude menée par l'équipe de Grameen Veolia Water a montré que cela représentait moins de 5 % du budget mensuel des ménages de Goalmari.

2. Point d'eau équipé d'un robinet à partir duquel l'eau potable est vendue.

Veolia Water a commencé à fournir de l'eau potable, nous avons été enthousiastes. C'était émouvant de voir des hommes, des femmes et des enfants faire la queue devant l'usine et aux différents points d'accès pour boire de l'eau saine. Les gens de Goalmari pouvaient enfin consommer une eau qui ne les rendrait pas malades.

C'est alors qu'apparurent les vrais défis.

En l'espace de quelques jours, l'équipe de Grameen Veolia Water comprit qu'en dépit de l'engouement manifesté par les habitants du village lors de l'enquête réalisée au tout début de l'aventure, la plupart d'entre eux n'avaient guère envie d'acheter de l'eau.

Les chiffres de vente enregistrés lors des premiers mois d'activité rendent compte de toute l'histoire. Mais ils ne suffisent pas à l'expliquer.

L'équipe de Grameen Veolia Water s'est efforcée de comprendre la faiblesse des ventes. Elle a rapidement saisi que la résistance initiale des villageois avait plusieurs explications, sans qu'il soit pour autant simple de bien les identifier. Dans un premier temps, nous avons pensé que le prix posait un problème important. Mais en réalité cela cachait d'autres questions plus complexes. Environ 2 500 litres d'eau étaient vendus chaque jour par Grameen Veolia Water, ce qui signifie que seuls 10 à 15 % de la population visée étaient effectivement touchés.

Un deuxième problème venait du fait que la plupart des habitants du village n'étaient pas habitués à payer pour obtenir de l'eau. Il y a une exception à cela : la consommation d'eau au verre dans les restaurants, les cafés ou les boutiques. Le prix généralement constaté est de 1 taka par verre, ce qui est très largement supérieur au prix auquel Grameen Veolia Water vend son eau. Mais lorsqu'il s'agit d'une consommation domestique, la plupart des Bangladais ne voient pas l'intérêt d'acheter de l'eau.

Il faut par ailleurs tenir compte du fait qu'il est difficile de reconnaître le risque lié à la consommation d'eau contaminée par l'arsenic. Comme il faut des années pour qu'apparaissent les lésions et les cancers, les gens choisissent entre un coût immédiat et un risque lointain. Personne ne tombe malade juste après avoir bu de l'eau – et cette eau a un goût normal. Les gens des environs ont donc du mal à accepter de payer pour consommer de l'eau pure. Même ceux qui comprennent que l'arsenic présente un danger pour la santé ne prennent pas ce problème suffisamment au sérieux. Certains se disent peut-être la chose suivante : « Consommer cette eau pourrait me rendre malade dans vingt ans. Mais qui sait ? Je serai peut-être mort dans vingt ans. Pourquoi donc devrais-je m'en soucier ? »

Cette réaction n'est pas propre aux habitants du Bangladesh : elle est liée à la nature humaine. De nombreuses études réalisées par des économistes, des sociologues et des psychologues montrent que la difficulté de mettre des considérations de long terme sur le même plan que des considérations de court terme est présente dans toutes les cultures. C'est la raison pour laquelle des individus aisés et éduqués vivant en Europe et aux États-Unis ont des problèmes de comportement alimentaire, d'alcoolisme et de tabagie : les « mauvaises » habitudes procurent souvent une satisfaction immédiate alors que les dégâts qu'elles provoquent mettent des années à apparaître.

Enfin, tous les habitants du village ne sont pas concernés de la même façon par la contamination de l'eau. Certaines personnes relativement aisées peuvent creuser des puits artésiens de plus de cent mètres de profondeur, ce qui leur permet d'accéder à de l'eau censée ne pas contenir d'arsenic. Seuls 25 % des puits artésiens de Goalmari remplissent les critères de l'Organisation mondiale de la santé. Mais les familles qui en disposent ne se sentent pas concernées par les questions de qualité de l'eau.

Que pouvions-nous faire pour vaincre les réticences de la population ? Nous voulions trouver des moyens pour que Grameen Veolia Water soit un succès et puisse s'autofinancer – et, ce qui est plus important, nous voulions modifier les habitudes de consommation des habitants de Goalmari de façon à prévenir l'apparition de pathologies liées à l'arsenic.

L'équipe de Grameen Veolia Water s'est mise en quête de telles solutions. L'extension du réseau s'est donc poursuivie comme prévu mais avec une autre démarche vis-à-vis des habitants.

Pour élaborer cette nouvelle approche, Eric Lesueur a très vite eu l'idée d'associer d'autres personnes qui pourraient avoir un regard différent de celui de l'entreprise et aider Grameen Veolia Water à atteindre son but. Quand il m'a expliqué, dès le deuxième semestre 2009, qu'il imaginait un partenariat avec l'IIES (Institut de l'innovation et de l'entreprenariat social), le laboratoire de recherche de la grande école de commerce française l'ESSEC, j'ai immédiatement approuvé. Ce partenariat a été signé entre Veolia Eau et l'IIES en février 2010.

Je crois en effet que les chercheurs des écoles, les jeunes, les étudiants, tous trouveront des idées neuves pour que les initiatives de social-business réussissent. D'ailleurs une jeune étudiante de l'ESSEC, Hélène Lacroix, a passé un an comme VIE à Goalmari et a beaucoup contribué à la mise en place d'une nouvelle méthode pour l'extension du réseau.

L'équipe avait compris qu'il ne suffisait pas d'installer des tuyaux et de délivrer de l'eau potable même à un prix abordable pour que les habitants des villages l'achètent. Elle a donc décidé de travailler autrement, d'écouter davantage la population et de l'impliquer dans le projet. Dans l'optique d'étendre le réseau, l'équipe a commencé par enquêter dans plusieurs villages autour de Goalmari pour vérifier la faisabilité technique du projet, évaluer si les habitants avaient envie que leur village en profite et s'ils étaient prêts à acheter cette eau potable. Dans trois villages, les habitants ont eux-mêmes provoqué des réunions pour que l'équipe de Grameen Veolia Water réponde à leurs questions. À la fin de ces réunions, 130 habitants ont signé une demande pour que le réseau transporte l'eau potable produite à Goalmari jusqu'à leur village. Dans un troisième temps, des études socio-économiques plus approfondies ont été menées sur des questions très précises comme par exemple la distance que les habitants étaient prêts à parcourir pour aller s'approvisionner. De multiples échanges ont été organisés avec les habitants pour choisir avec eux les meilleurs emplacements des bornes-fontaines et déterminer le tracé du réseau. À partir de toutes ces informations, le Conseil d'administration de Grameen Veolia Water a choisi d'étendre le réseau sur 2 kilomètres dans le village de Padua. Ce travail a duré trois mois, d'octobre à décembre 2009.

Cela peut paraître long pour choisir le tracé de 2 kilomètres de tuyaux et l'emplacement de 5 bornes-fontaines ! En réalité, l'équipe de Grameen Veolia Water a pu vérifier que ce temps passé en amont avec la population est essentiel. Comme le raconte Benoît Ringot qui travaille auprès d'Eric Lesueur : « Grâce à toutes ces discussions avec les habitants, nous avons tous compris que le projet avait plus de chance de réussir s'il devenait aussi le leur. » Les échanges avec eux se sont poursuivis pendant la phase des travaux qui s'est déroulée de janvier à juillet 2010 et d'autres rencontres ont été organisées pour continuer à informer, réfléchir à la forme des bornes-fontaines, ou encore aux moyens de paiement les mieux adaptés à la façon de vivre des habitants de Padua. De nouvelles « water dealers » ont été sélectionnées et formées pour vendre l'eau, et l'eau potable, claire et sans arsenic a commencé à couler aux bornes-fontaines de Padua en juillet 2010.

Nous étions tous impatients de voir comment allait se dérouler cette nouvelle étape du projet et si la population allait cette fois-ci choisir d'acheter de l'eau potable plutôt que de continuer à boire de l'eau contaminée en s'empoisonnant lentement.

À la même époque, l'équipe de Grameen Veolia Water devait faire face aux difficultés rencontrées à Goalmari. Elle cherchait toujours à comprendre pourquoi les habitants achetaient si peu notre eau. Ce comportement est en partie lié à la perception que la population peut avoir des questions relatives à la santé. Il trouve ses origines dans les coutumes, les modes de vie, les relations entre des groupes de personnes, entre les hommes et les femmes. Comprendre ces phénomènes suppose un travail complexe. L'équipe de Grameen Veolia Water avait connaissance d'un centre de recherche anthropologique, le Drishti Research Center, situé à Dacca et spécialiste du Bangladesh. Quelques contacts avec Thérèse Blanchet, qui dirige ce centre, ont permis d'envisager très rapidement une collaboration sur le projet. L'association d'une anthropologue et d'une grande entreprise n'est pas banale ! Ni l'un ni l'autre n'ont l'habitude de travailler ensemble et en général on imagine mal un tel rapprochement. Pourtant, quand Eric m'a dit qu'il envisageait de confier une mission à Thérèse Blanchet pour mieux comprendre les comportements des habitants de Goalmari vis-à-vis de l'eau, je n'ai pas pensé un seul instant qu'il faisait fausse route. Il était convaincu qu'elle nous ferait découvrir beaucoup de choses. Il ne se trompait pas.

Thérèse Blanchet et son équipe ont travaillé pendant six mois auprès des habitants de Goalmari, de Padua et de villages où le reseau ne passe pas. L'étude est aujourd'hui terminée et va faire l'objet d'une publication scientifique. Sans entrer dans le détail, je veux souligner quelques points très importants qui montrent combien la relation à l'eau est complexe.

Comme je l'ai déjà expliqué, nous pensions au départ que c'était surtout le prix de vente qui était rédhibitoire. En réalité, si certain des foyers les plus pauvres ne se permettent pas cet achat-là, les principaux blocages ne sont pas liés au prix. Le point le plus édifiant est lié à la question de l'arsenicose. Nous avions choisi le village de Goalmari pour lancer le projet car nous savions que les nappes phréatiques étaient polluées et que les habitants buvaient donc de l'eau contaminée. Mais personne ne nous avait dit s'il y avait des personnes déjà atteintes d'arsenicose. En interrogeant les habitants, Thérèse Blanchet et son équipe ont découvert que de nombreuses personnes sont touchées mais qu'elles le cachent. Même si cette maladie n'est pas contagieuse, elle provoque un phénomène de honte et d'opprobre social comparable à celui que l'on a connu en son temps pour les malades du SIDA. Cela explique en partie que les malades n'osent pas aller à la borne-fontaine car ils ont peur que leurs voisins en déduisent qu'ils sont touchés. Et certaines personnes malades, au début, ont confondu l'eau de Grameen Veolia Water avec un médicament. Elles ont acheté et bu cette eau et quand elles se sont rendu compte que cela ne les soignait pas, elles ont cessé de la boire.

Un élément d'ordre social intervient aussi. L'étude anthropologique nous a appris qu'il est important, lors de la négociation d'un mariage, de faire preuve d'un certain statut social. Posséder un puits à l'intérieur de sa maison est perçu comme une marque de distinction. De plus cela évite la « corvée d'eau » pour une nouvelle épouse. La question de la contamination de l'eau du puits n'est alors pas nécessairement prise en compte et cela a malheureusement bien confirmé qu'il est difficile pour les habitants des villages de reconnaître le risque sanitaire lié à la consommation d'une eau polluée.

Ces quelques exemples montrent la complexité de la situation et les défis que Grameen Veolia Water doit relever pour résoudre ce grave problème sanitaire. Mais ils sont aussi très riches d'enseignement et vont très certainement être à l'origine de nouvelles idées. On comprend ainsi que des actions d'éducation à la santé doivent être menées de manière plus poussée pour que la population prenne conscience du risque sanitaire et change son mode de consommation d'eau. L'équipe de Grameen Veolia Water réfléchit comment et avec qui mettre en place de telles actions.

Où en sommes-nous concrètement aujourd'hui ?

Au moment où j'écris ces lignes, il y a déjà plusieurs mois que Grameen Veolia Water vend de l'eau potable à Padua et cela donne beaucoup d'espoir : 42 % de la population qui habite la zone desservie par le réseau achète de l'eau. C'est encore insuffisant du point de vue sanitaire et du point de vue économique, mais c'est très encourageant. Cela prouve que le travail d'échange avec les habitants porte ses fruits. Il faut continuer dans ce sens et aller plus loin.

Pour qu'un projet de social-business soit viable, il doit trouver son équilibre économique et ne pas dépendre de subventions. En étudiant le résultat des ventes sur la première phase du projet, le conseil d'administration de l'entreprise a adopté une nouvelle orientation stratégique en 2010. Puisque la demande d'eau potable est insignifiante et que 95 % des capacités de l'usine sont inutilisées, pourquoi ne pas proposer de l'eau en bouteille de 20 litres à des acheteurs institutionnels ? Les profits réalisés sur ce segment de marché pourraient permettre d'abaisser le prix demandé aux consommateurs ruraux. Notre objectif est de ramener le prix à 1 taka pour 10 litres, c'est-à-dire au niveau initialement envisagé, et d'étendre le réseau de distribution rural pour toucher beaucoup plus de villages. Nous avons donc décidé de construire, à côté de l'usine de production de Goalmari, une nouvelle usine destinée à conditionner de l'eau potable dans des bonbonnes de 20 litres. Entre septembre 2010 et avril 2011, l'équipe de Grameen Veolia Water a piloté la construction, conçu le process de remplissage des bonbonnes, étudié et organisé le circuit de distribution. Quand vous lirez ces lignes, les ventes auront commencé à Dacca.

À Goalmari et à Padua, nous avons aussi envisagé une deuxième stratégie permettant de fournir de l'eau à un groupe de foyers sans passer par des revendeurs. Et une troisième stratégie consisterait à apporter l'eau courante à des villageois suffisamment aisés pour supporter les frais de raccordement au réseau de Grameen Veolia Water et à payer pour l'eau qu'ils consommeraient.

Nous gardons toujours à l'esprit notre objectif initial : fournir de l'eau aux villageois au plus bas prix possible. Nous souhaiterions tous y arriver le plus rapidement possible. Mais comme me l'a rappelé Antoine Frérot à plusieurs reprises « les questions d'accès à l'eau sont complexes et ne se réduisent pas à des problèmes techniques. Il faut du temps pour les résoudre, ce qui n'exclut pas d'agir chaque jour. Les premières étapes de notre projet pilote mené à Goalmari et Padua démontrent bien qu'il ne peut que s'inscrire dans le long terme ».

Le succès de l'opération reposera en grande partie sur un système mixte de ventes, l'un subventionnant l'autre : vendre de l'eau à des prix plus élevés à ceux qui peuvent les payer (en bonbonnes dès 2011 à Dacca) afin de réduire les coûts supportés par les populations rurales dont les moyens sont limités. Nous développons donc actuellement des programmes de commercialisation destinés à vendre de l'eau à différents types de clients. Nous parviendrons peut-être à créer un système global d'approvisionnement en eau applicable à d'autres pays en développement.

Il est aisé de trouver des points communs entre l'histoire de Grameen Veolia Water et celle de Grameen Danone. L'un des défis posés à notre activité de production de yaourts a consisté à trouver des canaux de distribution pour ce produit. Plusieurs tentatives ont été nécessaires pour comprendre comment combiner différents types de commercialisation : vente en porte-à-porte par des revendeuses, vente à l'usine, vente dans des échoppes aux environs de l'usine, vente dans des magasins situés en ville. Le recours à un ensemble similaire de canaux de distribution pratiquant des prix appropriés sera sans doute nécessaire pour assurer la viabilité de l'activité de Grameen Veolia Water. L'entreprise n'est encore qu'au début de ce processus.

Il y a bien sûr une différence importante entre Grameen Veolia Water et Grameen Danone : elle tient à la nature des entreprises partenaires. Le Groupe Danone vend ses produits aux consommateurs finaux dans les supermarchés du monde entier : l'entreprise maîtrise donc ces techniques de commercialisation. Il n'en va pas de même de Veolia Eau, qui n'a pas l'habitude de vendre des biens ou des services aux consommateurs finaux en dehors du cadre d'un contrat passé avec une collectivité locale. Les techniques de commercialisation utilisées par Grameen Danone font partie du cœur de l'activité du Groupe Danone – mais elles sont complètement nouvelles pour Veolia Eau.

Grameen Veolia Water a décidé de relever ce défi. L'objectif est de développer un réseau composé de plusieurs canaux de distribution et de commercialisation durant l'année 2010 – un réseau qui, espérons-le, pourra être reproduit dans d'autres villages. Grameen Veolia Water s'appuiera sur cette expérience pour étendre son activité à d'autres parties du Bangladesh et pour faire bénéficier leurs habitants d'un accès à une eau potable de bonne qualité.

L'histoire de Grameen Veolia Water est loin d'être achevée. Plusieurs nouvelles étapes nous attendent. Une deuxième usine de traitement de l'eau sera construite dans un autre village en 2011. Notre objectif est de bâtir à terme une ou deux usines supplémentaires de manière à pouvoir atteindre 100 000 habitants desservis. Selon les prévisions de long terme dont nous disposons actuellement, un investissement total d'environ 250 millions de dollars permettrait de relever le défi posé par la contamination de l'eau par l'arsenic au Bangladesh, ce qui représente une somme très modeste au regard de la gravité du problème.

Nous continuerons par ailleurs à perfectionner notre modèle économique. N'oubliez pas ce principe simple : gardez toujours votre objectif à l'esprit, mais faites évoluer vos méthodes pour tenir compte de l'évolution des circonstances et des leçons de l'expérience. Il est parfaitement possible de tester d'autres manières d'assurer la viabilité économique de notre projet à condition de ne pas perdre de vue notre but.

Comme dans le cas de Grameen Danone, nous avons recours à des intervenants extérieurs pour étudier et mesurer l'impact social de notre travail et, nous l'espérons, valider ses bénéfices. C'est en particulier l'un des objectifs du partenariat signé avec l'IIES de l'ESSEC. ICDDR, B, un organisme de recherche bangladais spécialisé dans les maladies diarrhéiques et les problèmes liés à la contamination par l'arsenic, collabore avec VERI, le département Recherche et Innovation de Veolia Environnement pour évaluer les bénéfices pour la santé humaine.

Quand les premiers résultats de cette étude seront disponibles, nous les publierons et nous les utiliserons pour améliorer le fonctionnement de notre activité.

L'un des défis que rencontre le partenaire de Grameen Bank consiste à justifier les investissements réalisés dans Grameen Veolia Water. Bien que l'enthousiasme pour le concept de social-business reste fort au sein de l'entreprise, quelques personnes s'étonnent que Veolia Eau soutienne un social-business ne faisant pas de profit au Bangladesh alors que l'entreprise cherche à maximiser son profit en Inde. Il n'y a rien d'étonnant à ce qu'un social-business et une activité recherchant le profit coexistent au sein d'une même entreprise. Chacune de ces activités poursuit un objectif distinct, mais elles apprennent l'une de l'autre en permanence. Je suis certain que Veolia Eau lancera des social-business en Inde au terme de la phase d'apprentissage que nous traversons actuellement au Bangladesh. Le seul problème consiste à maintenir une séparation entre ces deux marchés. Il n'y a aucune raison pour qu'un segment de la population soit ignoré afin de préserver la capacité de l'entreprise à faire du profit. Si des individus meurent à cause de la pollution de l'eau, s'ils développent des maladies liées à la contamination par l'arsenic ou si leur état de santé les condamne à rester pauvres, la recherche du profit n'aura plus d'avenir. Si le social-business peut répondre à ces problèmes, cela améliorera les perspectives des entreprises traditionnelles.

J'ai la conviction que Veolia Eau prend le projet

Grameen Veolia Water très au sérieux. Ce n'est pas la danseuse du PDG du groupe – l'expression d'un intérêt purement privé, comme une collection d'œuvres d'art ou une écurie de chevaux de courses. Cela fait partie de sa vision mondiale de long terme pour Veolia Eau. Comme l'explique Eric Lesueur :

« Traiter et distribuer de l'eau potable a un coût. Pour que ce service soit durable, il doit donc avoir un prix. Nous devons nous poser les questions suivantes : quel devrait être ce prix ? Comment devrait-il être fixé ? Comment la société peut-elle organiser l'approvisionnement en eau de façon à faire en sorte que tous les individus, même les plus pauvres, puissent s'offrir ce service ? Nous voulons répondre à ces questions avec pragmatisme, non de manière idéologique. Et nous croyons que le social-business peut constituer une part importante de la réponse. »

Le social-business et les entreprises conventionnelles peuvent tous deux contribuer à répondre aux besoins d'approvisionnement en eau de l'humanité. Les partenariats entre des entreprises privées et des collectivités publiques représentant la population sont courants dans le monde entier. Le social-business constitue une nouvelle option. Des collectivités publiques et des entreprises peuvent créer des social-business pour fournir de l'eau potable à des gens qui n'y ont pas accès. Nous aurons besoin d'ingéniosité pour résoudre ce grave problème social. Si des social-business innovants peuvent contribuer à y répondre, ils seront d'une grande aide.

L'expérience que nous menons au Bangladesh permettra de tester cette idée et – du moins le croyons-nous – de prouver sa valeur. Et comme la question du prix de l'eau prendra une importance croissante lors des décennies à venir, des expériences comme la nôtre sont cruciales.

C'est la raison pour laquelle nous souhaitons si ardemment poursuivre le projet de Goalmari – non seulement dans l'intérêt des habitants de ce village, mais aussi dans celui du concept de social-business dont le monde a si grand besoin. Il constitue donc une expérience sociale importante : les premiers succès de ce « projet social de recherche et développement » ouvriront la voie à de nombreuses amélio-rations qui porteront leurs fruits dans le monde entier.

7. Une infrastructure d'ensemble pour le social-business

Après avoir développé le concept de social-business et avoir commencé à prendre la mesure de sa capacité à changer le monde, j'ai compris que j'avais besoin d'alliés et de soutiens pour concrétiser mon idée.

Grâce à l'intérêt suscité dans le monde entier par la Grameen Bank et le microcrédit, j'ai pu disposer d'une tribune pour faire connaître le concept de social-business à un large public. Je l'ai présenté de façon détaillée dans *Vers un nouveau capitalisme*. Ce livre est devenu un best-seller – et de nombreux lecteurs m'ont apporté leur soutien.

Parmi les partisans du social-business, on trouve des gens du monde des affaires que ce concept a intrigués et qui ont été impatients de le mettre en œuvre. Je vous ai déjà raconté l'histoire de certaines de ces expériences, notamment de Grameen Danone et de Grameen Veolia Water. Je vous en présenterai d'autres un peu plus loin.

D'autres partisans du social-business viennent du monde des organismes à but non lucratif, des ONG, des fondations et des organisations caritatives. Nombre d'entre eux considèrent le social-business comme un nouvel outil permettant de promouvoir un changement durable et progressif : c'est le cas du docteur Lawrence Faulkner et d'Eugenio La Mesa.

À ceux que j'appelle les « praticiens du social-business » – les individus et les organisations qui lancent des social-business – sont venus s'ajouter des « penseurs du social-business ». Il s'agit d'individus et d'organisations se consacrant à l'étude du social-business et à la diffusion de ce concept. Ils constituent une sorte d' « infrastructure intellectuelle » du social-business : ils approfondissent le concept initial et répondent à bien des questions et des défis qu'il soulève.

J'ai été ravi de la rapidité avec laquelle l'idée de social-business s'est imposée dans le monde de l'université et de la recherche. Un grand nombre d'institutions ont déjà créé des postes de professeurs et des départements universitaires afin d'enseigner le social-business, de permettre l'approfondissement et la diffusion de cette idée, de créer des liens entre les professeurs, les étudiants et les entreprises, et de relier la réflexion à l'action. Ces initiatives sont importantes parce qu'elles montrent que le concept de social-business bénéficie d'une reconnaissance au plus haut niveau universitaire. La respectabilité conférée par des chercheurs jouant le rôle de catalyseurs facilitera l'introduction de ce concept dans le monde des affaires.

Le Centre Yunus

Le Centre Yunus a été créé en août 2008 afin de servir de point d'ancrage à tous les social-business liés à Grameen comme à d'autres social-business du monde entier. Dirigé par Lamiya Morshed, le Centre se trouve au siège de Grameen, à Dacca. Cela lui permet d'utiliser les ressources de Grameen au profit de nouveaux social-business : la plupart des entreprises Grameen se trouvent à portée d'ascenseur !

Le Centre Yunus rassemble toutes les informations relatives au concept de social-business et à sa mise en œuvre. Presque tous les social-business que nous avons créés ont été conçus au sein du Centre Yunus avant que ne soient établis des partenariats avec d'autres organisations Grameen. Le Centre surveille les progrès des social-business, facilite et soutient le développement de relations entre des initiatives sociales lancées un peu partout dans le monde, et entretient l'esprit du social-business au moyen d'événements, de médias, de publications et de sites web. Il organise des groupes de discussion afin d'explorer les nouvelles frontières du social-business, anime des ateliers et des laboratoires relatifs à ce concept ainsi qu'à sa mise en application, et offre des stages à des jeunes gens désireux d'acquérir une expérience pratique du social-business qu'ils pourront appliquer dans leur pays d'origine.

Le Grameen Creative Lab

Le Grameen Creative Lab sert d'incubateur pour de nombreux projets de social-business. Il dispose d'une équipe brillante et dévouée capable de répondre aux divers besoins liés à la création de social-business à l'échelle mondiale, en particulier lorsqu'il s'agit de *joint ventures* avec de grandes entreprises. Le Grameen Creative Lab est installé dans la ville allemande de Wiesbaden, près de Francfort. Il s'est assigné trois missions : communiquer autour du social-business ; développer ses propres social-business ; soutenir la création de nouveaux social-business. Ses membres le qualifient d'« action tank » (formule qu'ils ont empruntée à un entrepreneur social américain, Alan Khazei, le fondateur de City Year) : un centre combinant le type d'étude et d'analyse produit par un « think tank » avec les aspects pratiques permettant de faire d'un concept une réalité.

Le Grameen Creative Lab a été créé à l'initiative de Hans Reitz, un entrepreneur ayant à la fois le sens des affaires et de la compassion, ce qui est essentiel pour mener à bien notre combat contre la pauvreté. Lors des trois dernières années, il est devenu mon ami et mon conseiller. Il a coutume de dire en plaisantant que notre travail consiste à « répandre le YY-virus » (baptisé ainsi d'après mon nom). Il m'a notamment aidé à exposer les caractéristiques du social-business sous forme d'une liste de sept principes que j'ai évoquée au chapitre 1.

J'ai rencontré Reitz pour la première fois en 2007,

à l'occasion d'un voyage à Berlin. Il m'a présenté à des personnalités importantes du monde allemand des affaires, et j'ai été impressionné par sa capacité à innover. Il s'intéressait à ce que je faisais et m'a posé beaucoup de questions. Il est venu nous voir au Bangladesh peu après, et j'ai visité un grand nombre d'entreprises Grameen avec lui. Reitz connaissait bien les problèmes liés à la pauvreté : il avait passé plusieurs années dans la campagne indienne. Son apparence inhabituelle (il a les cheveux longs et porte généralement un chapeau à large bord, des vêtements dépareillés et des chaussures futuristes) a fait sensation dans nos villages. Reitz a rapporté de son voyage un livre consacré aux différentes activités de Grameen, *Le Pouvoir de la dignité*, qu'illustrent d'émouvantes photos de Roger Richter.

Reitz a plusieurs créations d'entreprises à son actif, dont une ferme sylvicole au Kerala (Inde), une chaîne de cafés en Allemagne, une agence de communication créative (Circ) et un cabinet de conseil en responsabilité sociale des entreprises (Circ responsibility). Il a également passé plusieurs années à étudier la musique traditionnelle du sud de l'Inde, ce qui signifie qu'il connaît aussi bien l'art de cette région que son mode de vie.

J'ai d'abord nommé Reitz directeur de la création du Centre Yunus. Nous avons décidé en 2008 de créer le Grameen Creative Lab sous forme de *joint venture* entre Circ responsibility et le Centre Yunus.

Reitz a récemment décidé de transformer Circ responsibility en social-business. Il dirige le Grameen Creative Lab avec Saskia Bruysten, une ancienne consultante du Boston Consulting Group aussi charmante qu'énergique. Le Grameen Creative Lab est progressivement devenu l'incubateur de tous nos projets de social-business extérieurs au Bangladesh. Constituée de jeunes gens aux origines et aux expériences diverses, son équipe ne cesse de croître.

En tant que social-business, le Grameen Creative Lab cherche à éradiquer la pauvreté tout en assurant sa viabilité économique : il a atteint le point mort lors de la seconde partie de l'année 2009. Le Grameen Creative Lab accueille des stagiaires bénévoles pour une durée allant jusqu'à trois mois ; ils peuvent ensuite être embauchés s'ils parviennent à trouver des clients ou à développer des projets autorisant le laboratoire à étendre ses activités. Les coûts de fonctionnement sont couverts par les recettes que génèrent diverses activités : des services de conseil à de grandes entreprises, des gouvernements, des fondations, d'autres organisations ou individus désirant créer un social-business, ainsi que l'organisation de séminaires et d'autres événements dont l'accès est payant.

Il n'a pas été facile de développer cette activité de conseil. Les entreprises cherchant à créer un social-business considéraient ce projet comme un acte de générosité et supposaient que Grameen apporterait gratuitement des solutions à tous leurs problèmes. Elles ne voyaient pas pourquoi elles auraient dû payer pour bénéficier des conseils et de l'aide d'une organisation Grameen. Avec le temps, le Grameen Creative Lab a toutefois réussi à convaincre un certain nombre d'entreprises que son expérience présentait un intérêt économique et qu'il était nécessaire de payer pour y avoir accès. Le laboratoire dispose de l'essentiel des connaissances relatives aux social-business existants, offre des services de soutien de qualité professionnelle, et favorise le développement de nouvelles idées de social-business.

Le Grameen Creative Lab a déjà fait de grands progrès dans ses domaines d'élection : je suis moi-même stupéfait par son dynamisme. Le laboratoire œuvre de diverses manières pour diffuser le concept de social-business. Il organise régulièrement des Creative Labs dans différents pays, ce qui permet aux personnes intéressées par le social-business de se rencontrer pour partager leurs idées et leurs expériences. Ces ateliers sont très utiles. Le Grameen Creative Lab propose également des cours intensifs sur le concept et la pratique du social-business ; ils sont ouverts aux gens d'affaires, aux étudiants, aux représentants de fondations, aux fonctionnaires gouvernementaux, aux universitaires ainsi qu'à toutes les personnes intéressées. Une série d'ateliers organisés dans les pays d'Europe de l'Est lors de la seconde moitié de l'année 2010 a permis d'introduire le concept de social-business dans cette partie du monde.

Afin de diffuser le concept de social-business aussi largement que possible, le Grameen Creative Lab a également organisé d'importants événements avec le soutien des équipes de Circ. En novembre 2009, le Grameen Creative Lab a accueilli la première Rencontre mondiale Grameen à Wolfsburg (Allemagne) : pour la première fois, tous les partisans, partenaires et sympathisants du social-business se sont réunis. La date de cet événement a été choisie de façon à coïncider avec le vingtième anniversaire de la chute du mur de Berlin : il s'agissait de donner le maximum d'écho à notre appel à « faire tomber le prochain mur » – celui de la pauvreté. Il y aura dorénavant chaque année en novembre un Sommet du social-business auquel seront conviés des universitaires, des étudiants, des entrepreneurs, des militants sociaux, des investisseurs, des entreprises désireuses de lancer un social-business ainsi que toutes les personnes intéressées par ce concept. En 2010, le sommet s'est déroulé en Allemagne, au centre Autostadt de Volkswagen.

Le Grameen Creative Lab a réussi à faire connaître le concept de social-business à d'importantes personnalités européennes. Il collabore avec Letizia Moratti, le maire de la ville de Milan, afin de promouvoir le rôle du social-business dans l'économie du futur. Mme Moratti soutient le travail que nous réalisons avec Unicredit afin de lancer Grameen Italie ; elle prévoit également de mettre le social-business au cœur d'Expo 2015, une « exposition universelle » qui aura lieu à Milan.

La principale réalisation du Grameen Creative Lab a consisté jusqu'à présent à soutenir la création de vastes projets de social-business : les *joint ventures* avec BASF, Otto et Adidas. (Je reviendrai sur ces projets dans le chapitre suivant.) Grameen constitue un partenaire potentiel pour les projets réalisés au Bangladesh. Dans les autres cas, le Grameen Creative Lab apporte le savoir-faire de Grameen à des social-business qui ne lui sont pas liés.

Un social-business peut être lancé n'importe où et par n'importe qui. Le Centre Yunus et le Grameen Creative Lab échangent avec tous ceux qui veulent lancer un social-business : ils cherchent à diffuser ce concept afin de contribuer à l'éradication de la pauvreté et à résoudre les problèmes économiques et sociaux dont nous constatons l'existence. (Sur le site web du Grameen Creative Lab – www.grameencl.com –, on trouve une page communautaire grâce à laquelle les personnes intéressées peuvent prendre contact en ligne, améliorer leur connaissance du social-business et approfondir leur engagement.) Si un social-business qui rencontre le succès a, comme une graine, un potentiel de croissance, alors les membres du Grameen Creative Lab sont de nouveaux Johnny Appleseed : ils plantent dans le monde entier des vergers qui seront bientôt remplis de fruits délicieux.

Le soutien apporté par les universités au social-business

Les universités peuvent grandement contribuer au développement du social-business. Elles disposent d'importantes capacités d'expertise : des professeurs et des chercheurs ayant étudié pratiquement tous les domaines possibles, de la gestion à l'économie en passant par la santé, la science politique, les services sociaux, l'ingénierie, les technologies de l'information, etc. Les étudiants constituent une autre ressource intéressante : un grand nombre de ces jeunes gens énergiques, idéalistes et curieux désirent découvrir de nouveaux concepts susceptibles d'exercer un impact sur le monde dont ils hériteront bientôt. Le fait que les universités soient des institutions non partisanes très respectées leur permet d'établir des relations fructueuses avec d'autres types d'organisations : des agences gouvernementales, des entreprises recherchant le profit, des organismes caritatifs, des fondations, des groupes de citoyens. Le travail qui m'a conduit à créer la Grameen Bank a été réalisé dans un cadre universitaire : j'étais alors professeur d'économie à l'université de Chittagong et je bénéficiais du soutien de mes étudiants qui, pour beaucoup, ont choisi de faire toute leur carrière au sein de la Grameen Bank.

Des universités du monde entier ont décidé de jouer le rôle de catalyseur et de conciliateur lors de la prochaine phase du développement du social-business. L'exemple de la Glasgow Caledonian University illustre la manière dont les institutions universitaires peuvent promouvoir cette cause.

Glasgow est une ville très ancienne dont la population est extrêmement hétéroclite. C'est aussi une ville connaissant d'importants problèmes sociaux et économiques. Souvent qualifiée de « postindustrielle », Glasgow a souffert du départ de nombreuses entreprises qui procuraient jadis des moyens d'existence à des milliers de familles. Et comme bien des villes (par exemple les villes américaines situées dans les États de la « ceinture de la rouille », dans l'Upper Midwest), elle se bat pour donner à ses habitants de nouvelles opportunités d'emploi dans les industries du XXIe siècle. La détérioration des conditions économiques a eu des conséquences sociales, notamment en matière de santé. Les inégalités en terme de bien-être des habitants de Glasgow sont parmi les plus importantes d'Europe. L'espérance de vie moyenne des hommes est supérieure à quatre-vingts ans dans certains quartiers de la ville, alors qu'elle ne dépasse pas cinquante ans ailleurs.

J'ai pris conscience de l'existence de ces problèmes après avoir été invité par la Glasgow Caledonian University à recevoir un diplôme *honoris causa*. Je n'ai pas pu répondre immédiatement à cette invitation. Je me suis finalement rendu en Écosse en novembre 2008 pour recevoir ce diplôme et donner une conférence. Le vice-chancelier de l'université, Pamela Gillies, a fait en sorte de mettre à profit chaque instant de mon séjour.

Une série de rencontres et de conversations ont débouché sur un ensemble de projets montrant de quelle manière une université peut contribuer à diffuser et à développer une nouvelle façon de répondre aux maux de la société.

L'université a tout d'abord décidé de créer le Grameen Caledonian Creative Lab au sein de son Institut pour la santé et le bien-être. Ce laboratoire, qui a officiellement ouvert ses portes au printemps 2010, abritera le nouveau Centre Yunus pour le social-business et la santé. Celui-ci sera dirigé par le titulaire de la Chaire Yunus pour le social-business, Cam Donaldson, un universitaire respecté dont le parcours atypique est parfaitement approprié à cette fonction : cet économiste a dirigé un institut de recherche spécialisé dans les questions de santé et les problèmes sociaux au sein de l'école de commerce de l'université de Newcastle, en Angleterre. Son expérience dans des domaines très divers – la santé, l'économie et la gestion – sera précieuse pour développer, mettre en œuvre et tester de nouvelles idées de social-business.

L'université a par ailleurs invité la Grameen Bank à participer au lancement d'une organisation de microcrédit appelée Grameen Écosse afin de proposer des prêts permettant aux individus (en particulier aux jeunes n'ayant pas d'emploi) de créer leur propre activité. Grameen et l'université créeront un programme destiné au quartier déshérité de Sighthill, programme qui tiendra compte de la culture et des besoins locaux. L'un de ses principaux défis consistera à convertir à l'entreprenariat des familles connaissant le chômage depuis trois générations. Le professeur H. I. Latifee, qui est le PDG de Grameen Trust, s'est déjà rendu à Glasgow et prépare le lancement de ce programme de microcrédit pour 2010.

Ce nouveau programme Grameen fera l'objet d'une étude sur le long terme au sujet de l'impact économique et social du microcrédit réalisée par des chercheurs de l'université, auxquels s'ajouteront peut-être des chercheurs d'autres institutions de Glasgow ou du reste de l'Ecosse. Un intérêt particulier sera accordé à son effet en matière de santé. Les chercheurs tenteront de répondre aux questions suivantes lors d'une première période de dix ans : la santé des familles des emprunteurs Grameen s'est-elle améliorée avec le temps ? Souffrent-elles moins fréquemment d'infirmités, de maladies chroniques ou d'affections potentiellement mortelles ? Y a-t-il une incidence sur l'espérance de vie ? Le taux de mortalité infantile et la prévalence de maladies graves dans la population enfantine ont-ils évolué ? Que nous apprennent les indicateurs de santé mentale ?

Nous espérons que cette étude – la première de ce genre – permettra d'établir l'existence d'un lien fort entre l'état de santé d'une population et l'existence du microcrédit. Si tel était le cas, cela constituerait un argument en faveur de l'introduction du microcrédit – et, peut-être, du social-business en général – dans la palette des outils utilisés par les gouvernements et les organisations à vocation sociale pour accroître les perspectives de développement au niveau national, régional et municipal.

Il est intéressant de noter que cette étude innovante sera réalisée à Glasgow, la ville où Adam Smith enseigna la philosophie morale et écrivit un livre fondateur consacré à la liberté des marchés, *La Richesse des nations*. Il se peut que cette même ville joue un rôle déterminant dans la marche vers la prochaine étape du développement du système capitaliste – une étape que Smith, qui se souciait profondément du bien-être de la société et croyait en la capacité de la compassion qu'éprouvent les êtres humains les uns pour les autres à produire des comportements moraux, aurait comprise et soutenue.

La Glasgow Caledonian University a enfin conclu un partenariat avec Grameen afin de créer un social-business destiné à améliorer les soins de santé disponibles au Bangladesh. Au début de l'année 2010, le professeur Barbara Parfitt, ancien doyen de l'école d'infirmières de l'université, est arrivée au Bangladesh pour y préparer une année durant le lancement de l'école d'infirmières Grameen Caledonian. Le professeur Parfitt a accepté de diriger cette école, qui formera des jeunes filles venant de familles d'emprunteurs Grameen au métier d'infirmière. L'école a ouvert ses portes le 1er mars 2010 et a accueilli un premier groupe de près de 40 étudiantes. Toutes bénéficient de prêts de la Grameen Bank destinés à couvrir leurs dépenses pendant la durée de leurs études. Dès qu'elles auront obtenu leur diplôme, Grameen Healthcare leur proposera un emploi rémunéré 15 000 takas par mois (environ 215 dollars), ce qui est un très bon salaire pour un débutant. Si elles veulent travailler à l'étranger, Grameen Healthcare les aidera à trouver un emploi et la Grameen Bank leur consentira un prêt pour financer leur déménagement. Cela contribuera à renforcer l'attractivité du métier d'infirmière pour les jeunes filles des familles des emprunteurs Grameen. Au lieu de mener une existence routinière dans leur village, elles pourront devenir des professionnelles de santé respectées et travailler soit dans leur pays, soit à l'étranger – ce qui transformera leur vie, mais aussi celles de leur famille et de leur village.

Grâce à la Glasgow Caledonian University, les citoyens du Bangladesh et les habitants de l'Écosse sont sur le point d'inaugurer un partenariat à plusieurs facettes qui sera bénéfique aux deux parties. Je crois qu'avec le temps, nous développerons notre partenariat pour inclure d'autres formes de social-business. L'université nous apportera une autorité intellectuelle et nous donnera les moyens d'évaluer les bénéfices que nous produirons. Mike Smith, qui est l'un des membres de l'équipe de direction de l'université, partage mon enthousiasme : « Notre projet avec Grameen est en mesure de produire une vision et une approche importantes non seulement pour Glasgow, mais aussi pour le reste de l'Écosse et pour toute l'Europe. »

Ce programme n'est que l'un des projets relatifs au social-business que mènent des universités du monde entier.

Le nouvel Institut californien de social-business est installé sur le campus de Channel Islands de l'université d'État de Californie. Il a vu le jour grâce aux efforts du président de l'université, le professeur Richard R. Rush, qui lui accorde une grande importance. Une année de préparation a été nécessaire : elle a inclus une série de conférences sur la microfinance et le développement d'un programme d'études ambitieux centré sur le social-business et ouvert aux étudiants de premier cycle comme à ceux de la Martin V. Smith School of Business and Economics.

Le lancement de l'Institut a eu lieu en février 2010 et a été accompagné d'un grand nombre d'activités. *Vers un nouveau capitalisme* a été le livre choisi pour la sixième fête annuelle du livre du campus, ce qui signifie que les 4 100 étudiants et les centaines d'enseignants que compte le campus l'ont lu et en ont discuté. Quelque 1 500 personnalités locales se sont jointes aux étudiants et aux enseignants lors de la fête inaugurale de l'Institut. Lors de cette cérémonie, j'ai remis la première médaille Yunus de l'innovation sociale à Steven M. Hilton, le président de la Conrad N. Hilton Foundation – une célèbre organisation philanthropique.

L'Institut travaille actuellement au développement du programme d'études, à l'approfondissement des concepts relatifs au social-business et à la création d'opportunités de recherche en la matière. Il réfléchit également à la possibilité de lancer un fonds de capital-risque spécialisé dans le social-business afin de soutenir de nouvelles entreprises de ce type. Il y a peut-être quelque chose d'encore plus exaltant : la création d'un concours annuel de projets de social-business dont la première édition a eu lieu en septembre 2010. J'aimerais que de tels concours soient régulièrement organisés dans les écoles de commerce du monde entier.

Ce déploiement d'énergie montre clairement que l'Institut californien de social-business est destiné à devenir une source importante d'innovation en matière de social-business dans les années à venir.

De l'autre côté du Pacifique, un programme de social-business très différent mais tout aussi passionnant est actuellement développé. L'université Kyushu de Fukuoka (Japon) a créé un Grameen Technology Lab placé sous l'autorité du professeur Masaharu Okada, un avocat disposant d'une expertise en matière de propriété intellectuelle et d'entreprenariat dans les nouvelles technologies. Le laboratoire concevra et développera divers usages des technologies disponibles en partenariat avec des entreprises japonaises afin de lutter contre les difficultés sociales auxquelles s'attaquent les entreprises du groupe Grameen. Ces nouvelles technologies seront détenues conjointement par les entreprises qui auront contribué à leur développement et par les entreprises Grameen ; des social-business seront ensuite autorisés à les mettre en œuvre.

Plusieurs projets sont actuellement développés à l'université Kyushu. Parmi eux, on peut citer :

— Un Village, Un Portail – un programme expérimental d'utilisation de systèmes d'information sophistiqués destiné à rassembler et à organiser des informations variées (sociales, économiques, éducatives, agricoles, culturelles) relatives à un village du Bangladesh afin de faciliter la réflexion et de donner des solutions durables aux problèmes sociaux ;

— les projets E-Health et E-Agriculture visent à gérer les données relatives à la santé des individus ainsi que des informations utiles à l'agriculture et à les rendre aisément accessibles aux individus et aux instituts qui en ont besoin ;

— un système de livret électronique pouvant être utilisé par les emprunteurs de la Grameen Bank afin de gérer leur épargne, leurs emprunts et les autres services financiers auxquels ils ont recours ;

— des expériences portant sur des sources d'énergie alternatives : il s'agit de produire, de stocker, de transporter et d'utiliser des sources d'énergie renouvelable – énergie solaire, énergie éolienne, biocarburants, etc.

Les solutions conçues par les étudiants et les enseignants de l'université Kyushu seront mises en œuvre au Bangladesh avant d'être adaptées aux besoins d'autres pays en développement.

Le Centre Yunus de l'Institut asiatique de technologie (IAT) de Bangkok est un autre programme universitaire dédié au social-business. Il cherche à lutter contre les problèmes posés par la pauvreté en utilisant diverses formes de social-business. Lancé en août 2009, le Centre Yunus de l'IAT proposera régulièrement des cours intensifs consacrés au social-business, au microcrédit, aux soins de santé pour les pauvres, aux questions liées à l'environnement et à l'égalité des sexes, ainsi qu'à d'autres sujets importants pour le développement économique.

Le Centre Yunus de l'IAT offrira également un programme éducatif qui accordera le titre de Yunus Fellow pour le Social-Business à un petit nombre d'étudiants hautement qualifiés représentant différentes disciplines. Nous espérons attirer un large éventail de candidats venant d'horizons divers : des personnes sans profession, des militaires, des responsables publics, d'autres individus susceptibles d'apporter une expérience personnelle intéressante. Afin de bénéficier du titre de Yunus Fellow, les étudiants devront développer, organiser, financer et mettre en œuvre avec succès un projet de social-business dans la communauté de leur choix. Un Yunus Fellow sera donc plus qu'un chercheur : il ou elle sera un praticien du social-business dont les réalisations concrètes bénéficieront aux plus démunis.

Enfin, HEC, la prestigieuse école de commerce située à Paris, a ouvert une chaire de social-business dont la création a été annoncée par le président Sarkozy en avril 2008. Son premier titulaire est le professeur Frédéric Dalsace, un chercheur renommé. Je copréside son comité d'orientation avec Martin Hirsch, ancien Haut-commissaire aux solidarités actives contre la pauvreté du gouvernement Fillon. Onze professeurs de disciplines variées consacrent une partie de leur temps à cette initiative. Le programme d'enseignement est ambitieux : il comprend cent heures de cours sur le social-business et la réduction de la pauvreté portant notamment sur « De nouveaux modèles économiques au bas de la pyramide », « L'entreprise et la pauvreté dans les pays développés », ou encore « Financer le social-business ». Les enseignants rattachés à ce programme ont commencé à travailler à des projets de social-business avec différentes entreprises. Ils affirment qu'ils ne seront pas satisfaits aussi longtemps qu'ils n'auront pas la certitude que les activités de l'« action tank » d'HEC auront significativement contribué à la réduction de la pauvreté en France.

Je suis ravi de constater que certains des penseurs mondiaux les plus influents ont adopté le social-business. Que des universités d'Asie, d'Europe et d'Amérique du Nord aient choisi d'y consacrer des enseignements ne peut qu'accélérer la diffusion de ce concept.

J'espère qu'en l'espace de quelques années, le social-business deviendra partie intégrante du programme d'enseignement de toutes les universités et de toutes les écoles de commerce du monde. Les étudiants devraient avoir la possibilité d'obtenir un MBA avec une spécialisation en social-business, tout comme ils peuvent aujourd'hui se spécialiser en finance, en marketing ou en entreprenariat. Je pense que les universités qui seront les premières à ajouter cette dimension à leur programme attireront un grand nombre d'étudiants brillants et idéalistes. Toutes les universités voudront suivre leur exemple.

Des fonds de social-business

Créer des fonds d'investissement destinés à soutenir le social-business facilitera la croissance de ce secteur. Ces fonds offriront un certain nombre de services. Ils analyseront et évalueront les nouveaux social-business, estimeront leur capacité à poursuivre des objectifs sociaux et mesureront l'efficacité de leur gestion – ce qui permettra aux fonds d'investissement d'identifier les entreprises les plus prometteuses. Comme leurs gestionnaires deviendront rapidement les meilleurs connaisseurs de ce qui fonctionne et de ce qui ne fonctionne pas dans l'univers du social-business, ils constitueront une source d'informations et d'idées en la matière. Ils contribueront à créer un vocabulaire commun et des instruments de mesure permettant de juger du succès d'un social-business, de la même façon que des outils aussi largement utilisés que le ROE (« *return on equity* » ou retour sur capitaux propres) et l'EBITDA (« *earnings before interest, taxes, depreciations, and amortization* », notion voisine de l'excédent brut d'exploitation) permettent de juger du succès d'une entreprise maximisant le profit. Ils permettront à des investisseurs potentiels d'identifier des social-business dans lesquels placer leur argent. Ils offriront également un moyen de diversifier les investissements dans le social-business : en faisant un chèque à un fonds d'investissement social, il sera possible de soutenir les douzaines, voire les centaines de social-business qui se financent auprès de lui.

Certains se sont demandé comment les fonds de social-business parviendraient à payer leurs propres dépenses étant donné que les investissements dans le social-business ne produisent pas de dividendes. La solution consiste à autoriser ces fonds à réclamer aux entreprises qu'ils financent des honoraires annuels de gestion. Ces honoraires devraient faire l'objet d'une négociation entre le fonds d'investissement et le social-business. Il est important qu'ils demeurent raisonnables (autour de 1 % par exemple). Les fonds pourraient par ailleurs dispenser les social-business du versement de ces honoraires aussi longtemps que les entreprises dans lesquelles ils investissent n'auront pas atteint le point mort.

Le fonds danone.communities présente des traits voisins de ceux d'un fonds de social-business. Danone.communities a été lancé au printemps 2007 afin de permettre aux actionnaires de Danone (ce qui inclut les salariés de l'entreprise) et d'autres investisseurs institutionnels ou particuliers de soutenir Grameen Danone. Ce fonds est géré de manière prudente par le Crédit Agricole, la plus grande banque de détail française et la deuxième d'Europe. Cette banque a par ailleurs donné 50 millions d'euros (environ 70 millions de dollars) à la Fondation Grameen Crédit Agricole pour la Microfinance. Cette fondation fournit des financements ainsi que d'autres types de services à des institutions de microfinance dans les pays du monde en développement (le Mali, le Cambodge, le Kosovo…) et investit une partie des fonds dont elle dispose dans des social-business.

Le fonds danone.communities est rapidement devenu très populaire. En raison de l'importance des sommes apportées par des actionnaires enthousiastes, il est devenu nécessaire d'identifier d'autres social-business ayant besoin d'un financement.

D'autres fonds de social-business sont en chantier. L'un d'entre eux est développé dans la principauté de Monaco et bénéficie du soutien du prince Albert : le Yunus Monaco Fund sera créé sous forme de *joint venture* entre le Centre Yunus et la Monaco Venture Capital & Private Equity Association. L'objectif initial de financement sera probablement voisin de 100 millions de dollars. Un autre fonds doit être lancé en Allemagne. Quant à la Banque Islamique de Développement (Islamic Development Bank – IDB) de Djeddah (Arabie Saoudite), elle projette de lancer l'IDB Grameen Social-Business Initiative et de la doter de plus de 10 millions de dollars.

La prochaine étape : un marché boursier social

Le social-business poursuivra sa croissance lors des années à venir et donnera progressivement naissance à un monde parallèle à l'univers familier des entreprises traditionnelles. Des entreprises se créeront sous forme de social-business dans tous les pays reconnaissant la libre entreprise et entreront sur à peu près tous les marchés, qu'il s'agisse de biens et de services destinés aux consommateurs ou de services aux entreprises allant de la fourniture de produits à des solutions d'externalisation. Ces entreprises seront présentes dans tous les secteurs d'activités, de la finance et de la banque aux technologies de l'information et à l'industrie lourde. Les fonds d'investissement dans le social-business se multiplieront, tout comme les fournisseurs de services et de produits spécifiques à cet univers – des sociétés de gestion de placement spécialisées dans le social-business ou des supports publiant des informations ainsi que des analyses relatives aux entreprises constituées sous forme de social-business.

L'apparition d'un marché boursier parallèle dédié au social-business semble inéluctable : il permettra de lever des fonds pour les social-business et de faciliter les échanges d'actions émises par ces entreprises. J'ai lancé cette idée dans *Vers un nouveau capitalisme*. Comme je l'ai indiqué dans ce livre, il sera essentiel de définir précisément ce qu'est le social-business afin d'identifier les entreprises autorisées à accéder au marché boursier social. Les investisseurs devront avoir la certitude que les entreprises cotées sur le marché boursier social seront d'authentiques social-business, non des entreprises maximisant le profit ou des entreprises réalisant un profit limité et se faisant passer pour des social-business. Les prix des actions refléteront le consensus des investisseurs sociaux sur la valeur de long terme de l'entreprise considérée. Elle ne sera pas exprimée en termes d'espérance de profit mais de bénéfice social produit, puisque tel est le principal objectif poursuivi par les entrepreneurs sociaux.

Selon ma vision des choses, les actions échangées sur le marché boursier social seront de deux types : des actions pour lesquelles l'investissement initial aura déjà été remboursé et des actions qui ne seront pas dans ce cas. Nous pourrions dire de la première catégorie d'actions qu'elles sont parvenues à maturité. L'acquéreur d'une action de ce type ne recevra aucun dividende parce que l'investissement initial aura été totalement remboursé. Une action qui ne sera pas parvenue à maturité sera associée à une espérance de remboursement, ce qui influera bien entendu sur sa valeur. Les actions partiellement remboursées feront l'objet d'une demande et d'une offre particulières. Voilà l'une des raisons pour lesquelles nous avons besoin d'un marché boursier social : il facilitera la détermination de la valeur de marché des actions émises par des social-business.

Le marché boursier social déterminera les prix des actions appartenant aux deux catégories que j'ai citées. Chacune de ces catégories aura ses propres courbes d'offre et de demande. Comme sur n'importe quel marché, les vendeurs chercheront à céder leurs actions au prix le plus élevé possible. Le nombre d'actions vendues variera en fonction du prix : plus le prix sera élevé, plus le nombre d'actions offertes sera important.

Selon les principes du social-business, le propriétaire d'une action ne peut pas accepter de réaliser un gain personnel. Si la vente d'une action produit des bénéfices supérieurs à l'investissement consenti, le vendeur devra investir le surplus dans un autre social-business ou dans un fonds de social-business, ou encore acheter une obligation émise par un social-business.

Dans ces conditions, pourquoi vendre ces actions ? Il peut y avoir plusieurs raisons à cela : récupérer son investissement avant que l'entreprise ne soit en mesure de le rembourser ; disposer de fonds permettant d'acheter des actions émises par un autre social-business ; investir dans un fonds de social-business ; créer son propre fonds de social-business, etc.

L'acquéreur d'une action émise par un social-business a lui aussi ses raisons : la fierté de s'engager dans le domaine social, un lien affectif avec un social-business donné, le désir de jouer un rôle dans la gestion de l'entreprise. Il ou elle pourrait également souhaiter faire un pari sur l'avenir en achetant des actions dont la valeur semble avoir une bonne chance de croître. Son objectif final pourrait consister à vendre ces actions à une date ultérieure afin de disposer d'une somme plus importante pouvant être investie dans un autre social-business. Selon que l'investisseur éprouvera ou non un sentiment d'urgence, le prix qu'il offrira sera plus ou moins élevé. Et comme sur tous les marchés fonctionnant correctement, le prix de marché de l'action sera déterminé en fonction des conditions d'offre et de demande existant au moment de la transaction.

Il est bien sûr toujours possible de faire un don pour une juste cause si l'entreprise accepte de recevoir des dons sous forme d'« investissements non recouvrables ». Le donateur/investisseur pourra recevoir des actions de l'entreprise, actions qui porteront peut-être un nom particulier afin d'indiquer qu'elles ne donneront pas lieu à remboursement – actions de catégorie B, par exemple. Il ou elle pourra les vendre sur le marché et investir les sommes produites par cette vente dans le même social-business ou dans un autre, sous forme soit d'actions de catégorie B non recouvrables soit d'actions conventionnelles. Un investisseur pourrait également choisir de faire don de ses actions à un fonds de social-business, à un organisme caritatif ou à une fondation.

Le prix d'une action de social-business reflétera la perception qu'a le marché de l'efficacité de l'entreprise émettrice. Si un social-business réussit à exercer un impact social significatif, le prix de son action augmentera. Les investisseurs seront fiers de leur entreprise, et l'action bénéficiera d'une surcote. Les spéculateurs désireux de dégager plus d'argent pour financer leur prochain projet de social-business commenceront à s'agiter. L'entreprise pourra développer ses activités, et de nouvelles entreprises seront incitées à entrer sur ce marché.

Chaque fois qu'un investisseur achètera une action d'un social-business, il ou elle contribuera à pousser le prix de l'action à la hausse en indiquant à cette entreprise que le public apprécie son travail. Une telle entreprise pourra donc facilement étendre ses activités en levant des fonds supplémentaires. Mais l'investisseur ne lui a pas « fait cadeau » de son argent. En tant qu'actionnaire, il détient une partie de l'entreprise et peut toujours revendre ses actions s'il n'apprécie pas les réalisations de l'entreprise ou si une société plus performante sur le plan social entre sur le marché. L'existence d'un marché boursier social offrirait ainsi aux social-business et aux investisseurs des indicateurs de la capacité des entreprises à réaliser leurs objectifs sociaux – indicateurs qui n'existent pas dans l'univers actuel des organismes à but non lucratif ou des organismes caritatifs.

J'espère qu'un marché boursier social sera bientôt créé. Le nombre de social-business émettant des actions négociables devra augmenter de manière significative avant que le besoin d'un marché spécifique destiné à faciliter ces transactions ne se fasse sentir. Grâce aux technologies disponibles au XXIe siècle, le marché boursier social n'aura probablement pas besoin d'être géographiquement localisé : il s'agira d'un marché boursier virtuel sur lequel toutes les transactions seront réalisées électroniquement, comme c'est actuellement le cas sur le NASDAQ.

L'ouverture d'une ou plusieurs salles de marché pourrait toutefois présenter un intérêt en termes de relations publiques : les investisseurs, les courtiers et les *traders* y travailleraient sous le regard de touristes et d'étudiants. Installés dans des galeries, les visiteurs pourraient observer des spécialistes du social-business occupés à acheter et à vendre des actions au moyen de leurs ordinateurs. Des écrans d'affichage suspendus au-dessus de leurs têtes permettraient de suivre l'évolution du prix des actions. Et on pourrait présenter une exposition retraçant l'histoire du social-business dans une salle voisine.

Le musée de la pauvreté dont j'ai souvent prédit la création pourrait être installé dans un bâtiment adjacent. Lors d'une même visite, les jeunes gens découvriraient non seulement ce qu'était la pauvreté, mais aussi l'histoire du mécanisme qui a joué un rôle clé dans son abolition : le social-business.

8. Les social-business de demain

L'univers du social-business déborde d'activité. Ce concept suscite depuis quelques années un vif intérêt. Des individus, des entreprises, des fondations, des organismes caritatifs, des universités, des *think tanks*, des agences gouvernementales et d'autres organisations de tous les continents sont entrés en contact soit avec moi, soit avec d'autres membres de la famille des entreprises Grameen pour mieux connaître le social-business et pour savoir comment prendre part à cette aventure. Il m'est impossible de présenter ici tous les projets en cours. J'ai donc retenu dans ce livre quelques exemples particulièrement passionnants afin de mettre en évidence les traits caractéristiques et le potentiel du social-business. J'espère que ces récits vous ont intéressé et inspiré.

D'autres exemples évoqués dans ce chapitre montreront la diversité des projets développés à travers le monde. Le récit de la création des social-business de demain par des individus, des entreprises et même des entités gouvernementales donnera un aperçu de ce que sera le futur.

Technologie et social-business :
l'histoire de BASF Grameen

Le monde des affaires dispose aujourd'hui d'un ensemble incroyable de technologies particulièrement puissantes – des technologies qui pourraient révolutionner la vie des pauvres. Prenons l'exemple de la société allemande BASF, qui est l'une des plus grandes entreprises de produits chimiques au monde. Elle est présente dans divers secteurs d'activité : production de matières plastiques, construction, agriculture, production de pétrole et de gaz. Elle détient des centaines de brevets pour des produits chimiques, des processus industriels et d'autres techniques. Certains des brevets qui ne font pas gagner d'argent aux actionnaires de BASF pourraient permettre d'apporter des bénéfices à des millions de personnes pauvres sans que cela ne coûte grand-chose aux propriétaires de l'entreprise.

Lors de l'une de nos premières discussions relatives au concept de social-business, Jürgen Hambrecht, le PDG de BASF, m'a tenu le discours suivant : « Comme bien d'autres entreprises industrielles, BASF a des milliers de brevets inexploités. Quand nous les avons achetés, chacun d'entre eux aurait pu permettre de créer une nouvelle activité. Mais aujourd'hui, pour de multiples raisons, beaucoup de ces brevets sont devenus pratiquement inutilisables pour nous. Si vous pouvez vous en servir pour créer des social-business susceptibles d'aider les pauvres, nous serons heureux de vous les céder. »

Grameen et BASF travaillent actuellement à deux projets de social-business. Ces deux projets sont fondés sur des brevets faisant l'objet d'une utilisation commerciale. Le premier consiste à fabriquer et à vendre au Bangladesh des moustiquaires chimiquement traitées au moyen d'une technologie brevetée par BASF. Le second consiste à produire et à commercialiser des sachets contenant des micronutriments nécessaires à l'amélioration de la santé des enfants bangladais.

Comme dans beaucoup d'autres pays en développement, l'utilisation de moustiquaires est d'une importance vitale au Bangladesh. La malaria ainsi que d'autres maladies mortelles sont principalement propagées par les moustiques, dont les piqûres véhiculent du sang contaminé d'un individu à l'autre. Selon un rapport publié en 2009 par l'Organisation mondiale de la santé, 50,6 millions d'individus risquent de contracter la malaria au Bangladesh, où 1,275 million de cas ont été constatés en 2008.

L'assèchement des marécages, des étangs mal entretenus ainsi que d'autres sources d'eau stagnante favorisant la reproduction des moustiques constitue un moyen d'enrayer la diffusion de ces maladies. À court terme, leur incidence pourrait être réduite de façon spectaculaire grâce à la fourniture de moustiquaires destinées à protéger les individus durant leur sommeil. Mais des dizaines de millions de personnes vivant en Asie, en Afrique ou en Amérique latine n'ont pas accès à cette solution toute simple.

C'est là qu'entrent en jeu les brevets de BASF. Cette entreprise utilise pour ses moustiquaires de marque Interceptor le Fendozin, un produit de finition textile qui permet d'incorporer un insecticide, le Fendona, aux fibres des moustiquaires. Libéré progressivement, le Fendona tue rapidement ou repousse les moustiques qui entrent en contact avec le tissu. Cette protection persiste même après vingt lavages. Selon les conditions locales, une moustiquaire aura donc une durée de vie de trois ou quatre ans.

BASF est par ailleurs l'un des principaux producteurs de compléments nutritionnels incluant les vitamines et les oligo-éléments indispensables à la santé des enfants. Le contenu des sachets produits par BASF doit être incorporé une à trois fois par semaine à l'alimentation d'un individu. J'ai décrit dans ce livre les graves problèmes liés à la malnutrition dont souffrent des millions de personnes au Bangladesh, et plus particulièrement les femmes. Ces compléments nutritionnels pourraient grandement contribuer à répondre à ce défi. Nous projetons de familiariser les Bangladais avec les bénéfices qu'ils pourraient leur apporter.

Il serait logique d'utiliser le savoir-faire scientifique de BASF pour fournir des solutions à ceux qui en ont si désespérément besoin. C'est exactement ce que nous allons faire. Il est actuellement prévu que BASF apporte l'investissement initial nécessaire au lancement de nos deux projets communs qui porteront tous deux le nom de BASF Grameen Ltd., une *joint venture* entre BASF et Grameen Healthcare Trust. La direction de BASF chargée des produits agricoles fournira un premier lot d'environ cent mille moustiquaires imprégnées qui seront envoyées par des producteurs thaïlandais à des distributeurs bangladais. Les sachets de micronutriments seront fabriqués dans des usines BASF situées en Asie du Sud jusqu'à ce qu'une unité de production ait été créée au Bangladesh.

Des entrepreneurs locaux – surtout des femmes, dont nos dames Grameen et leurs filles – seront chargés de commercialiser ces deux produits dans les campagnes. Les vendeurs ayant besoin d'investir pour lancer leur activité pourront obtenir des microprêts auprès de la Grameen Bank. Les projets développés avec BASF offriront de nouvelles opportunités d'activité aux villageois bangladais : nous cherchons à offrir ce type de double opportunité quand nous créons des social-business.

Comme on pouvait l'attendre d'une multinationale rencontrant un tel succès, BASF a développé un *business plan* très détaillé pour notre *joint venture*. BASF Grameen devrait lancer la production de moustiquaires en 2010, atteindre son point mort en 2011 et commencer à rembourser l'investissement initial consenti par BASF en 2015. En 2013, les ventes annuelles de moustiquaires Interceptor devraient dépasser les deux cent mille unités, tandis que plus de dix millions de sachets de micronutriments devraient être écoulés chaque année. Les bénéfices apportés aux personnes pauvres du Bangladesh seront énormes.

Des solutions numériques pour les pauvres : les projets Grameen Intel

Intel est une autre grande entreprise disposant de nombreuses technologies extrêmement intéressantes. Quand Craig Barrett, qui présidait alors le conseil d'administration d'Intel, exprima le désir de lancer un social-business mettant certaines des technologies développées par l'entreprise au service des pauvres, j'acceptai rapidement sa proposition.

Grameen Intel a été conçue comme un social-business « faisant preuve d'initiative économique, assurant son autofinancement, et bénéficiant à la population locale ». Grameen Intel est en train de créer un service de soins médicaux fondé sur les nouvelles technologies et destiné aux pauvres du Bangladesh. Son projet pilote concerne la santé de la mère et de l'enfant, qui pose de graves problèmes au Bangladesh comme dans d'autres pays du monde en développement. Plus de 120 000 nourrissons meurent chaque année au Bangladesh ; ces décès sont souvent dus à des carences nutritionnelles – anémie, carences en vitamines et en minéraux, etc. À cela s'ajoutent environ 12 000 décès par an de femmes victimes de complications liées à la grossesse. Les organisations Grameen consacrées à la santé ont accordé la plus grande attention à ces chiffres parfaitement inacceptables.

Répondre à ces problèmes n'est évidemment pas facile. Il est compliqué d'apporter des soins médicaux de meilleure qualité aux bébés et aux mères habitant dans des zones rurales, que ce soit avant, durant ou après la grossesse. Les médecins et les infirmières ont du mal à parcourir de grandes distances sur des routes en mauvais état. Inciter des médecins et d'autres professionnels de santé à vivre et à travailler dans des campagnes pauvres plutôt que dans l'une des grandes villes du Bangladesh constitue un défi. Et le pays tout entier manque gravement d'infirmières.

Lancé à l'été 2009, le programme pilote Grameen Intel doit permettre de savoir si les technologies de l'information peuvent jouer un rôle significatif dans l'amélioration des statistiques concernant la santé de la mère et de l'enfant. Des méthodes électroniques de collecte des données et de communication peuvent-elles contribuer à réduire les problèmes posés par la distance entre la femme enceinte vivant dans un village reculé et des médecins expérimentés se trouvant à des kilomètres de là ? C'est ce que Grameen Intel espère déterminer.

Le projet pilote est situé dans deux villages de Savar, une zone semi-rurale à la périphérie de Dacca. La solution technique qui est testée repose sur l'utilisation de smartphones équipés d'un logiciel spécialement conçu par Grameen Intel pour mesurer le niveau de risque d'une grossesse.

Armés de ces smartphones, les travailleurs médicaux itinérants recrutés et formés par Grameen Intel sont allés de porte en porte dans les villages, ont rendu visite aux femmes enceintes et leur ont fait remplir un questionnaire comprenant vingt questions afin de distinguer les grossesses à risque modéré de celles à haut risque. Cela ressemble au classement des patients qu'effectuent des infirmières hautement qualifiées dans un pays comme les États-Unis avant de les diriger vers un médecin. Dans notre programme, le rôle de l'infirmière est tenu par des travailleurs médicaux disposant d'une technologie avancée. Deux médecins – qui peuvent se trouver n'importe où – examinent les données recueillies et identifient les dangers potentiellement courus par les enfants et par leurs mères.

Les résultats obtenus jusqu'à présent ont mis en évidence la gravité des problèmes liés à la santé de la mère et de l'enfant. 48 des 92 mères ayant rempli notre questionnaire présentaient une grossesse à haut risque. Ces femmes doivent se rendre dans un dispensaire pour y être examinées et recevoir des soins. L'étape suivante consistera bien évidemment à développer un programme grâce à notre entreprise de soins médicaux, Grameen Kalyan, afin de mettre en place un système de suivi. Cela fera également partie du projet pilote Grameen Intel. L'information est essentielle, mais elle ne suffit pas : il faut mettre en place des structures permettant d'améliorer réellement la santé de la mère et de l'enfant. Nous pensons étendre notre projet de 2 à 10 cliniques en 2010 tout en développant des soins de suivi pour les mères qui en ont besoin.

Notre objectif final consiste à créer un ensemble de produits et de services fondés sur les technologies de l'information et pouvant être utilisés par des entrepreneurs locaux pour apporter des bénéfices sociaux aux gens du Bangladesh. Selon Grameen

Intel, ces entrepreneurs pourraient être issus de deux groupes de personnes. Le premier groupe est celui des dames Grameen – des emprunteuses de la Grameen Bank qui, pour beaucoup d'entre elles, sont en quête d'activités nouvelles. Elles connaissent bien les membres de leur communauté et peuvent utiliser leur réseau afin de trouver des clients pour les entreprises technologiques parrainées par Grameen Intel.

Le second groupe est celui des Nouveaux Entrepreneurs Grameen. Il s'agit d'enfants d'emprunteurs Grameen qui ont financé leurs études supérieures grâce à des prêts étudiants accordés par la Grameen Bank. Un grand nombre de Nouveaux Entrepreneurs Grameen travaillent déjà pour des entreprises de la famille Grameen. Grameen Shakti, notre entreprise de production d'énergie renouvelable, emploie par exemple de nombreux jeunes ingénieurs qui construisent, installent et entretiennent des systèmes de panneaux solaires et de production de biogaz dans des communautés locales du Bangladesh. Lorsque le programme Grameen Intel aura atteint sa vitesse de croisière, un grand nombre de Nouveaux Entrepreneurs Grameen pourraient devenir des entrepreneurs en technologies de l'information.

Il est intéressant de remarquer que plus de mille cinq cents étudiants bangladais sont actuellement inscrits dans des écoles de médecine ou dans des écoles d'ingénieurs. Ils sont issus de familles villageoises pauvres et analphabètes qui luttent pour assurer leur subsistance. Cela signifie que même après avoir obtenu leur diplôme, ils pourraient avoir du mal à trouver un emploi. Leur donner l'opportunité de se procurer des moyens d'existence en devenant entrepreneurs en technologies de l'information pourrait changer bien des choses, non seulement pour ces individus intelligents et motivés mais aussi pour leurs familles.

Le social-business Grameen Intel devrait donc donner naissance à beaucoup d'autres petites entreprises qui permettront à des milliers de personnes de sortir de la misère. En ce sens, la comparaison avec les dames téléphone Grameen est appropriée : dans les deux cas, de nouveaux outils technologiques sont mis à la disposition des pauvres et leur offrent le moyen de lancer une activité socialement utile qui stimulera la croissance de l'économie locale et fournira un revenu à l'entrepreneur.

D'autres projets de social-business ayant trait à la santé

Les *joint ventures* avec BASF et Intel ont été conçues pour répondre à des problèmes de santé, qui sont aussi importants au Bangladesh que dans les autres pays en développement. Je voudrais évoquer brièvement plusieurs autres projets de social-business ayant trait à la santé qui sont en cours de réalisation : chacun d'entre eux est susceptible d'apporter d'énormes bénéfices aux habitants du Bangladesh.

— Grameen et Pfizer, le célèbre laboratoire pharmaceutique, travaillent à un projet destiné à évaluer et à améliorer la qualité des soins médicaux fournis par Grameen Healthcare dans des dispensaires de village. Le premier projet pilote sera consacré à la santé de la mère et de l'enfant, que nous considérons comme un enjeu majeur pour les familles pauvres du Bangladesh.

— GE Healthcare, qui est l'un des principaux producteurs de technologies et de services médicaux, travaille avec Grameen Healthcare à l'amélioration des services offerts dans nos centres de soins de base, en particulier en ce qui concerne les soins apportés aux femmes enceintes. Ce projet a notamment pour mission de concevoir du matériel d'échographie portable et bon marché pouvant être utilisé au domicile des femmes vivant dans une zone rurale. Après avoir passé des mois à travailler à ce projet au Bangladesh, les concepteurs et les ingénieurs de GE ont présenté un premier modèle en mars 2010 : ce fut très impressionnant. Cet appareil a déjà été testé en conditions réelles par des personnels médicaux formés à son utilisation. GE Healthcare a également présenté un nouveau modèle d'appareil à échographie produisant des images en couleur et ultra-léger : les médecins peuvent le porter autour du cou comme un stéthoscope. Nous allons développer un modèle de social-business destiné à former des villageoises de façon à ce qu'elles puissent poser des diagnostics et contribuer à sauver les vies des femmes enceintes et de leurs enfants.

— Le laboratoire pharmaceutique Johnson & Johnson travaille avec Grameen au développement de protocoles de fonctionnement de centres de santé destinés aux soins de la mère et de l'enfant ainsi qu'à la formation de médecins et d'auxiliaires médicaux.

Les systèmes et les modèles ainsi développés seront reproduits en de nombreux endroits, ce qui permettra d'en faire bénéficier des milliers de patients.

— La Mayo Clinic, un établissement de soins médicaux de renommée mondiale, travaille avec Grameen Healthcare à un projet destiné à améliorer la prévention, le diagnostic et le traitement des maladies parasitaires – un problème courant dans le monde en développement. Les enseignements apportés par ce projet en matière de fourniture de soins médicaux aux pauvres pourraient être utilisés par la Mayo Clinic pour venir en aide aux populations défavorisées des États-Unis.

— Vous ne pensez peut-être pas que l'activité d'une entreprise fabriquant des vêtements puisse être liée à l'amélioration de la santé humaine. Or la société japonaise UNIQLO projette de créer au Bangladesh une usine de vêtements sous forme d'un social-business destiné à favoriser l'amélioration de la santé des individus. Après avoir visité plusieurs villages et étudié les conditions locales, UNIQLO a acquis la conviction que proposer ses produits Heattech et ses vêtements molletonnés à un prix minimal protégera les pauvres des mauvaises conditions climatiques et réduira la diffusion de la malaria et d'autres maladies infectieuses.

De nouveaux projets de social-business liés à la santé apparaissent régulièrement. Dans un an ou deux, je devrai peut-être écrire un nouveau livre qui leur sera entièrement consacré !

Le social-business de type II : Otto Grameen

L'exemple de la Grameen Bank montre qu'un social-business peut produire simultanément deux types de bénéfices sociaux : en créant des produits ou des services qui contribuent à la résolution d'un problème social et en apportant un revenu à ses propriétaires, qui sont des personnes pauvres. Les prêts accordés par la banque permettent aux plus démunis de lancer ou de développer une activité et d'échapper ainsi à la misère. Comme la banque est détenue par les pauvres, ils participent à sa gestion et reçoivent chaque année des dividendes.

Ces deux types de bénéfices correspondent à deux types de social-business. Le social-business de type I produit des biens et des services afin de remplir une mission sociale et n'est pas détenu par des personnes pauvres. Il ne distribue pas de dividendes à ses propriétaires : tout profit est réinvesti pour financer la croissance de l'entreprise et pour accroître les bénéfices qu'elle apporte à la société. La plupart des social-business que j'ai présentés dans ce livre font partie de cette catégorie : c'est le cas de Grameen Danone, de Grameen Veolia Water, de BASF Grameen et de Grameen Intel.

Un social-business de type II est détenu par des personnes pauvres (c'est le cas de la Grameen Bank) ou par une société d'investissement créée pour apporter des bénéfices aux pauvres. Un social-business détenu par les pauvres leur procure directement un revenu. Mais comme l'actionnariat individuel est source de multiples problèmes juridiques dans le système existant, l'une des manières d'apporter aux pauvres ou à des groupes défavorisés l'ensemble des bénéfices produits par une entreprise maximisant le profit consiste à attribuer la propriété de cette entreprise à une société d'investissement qui transférera ces bénéfices aux populations concernées.

Dans cette forme de social-business de type II, l'efficacité de l'organisation et sa capacité à apporter des bénéfices sociaux aux pauvres dépendront largement du talent et de l'intégrité des membres du conseil d'administration de la société d'investissement. La société devra nommer les bonnes personnes à son conseil d'administration et devra fonctionner en toute transparence. Quand le social-business disposera d'une infrastructure incluant un marché financier social très actif, des agences de notation et des fonds d'investissement spécialisés, ces organisations veilleront à ce que les sociétés d'investissement gérant des social-business de type II fassent preuve d'un niveau élevé d'intégrité et de compétence.

La Grameen Bank constitue actuellement l'unique exemple de social-business de type II. Nous travaillons avec la société allemande Otto à la création d'une nouvelle entreprise de ce type, que nous appellerons Otto Grameen Textile Company.

Otto GmbH est une société de vente par correspondance commercialisant notamment des produits textiles. Elle joue un rôle important dans la structuration des marchés parce qu'elle contribue à définir les standards de production d'un grand nombre d'articles. Créée par le fondateur de Otto GmbH,

Michael Otto, Aid by Trade participe à la création d'une industrie cotonnière durable en Afrique. Michael Otto a beaucoup œuvré en faveur du concept de durabilité.

Le projet Otto Grameen a commencé à prendre forme en février 2009, quand Saskia Bruysten (le directeur de Grameen Creative Lab) et moi-même avons rencontré Michael Otto. Celui-ci souhaitait lancer un social-business en partenariat avec Grameen – mais de quel type de partenariat pourrait-il s'agir ? Lors de rencontres ultérieures, l'idée d'une entreprise textile détenue par une société d'investissement destinée à venir en aide aux pauvres – c'est-à-dire un social-business de type II – a fait surface. Après avoir pris la mesure des implications d'un tel projet, Otto donna son accord lors d'une rencontre qui eut lieu au mois d'avril.

Le développement de ce nouveau concept a été réalisé sous la direction de Hassan Ashraf, qui a été le PDG de Grameen Knitwear et connaît bien l'industrie textile du Bangladesh. Ashraf et les dirigeants d'Otto travaillent à la conception d'une ligne de produits et d'un programme de commercialisation. Au début du moins, ils ne pensent pas vendre les vêtements ou les textiles sous la marque Otto Grameen : ils fabriqueront des produits que des entreprises clientes vendront sous leur propre marque. Mais cette approche est susceptible de changer à mesure qu'Otto Grameen enrichira son expérience et accroîtra sa renommée – et que la situation du marché évoluera. (Comme toute entreprise, Otto Grameen sera constamment à la recherche de nouvelles opportunités dont elle pourra tirer parti pour remplir son objectif : apporter des bénéfices aux pauvres.)

Otto Grameen est actuellement détenue par une entité appelée Otto Grameen Trust dont la mission consiste à utiliser ses recettes pour apporter des bénéfices à un groupe de personnes pauvres incluant les employés de l'entreprise, leurs familles et les communautés au sein desquelles l'entreprise fonctionne. Otto Grameen Trust a créé une entreprise recherchant le profit appelée Otto Grameen Textile Company sous forme de *joint venture* entre le Groupe Otto (qui possède 90 % des actions) et Grameen Trust (qui en possède 10 %). Les profits de l'entreprise textile seront transférés à Otto Grameen Trust, laquelle fera en sorte que les revenus et les gains en capital dégagés par Otto Grameen soient dépensés comme prévu : en faveur des pauvres.

Otto consentira à Otto Grameen Trust deux prêts sans intérêt qui tiendront lieu d'investissement initial. Le premier prêt sera utilisé comme capital pour lancer l'entreprise, le second comme moyen de financer une dotation pour les services sociaux qu'elle offrira. L'idée consiste à commencer à fournir ces services aussi rapidement que possible plutôt que d'attendre que l'entreprise dégage des profits. Otto apportera également son expertise technique ainsi que son expérience de la structuration d'un marché. Quant à Grameen Trust, elle transmettra sa connaissance de la situation locale, de l'environnement culturel et des enjeux sociaux.

Selon le protocole d'accord signé par Otto et Grameen Trust, l'objectif de la *joint venture* consiste à créer une usine fabriquant des vêtements pour l'exportation. Cette usine produira entre 200 000 et 250 000 unités par mois et emploiera de 200 à 500 ouvriers. Ils bénéficieront « de conditions de travail dignes, de services sociaux, d'un revenu et de perspectives d'actionnariat ». L'accent sera mis sur l'emploi de personnes « défavorisées » – catégorie qui inclut les femmes, les parents célibataires et les analphabètes.

L'usine sera environnementalement et économiquement durable. L'équipe chargée de la planification détaillée cherche actuellement les meilleures options disponibles en matière de matériaux de construction, de consommation d'énergie et de gestion de la chaîne d'approvisionnement. Elle reçoit l'aide de Systain, une filiale d'Otto spécialisée dans les projets utilisant des énergies renouvelables.

Des panneaux solaires seront utilisés pour couvrir autant que possible les besoins énergétiques de l'usine ; le complément sera fourni par un générateur de gaz ou par une autre source conventionnelle. Les méthodes de construction propres à la région – qui comprennent l'utilisation de briques de terre dotées d'un haut pouvoir isolant et de tiges de bambou – seront adaptées aux besoins de l'usine. La localisation, l'orientation et la conception de l'usine permettront de tirer le meilleur parti de son environnement (par exemple en disposant les fenêtres de façon à faciliter l'aération de l'usine tout en limitant l'absorption de chaleur durant l'été).

L'équipe cherche aussi des moyens de transporter

les matières premières et les produits finis en conjuguant efficacité et limitation des émissions de dioxyde de carbone. Elle espère parvenir à créer une usine au bilan carbone neutre qui pourrait servir de modèle pour d'autres installations au Bangladesh et dans le reste de l'Asie du Sud.

Les profits générés par l'entreprise seront dépensés de trois manières. Une première partie permettra de rembourser les prêts sans intérêt accordés par Otto. (Dix années au moins seront nécessaires.) Une deuxième partie sera mise en réserve pour permettre à l'entreprise de faire face à des difficultés éventuelles et pour financer son développement. La troisième, qui sera aussi la plus importante et qui sera la première à être dépensée quand les comptes arriveront à l'équilibre, financera des services sociaux apportés aux pauvres – les principaux bénéficiaires de l'activité d'Otto Grameen.

En plus d'un salaire convenable et des avantages généralement associés au statut de salarié, les bénéfices sociaux offerts par Otto Grameen devraient inclure :

— l'accès à une alimentation saine et nourrissante ;

— des soins médicaux ;

— une aide éducative et une formation professionnelle ;

— un accès au crédit ;

— une aide au logement ;

— des perspectives d'association à la propriété de l'entreprise.

Ces bénéfices sociaux seront d'abord apportés aux employés d'Otto Grameen ainsi qu'à leurs familles.

Avec le temps, ils pourraient être étendus à d'autres membres de la communauté. Il est possible que chaque usine Otto Grameen devienne le centre d'un « village Otto Grameen » et que sa présence permette à chaque habitant de bénéficier d'une meilleure qualité de vie.

Comme vous pouvez le constater, nous avons des projets assez ambitieux pour Otto Grameen. C'est une entreprise excitante qui présente de nombreux traits inédits. L'équipe d'Otto Grameen devra certainement procéder à des modifications et à des ajustements à mesure qu'elle comprendra ce qui fonctionne et ce qui ne fonctionne pas et qu'elle développera de nouvelles solutions pour répondre aux difficultés qui apparaîtront. La première usine devrait être construite en 2010. Les estimations de son coût varient entre 1 et 2 millions d'euros (1,2 à 2,8 millions de dollars) ; cette fourchette est liée à un certain nombre de facteurs qui n'ont pas encore été déterminés, comme la possibilité d'utilisation et le coût des systèmes d'énergie solaire et des matériaux de construction durables. L'entrée en production a été provisoirement fixée au premier trimestre 2011.

Si Otto Grameen parvient à mener à bien cette expérience, elle pourra servir de modèle à beaucoup d'autres entreprises.

Des chaussures pour tous :
la quête de Grameen Adidas

Adidas est un fabricant très connu de chaussures de sport – des chaussures portées par des athlètes, des footballeurs, des joueurs de tennis professionnels et d'autres sportifs de haut niveau. Cette entreprise rivalise sur ce marché rentable et très exposé avec des sociétés comme Nike, Reebook et New Balance en ayant recours à de célèbres créateurs de mode, dont Stella McCartney, et à des sportifs illustres : un footballeur de légende, David Beckham ; une championne de tennis, Ana Ivanovic ; et un brillant joueur de baseball, Chase Utley.

Il est facile de penser que cette industrie est fondée sur le glamour, les loisirs et le divertissement, toutes choses qui ont peu de liens avec les besoins des pauvres. C'est ce que je croyais – et je n'avais jamais pensé que Grameen ou moi-même ferions quoi que ce soit avec Adidas. Mais d'étranges circonstances nous ont réunis. Lors d'un voyage en Allemagne en novembre 2008, le PDG d'Adidas, Herbert Hainer, m'a invité à venir discuter avec lui : il voulait comprendre le concept de social-business. Je me suis efforcé de le lui expliquer lors d'une rencontre organisée au siège de la société.

La question de la manière dont Adidas pourrait contribuer au social-business fut naturellement posée. Je ne savais absolument pas quoi proposer. J'ai finalement donné la réponse suivante : « Adidas pourrait peut-être commencer par déclarer que personne ne devrait être privé de chaussures. Étant donné la nature de votre activité, vous devriez faire en sorte que même les plus pauvres puissent s'offrir des chaussures. »

J'ai demandé à Hainer si une telle déclaration lui paraissait avoir du sens. Il me répondit que oui, avant d'ajouter : « Mais j'essaie de saisir l'ensemble de ses implications. Pourrions-nous faire une pause ? Mes collaborateurs vous feront visiter notre siège social et notre musée pendant que je consulterai mes collègues. »

Nous nous retrouvâmes pour le déjeuner, auquel participaient également des collègues de Hainer. Tandis que nous mangions, il me demanda de lui indiquer à quel prix des chaussures devraient être vendues pour être accessibles aux plus démunis. Je lui répondis qu'il ne devrait pas excéder un dollar.

Hainer cessa de manger pendant un moment tout en gardant le regard fixé sur moi. Je crus que notre conversation relative au social-business était terminée. Mais à la fin du déjeuner, Hainer me prit par surprise : il voulait faire une annonce. Il déclara qu'Adidas lancerait un social-business en partenariat avec Grameen afin de produire au Bangladesh des chaussures destinées aux pauvres. Ces chaussures seraient vendues à un prix aussi proche que possible de un euro – ce qui est un peu supérieur à un dollar. Je n'arrivais pas à croire que j'entendais le PDG d'Adidas faire une déclaration aussi audacieuse !

Les principaux dirigeants de l'entreprise s'installèrent immédiatement à mes côtés pour commencer une séance de travail destinée à préparer un plan d'action. Ils étaient soudain pleins d'énergie et d'enthousiasme. Je les écoutais présenter leurs projets, je répondais à un flot de questions, et je m'émerveillais de la capacité du social-business à transformer les gens aussi rapidement !

Adidas travaille à présent à relever le défi que l'entreprise a accepté : concevoir et commercialiser des chaussures accessibles à la quasi-totalité des individus de la planète – la première paire de chaussures à un euro.

Le projet de chaussures à un euro est conduit par Herbert Hainer. Il a constitué une équipe de huit collaborateurs « à haut potentiel » venus des différents départements de l'entreprise – le marketing, la finance, le développement commercial – et chargés d'examiner des projets de social-business, dont le projet de chaussures à un euro. Ils ont visité des villages bangladais, ont rencontré des hommes, des femmes et des enfants pauvres, et ont étudié leurs préférences, leurs besoins, leurs habitudes de consommation, leur revenu disponible, la structure de leurs dépenses, etc.

Ils ont rapidement compris que fournir des chaussures aux pauvres du Bangladesh n'est pas uniquement une question de confort : c'est aussi un moyen d'améliorer la santé des individus. Nous oublions souvent que les chaussures sont étroitement liées à la santé humaine. Les parasites responsables de maladies s'introduisent dans le corps humain par la peau des pieds. L'infection à l'ankylostome est très répandue au Bangladesh parce que des millions de pauvres marchent pieds nus. Les enfants sont particulièrement susceptibles de contracter cette maladie.

Les ingénieurs d'Adidas travaillent à notre projet depuis le début de l'année 2010. Le défi est assez difficile à relever, mais ils ne se laissent pas décourager. Adidas fait preuve d'une grande ambition : l'entreprise cherche à créer des chaussures très bon marché, recyclables et attrayantes. La plupart des sociétés auraient éliminé cette dernière condition si elles avaient envisagé de créer une entreprise de fabrication de chaussures sous forme de social-business. Après tout, si c'est un projet destiné à « faire le bien », pourquoi se préoccuper des qualités esthétiques du produit ? Les pauvres ne seront-ils pas heureux d'avoir des chaussures, même si elles sont laides ?

Ce n'est pas le bon état d'esprit dans lequel aborder un tel projet. Le social-business doit apporter de la joie ! Il ne s'agit pas de demander à des gens de se contenter d'un produit de second rang parce qu'ils ne peuvent pas s'offrir mieux. Ceux qui porteront ces chaussures devront pouvoir en être fiers. Elles devraient leur apporter non seulement une protection, mais aussi du respect et de la dignité. Adidas veut créer des chaussures bon marché et jolies : les habitants pauvres des campagnes d'Afrique, d'Asie du Sud et d'Amérique latine les considéreront comme une marque de bon goût et de respectabilité.

Le fait que nos chaussures soient belles présenterait d'importants bénéfices pratiques. Plus la demande de chaussures sera forte, plus les volumes produits seront élevés – et plus le prix pourra être bas. C'est la raison pour laquelle Adidas a décidé d'appliquer toute son expertise en matière de conception, de stylisme et de marketing au projet de chaussures à un euro : l'entreprise s'apprête à franchir avec panache l'obstacle posé par ce prix.

Selon les prévisions actuelles, dix mille paires de chaussures fraîchement produites par Adidas devraient arriver en juin 2010 au Bangladesh afin de tester le potentiel commercial du produit. Nous étudierons les réactions des utilisateurs, leurs préférences, les variations de la demande en fonction de l'âge et du sexe, etc. Les ingénieurs et les concepteurs d'Adidas se remettront ensuite au travail pour créer de meilleurs produits vendus à un prix plus faible. Nous envisageons par ailleurs d'ouvrir une unité de production au Bangladesh.

Créer des emplois : Grameen Employment Services

Les travailleurs immigrés venus du Bangladesh ou d'autres pays d'Asie du Sud sont souvent exploités. Parce qu'ils cherchent désespérément un emploi, ils partent loin de chez eux pour trouver du travail, vivent dans des dortoirs ou dans des abris de fortune, et envoient de l'argent à leurs familles pour leur permettre de survivre. Il est donc facile d'abuser d'eux et de les priver d'un salaire convenable, de conditions de travail décentes, d'un logement correct et de soins médicaux. Lorsque les entreprises connaissent des difficultés financières ou font faillite, il arrive que les travailleurs immigrés ne perçoivent plus leur salaire ou perdent leur emploi et qu'ils n'aient pas même un billet d'avion pour rentrer chez eux. C'est l'expérience qu'ont vécue des milliers d'ouvriers bangladais quand la crise économique de 2008-2009 mit un terme à l'expansion du secteur du bâtiment au Moyen-Orient.

Nous sommes en train de développer un social-business appelé Grameen Employment Services afin d'améliorer la situation de ces travailleurs. Comme une agence pour l'emploi traditionnelle, Grameen Employment Services servira d'intermédiaire à de grandes entreprises cherchant à embaucher des personnes compétentes. Mais notre social-business mettra en œuvre une politique destinée à protéger les employés et à les aider à accroître leur valeur sur le marché du travail. Il proposera des cours de langue (ce qui permettra aux travailleurs immigrés de trouver de meilleurs emplois ainsi que de mieux défendre leurs intérêts) et d'autres types de formations professionnelles. Il aidera également ces personnes à effectuer les démarches nécessaires à l'obtention d'un passeport et d'un visa, ce qui inclut le passage d'examens médicaux. Il représentera par ailleurs les intérêts des travailleurs lors des négociations avec les employeurs : il veillera à ce que leur sécurité soit assurée, à ce qu'ils disposent d'un logement et à ce qu'ils reçoivent la totalité des sommes qui leur sont dues.

Comme dans bien d'autres pays en développement, les envois de fonds effectués par des Bangladais travaillant à l'étranger contribuent largement à l'économie nationale. Grameen Employment Services fera en sorte que ces flux monétaires continuent de parvenir aux familles et aux villages qui en dépendent tout en protégeant la dignité des travailleurs qui sont à leur origine.

Utiliser le social-business pour redynamiser des économies régionales : les projets lancés en Colombie, en Albanie et en Haïti

Redynamiser l'économie de pays souffrant de la plus grande pauvreté est l'un des défis auxquels le social-business pourrait répondre. Il s'agirait de rassembler des ressources apportées par différents acteurs – des agences gouvernementales, des ONG, des entreprises privées, de simples citoyens – afin de créer des programmes de lutte contre la pauvreté utilisant la force motrice du social-business. Un premier projet de ce type sera lancé en juin 2010 dans la province colombienne de Caldas. Lorsque vous lirez ces lignes, d'autres projets similaires seront en cours.

Caldas est une province faiblement développée de la région de Paisa. Alors qu'elle a été jadis l'une des premières provinces productrices de café de Colombie, elle traverse une crise depuis que l'effondrement du marché local du café a mis beaucoup de gens au chômage. Environ 62 % des habitants de Caldas vivent actuellement avec moins de 2 dollars par jour, et un quart de la population dispose de moins de 1 dollar par jour – les valeurs communément utilisées pour mesurer la pauvreté et la grande pauvreté. La Colombie connaît de graves difficultés économiques :

le pays pointe au 77e rang des classements relatifs au développement économique, mais au 6e rang pour ce qui concerne le niveau des inégalités de revenus et au 2e rang pour le nombre de personnes déplacées (en raison des guerres que se livrent les trafiquants de cocaïne et des menaces que font peser les milices locales).

À la mi-2009, alors que je participais au sommet régional du microcrédit pour l'Amérique latine et les Caraïbes organisé à Carthagène, le gouverneur de Caldas, Aristizábal Muñoz, m'a demandé si je pouvais l'aider à relancer l'économie de sa province. Tandis que je l'écoutais me présenter les problèmes auxquels elle était confrontée, j'eus l'idée de lui proposer de lancer une série de social-business pour y répondre.

Je donnai à Muñoz un aperçu de ce que j'étais prêt à faire si l'idée lui plaisait et s'il acceptait de lui apporter un soutien financier : « Je créerai un Fonds de Social-Business de Caldas ainsi qu'une Société d'Investissement dans le Social-Business qui lancera des social-business dans la province et en sera propriétaire. Ces social-business créeront des emplois, ouvriront un accès au microcrédit, et offriront des soins médicaux, des assurances, des services liés à la commercialisation des produits agricoles, etc. Pour que nous puissions démarrer, il faudrait que vous nous apportiez un investissement initial de 16 millions de dollars. » Muñoz m'écouta attentivement et me donna son accord de principe.

Je renouvelai ma proposition un peu plus tard. Le gouverneur Muñoz proposa à l'équipe chargée du dossier – dirigée par Hans Reitz, le fondateur du Grameen Creative Lab de Wiesbaden – de rencontrer ses collaborateurs à Caldas. Nous avons travaillé dur pour affiner notre vision du projet. Le 7 novembre 2009, lors du colloque Grameen sur le social-business organisé à Wolfsburg (Allemagne), Muñoz et moi-même avons signé un protocole d'accord relatif au lancement de projets de microfinance et de social-business dans la province de Caldas. Les autorités locales ont prévu de consacrer 16 millions de dollars au financement initial de ces programmes.

Les programmes de social-business de Caldas incluront des social-business de type I et des social-business de type II détenus par des sociétés d'investissement qui utiliseront les profits dégagés au bénéfice des habitants de la province.

Nous recrutons dans le cadre de ce projet de jeunes Colombiens travaillant actuellement en Amérique du Nord ou en Europe. Il nous faudra convaincre les jeunes gens les plus brillants de revenir dans leur pays et de participer à la construction de son avenir.

Nous projetons de créer un programme similaire avec le gouvernement de l'Albanie, un pays européen connaissant de très graves difficultés économiques. J'ai rencontré le Premier ministre Sali Berisha en octobre 2009 à New York ; il m'a décrit la terrible situation des personnes pauvres de son pays. Il m'a promis de soutenir tous les programmes de réduction de la pauvreté que j'envisagerais de lancer en Albanie. Je me suis souvenu de ma conversation avec le gouverneur Muñoz et j'ai proposé un programme similaire à Sali Berisha, qui a immédiatement accepté.

J'ai envoyé Reitz et son équipe expliquer le concept de social-business aux responsables politiques et économiques albanais. Grameen Creative Lab a rédigé rapidement une proposition détaillée de social-business dit « holistique » qui aidera à relancer la croissance économique dans le pays. Cette proposition a été présentée le 22 janvier 2010 lors d'une réunion organisée à Tirana et à laquelle participaient le Premier ministre, des membres importants du monde des affaires, de l'université, de la société civile, des ONG, du secteur de la microfinance, ainsi que des représentants des pouvoirs publics. Nous espérons que ce programme pourra être officiellement lancé au second semestre 2010.

Un troisième projet de ce type est actuellement développé en Haïti afin de prendre part à l'effort de reconstruction engagé après le tremblement de terre qui a frappé le pays en janvier 2010.

Comme des millions d'autres personnes, j'ai constaté que les victimes du tremblement de terre avaient suscité un formidable élan de solidarité et qu'elles avaient reçu le soutien de gouvernements, d'entreprises, de fondations et d'individus du monde entier. Lors du sommet de Davos de janvier 2010, j'ai fait part de certaines inquiétudes à Léo Apotheker, qui était alors à la tête de SAP : je redoutais qu'il ne soit pas fait le meilleur usage possible de l'aide financière massive apportée à Haïti parce qu'elle était concentrée sur des objectifs à court terme au détriment du développement à moyen et long terme. « Nous devrions peut-être créer un fonds de social-business pour Haïti qui pourrait collecter 10 % ou plus des fonds de secours », lui ai-je dit.

La réponse d'Apotheker fut immédiate : « Nous envoyons nous-mêmes beaucoup d'argent. Nous devrions peut-être le verser dans ce fonds de social-business. »

« Pourquoi pas ? Faisons-le », lui répondis-je.

Beaucoup de personnes et d'entreprises ont répondu favorablement à l'annonce de la création de ce fonds, qui eut lieu un peu plus tard dans la semaine. Nous projetons de lancer une série de social-business en Haïti dans des domaines comme le logement, la santé, l'agriculture, la sylviculture, la création d'emplois, la microfinance, le marketing, la formation professionnelle, etc. Nous créerons également une société d'investissement dans le social-business qui aidera les entreprises du monde entier à lancer leurs propres social-business en Haïti. Nous avons déjà un bureau sur place, et une équipe dirigée par Hans Reitz prépare notre plan d'action.

Ces trois initiatives nationales posent un nouveau défi au social-business : elles vont permettre de mesurer sa capacité à contribuer à la relance d'un processus de développement économique axé autour des pauvres, ce à l'échelle d'un pays ou d'une région. Il sera très intéressant d'analyser les résultats obtenus : s'ils étaient conformes à nos attentes, le social-business pourrait être utilisé par des responsables publics ou par d'autres acteurs cherchant à accélérer le rythme du développement économique de divers pays.

9. La fin de la pauvreté

Les soixante dernières années ont été marquées par l'avancée triomphale du capitalisme. De nombreux pays ont vu leur économie croître de façon inédite et des millions d'individus sont devenus extrêmement riches. Cette expansion a principalement concerné les économies industrialisées d'Europe et d'Amérique du Nord ainsi que quelques autres pays comme le Japon. Mais dans le même temps, des milliards d'individus étaient laissés au bord de la route.

Déterminés à réduire le fossé qui sépare les pays du Nord de ceux du Sud, les représentants des peuples du monde se réunirent en l'an 2000 au siège new-yorkais des Nations unies. Ils s'accordèrent à retenir huit objectifs qu'ils voulaient réaliser d'ici à 2015 : les Objectifs du Millénaire pour le développement. Le plus important d'entre eux consistait à diviser par deux le taux de pauvreté.

Le Bangladesh a énormément progressé en la matière. Le taux de pauvreté est passé de 57 % en 1991 à 40 % en 2005 et continue de diminuer d'environ 2 % par an. Toute nouvelle diminution d'un point de pourcentage traduit une amélioration significative des conditions de vie de millions de Bangladais. Le Bangladesh semble bien parti pour atteindre en 2015 l'objectif de division par deux du taux de pauvreté. Plus remarquable encore : la rapide croissance économique du pays n'a été accompagnée que d'une faible progression des inégalités[1].

D'autres pays ont connu des succès similaires. Un peu partout dans le monde, les choses s'améliorent peu à peu. Le nombre d'individus qui disposent de moins de 1,25 dollar par jour est passé entre 1990 et 2005 de 1,8 à 1,4 milliard, ce qui représente encore 25 % de la population mondiale. Mais depuis cette date, les espoirs soulevés par la Déclaration du Millénaire se sont éteints sous l'effet d'une crise planétaire complexe : elle est à la fois économique, financière, environnementale, agricole et sociale. Selon des estimations récentes, la crise a plongé 55 à 90 millions d'individus supplémentaires dans l'extrême pauvreté.

La crise actuelle a débuté en 2008 sous la forme d'une crise alimentaire. La hausse du prix des denrées alimentaires – notamment de produits de première nécessité comme les céréales et le riz – les rendit inaccessibles aux pauvres. Le prix du blé a ainsi augmenté de 200 % depuis l'an 2000. Des milliers d'individus mouraient de faim parce qu'ils n'avaient plus les moyens de se nourrir.

Ce phénomène tragique avait de nombreuses

---

1. L'inégalité de la distribution des revenus dans une société donnée est mesurée par des indicateurs statistiques comme le coefficient de Gini.

causes. La croissance régulière de la population mondiale et la diminution de la surface totale des terres arables expliquent pour partie la hausse du prix des denrées alimentaires. Les effets du changement climatique et la survenue de désastres naturels ont exacerbé le problème. Au même moment, ce que j'appelle l'« échange semi-libre » se traduisait par la distorsion des marchés mondiaux, la hausse des prix ainsi que la destruction de systèmes agricoles nationaux et régionaux qui dégageaient jadis d'énormes surplus alimentaires.

Les subventions accordées par des pays comme les États-Unis à la production d'éthanol illustrent ce problème. Destinées à encourager la production de maïs et de soja afin de remplacer les carburants d'origine fossile par des biocarburants, elles ont rendu l'usage de ces derniers économiquement viable. Mais ces subventions ont eu des conséquences indésirables en matière écologique, sociale et économique : elles vont d'une pression à la hausse exercée sur le prix des denrées alimentaires de base à la distraction de terres et d'autres ressources agricoles en faveur de la production de biocarburants. C'est pourquoi je pense que ces subventions devraient être éliminées aussi rapidement que possible.

Les prix des denrées alimentaires ont également augmenté sous l'effet de la spéculation. Je veux parler des gros investisseurs qui, essentiellement dans le monde développé, interviennent sur les marchés à terme du blé, du maïs, du soja et d'autres matières premières. Ces spéculateurs n'avaient pas de réel intérêt pour les matières premières qu'ils échangeaient et n'ont jamais eu l'intention d'en faire usage. Ils achetaient et vendaient des contrats à terme sur ces marchés dans le seul but de réaliser un profit financier. Grâce aux systèmes d'échanges électroniques, les marchés financiers modernes permettent aux spéculateurs d'échanger des quantités incroyablement importantes de matières premières en quelques clics. Ils en ont sans doute tiré profit ; tel n'est pas le cas des individus dont les vies dépendent de l'accès aux denrées alimentaires qui constituent le sous-jacent de ces contrats.

C'est une illustration tragique de la manière dont notre système économique échoue à satisfaire les besoins de l'ensemble de l'humanité. Des millions d'individus meurent de faim parce que quelques spéculateurs se sont aveuglément livrés à la recherche du profit.

Ces différents problèmes économiques empirent alors même que l'évolution des conditions environnementales pèse sur l'avenir de l'agriculture à l'échelle du globe. Le changement climatique, la sécheresse et la déforestation transforment en déserts des zones jadis fertiles. Selon les Nations unies, le changement climatique est responsable chaque année de la disparition d'une surface agricole de la taille de l'Ukraine. Si la tendance au réchauffement climatique se poursuit, la montée du niveau des mers et des océans provoquera lors du siècle à venir la perte du tiers de la surface agricole mondiale. Il est aisé d'imaginer ce qu'il adviendra du pays le plus densément peuplé du monde, le Bangladesh : c'est un pays plat dont 20 % du territoire se trouve à moins d'un mètre au-dessus du niveau de la mer. La catastrophe environnementale provoquée par la montée des eaux se transformerait immédiatement en catastrophe humanitaire.

La crise alimentaire et la crise environnementale ne sont pas seules responsables de la détérioration des conditions d'existence des pauvres. La crise financière a provoqué des dégâts considérables. Quand le marché du crédit se grippe, quand les banques cessent de prêter, quand les entreprises font faillite par milliers et quand la diminution des recettes fiscales contraint les gouvernements à tailler dans les programmes d'assistance, ce sont les pauvres qui souffrent le plus.

La crise financière a mis en lumière les défauts du capitalisme. À l'origine, le marché du crédit a été conçu pour répondre aux besoins des individus. Il était destiné à fournir aux gens d'affaires les capitaux nécessaires à la création et au développement des entreprises. L'existence de prêts immobiliers autorisait les individus à acheter un logement et à en étaler le paiement sur une longue période. Les prêts étudiants ont permis à des millions de jeunes d'accéder à l'enseignement supérieur. Les banques qui accordaient ces différents prêts faisaient un profit raisonnable. Tout le monde était gagnant.

Mais le capitalisme traditionnel exige des profits de plus en plus importants. Cela incite les gens intelligents à mettre leur créativité au service de cet impératif. Au fil du temps, les progrès de l'ingénierie financière ont permis aux établissements financiers de tirer des profits croissants du marché du crédit. Ils ont transformé les prêts immobiliers ainsi que d'autres types de prêts en instruments sophistiqués dont le niveau de risque et les autres caractéristiques étaient cachés ou maquillés. Ils les ont alors vendus et revendus, chaque transaction leur rapportant un petit profit. Pendant ce temps, les investisseurs faisaient frénétiquement monter les prix et se battaient pour profiter d'une croissance qui était en réalité insoutenable. Aveuglés par des rendements incroyablement élevés, ils n'ont pas fait l'effort de se demander quels étaient les risques associés à ces instruments financiers. Ils ont fait le pari que les faiblesses du système n'apparaîtraient jamais au grand jour.

C'est pourtant ce qui s'est passé. L'effondrement du marché immobilier aux États-Unis a provoqué la chute de ce château de cartes. Cela s'est produit si brutalement que même ceux qui doutaient de la solidité du système financier ont été surpris. Des millions d'individus à travers le monde souffrent des conséquences de la crise financière alors qu'ils n'ont rien fait de mal. Comme toujours, les pauvres sont le plus durement frappés – tout particulièrement les « 3 milliards d'en bas » qui avaient tout juste de quoi survivre. Ils pâtissent des effets combinés de la crise alimentaire, de la crise environnementale et de la crise financière. Sous sa forme actuelle, le capitalisme a gravement manqué à sa responsabilité sociale.

Mais comme le savent les sages, une grave crise offre de grandes opportunités. Le monde ne s'intéresse malheureusement pas à cet aspect de la crise.

Jusqu'à présent, les gouvernements qui luttent contre les effets des crises de 2008-2010 se sont contentés de mettre en place de gigantesques plans de sauvetage destinés aux institutions responsables du déclenchement de la crise financière. Ils n'ont malheureusement jamais évoqué la mise en place d'un plan de sauvetage destiné aux victimes de la crise : les « 3 milliards d'en bas » et la planète elle-même.

La crise actuelle nous a rappelé que tous les habitants de la planète sont interdépendants. Le destin de Lehman Brothers et celui des femmes pauvres travaillant dans une fabrique de vêtements au Bangladesh sont liés. C'est la raison pour laquelle j'ai, à plusieurs reprises, fait valoir que cette énorme crise devait être l'occasion de repenser le système économique et financier. Il est temps de modifier l'architecture de notre économie de façon à ce qu'une telle crise ne puisse plus se produire. Le social-business peut être un élément clé de cette évolution.

La caractéristique majeure de cette nouvelle architecture économique consistera en l'enrichissement du cadre théorique du capitalisme grâce à l'introduction du social-business. Lorsque le social-business aura été reconnu, il pourra jouer un rôle important dans la résolution de la crise financière, de la crise alimentaire et de la crise environnementale. Il offre de surcroît un mécanisme institutionnel particulièrement efficace pour traiter les problèmes que posent la pauvreté, le manque de logements, la faim et la maladie. Le social-business est en mesure de répondre à tous les problèmes auxquels ne s'intéressent pas les entreprises maximisant le profit tout en limitant les excès de ces dernières.

La nouvelle architecture économique que je propose ne reviendrait pas sur la mondialisation. Je soutiens la mondialisation et je crois qu'elle peut apporter davantage de bienfaits aux pauvres que ne le ferait un système alternatif. Le commerce international a ainsi été à l'origine d'une large part de la croissance économique qui, lors de la décennie écoulée, a permis de faire sortir des millions d'individus de la pauvreté en Chine, en Inde et au Bangladesh.

La mondialisation peut jouer un rôle très positif. Mais tout dépend de sa nature. La loi du plus fort doit être remplacée par des règles protégeant les plus pauvres. La mondialisation ne doit pas se transformer en impérialisme financier.

Une meilleure régulation de l'activité économique doit être mise en place, à l'échelle des nations comme au plan international. Mais il nous faut également utiliser le potentiel du social-business afin de proposer une alternative à la mondialisation démodée et impérialiste qui prévaut actuellement. Lors des prochaines années, l'émergence de puissantes entreprises multinationales ayant adopté la forme du social-business pourrait multiplier les bénéfices que la mondialisation procure aux individus et aux pays pauvres. Le social-business permettra aux pauvres d'accéder à la propriété et de conserver les profits qu'ils dégagent. Doter les pays pauvres d'économies solides en protégeant leurs intérêts de la voracité des entreprises étrangères sera l'un des principaux objectifs des social-business de demain.

Il y a plus important encore : notre nouvelle structure économique devra tenir compte du fait que nous disposons déjà des outils permettant de résoudre les problèmes sociaux.

Les problèmes les plus urgents que connaît le monde semblent écrasants, voire insolubles. Mais réfléchissez : des problèmes aussi complexes que ceux posés par d'horribles maladies infectieuses, par la malnutrition, par la contamination de l'eau, par le manque d'accès aux soins médicaux et à l'éducation ont fini par être résolus. Des millions d'individus considèrent ces avancées comme des acquis. Vous en faites peut-être partie. Les existences relativement privilégiées que nous sommes si nombreux à mener sont la preuve que nous savons comment assurer aux individus le bénéfice d'une bonne éducation et de soins médicaux ; nous savons comment produire de l'eau potable et des aliments sains ; nous savons comment prévenir et traiter la plupart des maladies dont souffrent les pauvres.

Il serait par ailleurs aisé de mettre ces outils à la disposition de tous les pays du monde. Les compagnies pharmaceutiques détiennent les brevets d'innombrables médicaments susceptibles de soulager des millions d'individus. L'informatique et les télécommunications pourraient transformer la vie des pauvres parmi les pauvres. Les experts agricoles des grandes universités et des meilleurs centres de recherche disposent de techniques permettant de produire tous les aliments dont nous avons besoin. Et si nous décidons de faire bon usage des ressources économiques, nous trouverons même les moyens de financement nécessaires. Les pays riches consacrent chaque année plus de soixante milliards de dollars à la lutte contre la pauvreté. Le problème n'est pas le manque de ressources : c'est l'incapacité de notre système économique à mettre ces ressources à la disposition de ceux qui en ont le plus besoin. Le social-business peut réussir là où le système ancien a échoué.

Chacun d'entre nous a le désir d'aider les autres – un désir tout aussi puissant que la poursuite des intérêts individuels qui fonde le capitalisme. Mais même s'il fallait minorer le pouvoir de l'altruisme, la capacité d'attraction du social-business resterait importante.

Imaginez un monde sans pauvreté, un monde dans lequel les déséquilibres auraient été corrigés. Ce serait un endroit plus agréable à vivre pour ceux qui étaient pauvres. Mais les autres individus bénéficieraient eux aussi de ce nouvel environnement. Comme la taille du marché de chaque produit doublerait ou triplerait, l'économie atteindrait de nouveaux sommets. Si chacun avait accès à des services de santé d'excellente qualité, la demande de médecins et d'infirmières hautement qualifiés augmenterait. Si tout le monde pouvait s'offrir une jolie maison, les entreprises de construction, les architectes et les fabricants de meubles feraient des heures supplémentaires.

Chaque individu souffre quand une vie est gâchée. Après tout, cette personne pourrait devenir le médecin qui sauvera la vie de mon petit enfant, ou le scientifique qui découvrira le moyen de préserver la planète du réchauffement climatique, ou l'artiste qui créera une œuvre magnifique dont je jouirai dans mon grand âge. Pourquoi devrions-nous perdre cette opportunité ?

Certaines personnes semblent penser qu'il doit y avoir des pauvres pour qu'il y ait des riches. Cette conception est obsolète et fausse. Elle part de l'hypothèse selon laquelle les riches deviennent riches en prenant la part des pauvres. Si le montant total des richesses disponibles est fixe et si quelques personnes puissantes prennent la plus grosse part du gâteau, il ne restera que peu de choses pour la grande masse des individus.

En réalité, l'économie est – ou devrait être – un gâteau en constante croissance. Les riches peuvent devenir plus riches alors même que les pauvres deviennent moins pauvres : il n'y a pas de conflit. Cela dépend de la manière dont nous gérons l'économie. Nous devons nous assurer que le gâteau grossit et que la part que reçoivent les pauvres grossit plus vite encore. Je ne parle pas de redistribution – de prendre aux riches pour donner aux pauvres. Je parle de stimuler la croissance de façon à ce que les pauvres puissent progressivement entrer dans l'univers des classes moyennes.

Si ce résultat pouvait être obtenu par le simple fonctionnement du libre marché, ce serait merveilleux. La croissance économique bénéficie certainement aux pauvres. Mais les effets positifs que la marche habituelle des affaires peut avoir sur les conditions d'existence des pauvres sont incertains et se manifestent lentement. Quand le système économique crée, comme c'est le cas actuellement, des barrières qui réduisent les opportunités des pauvres, les inégalités de revenu ont tendance à augmenter plutôt qu'à diminuer parce que la part de gâteau qui se trouve du côté des riches grossit plus rapidement que celle qui est du côté des pauvres. Le social-business peut contribuer à atténuer ces inégalités, voire à les corriger. En ramenant les pauvres au cœur du système économique, il permet à leur part de gâteau de croître de façon autonome.

La majeure partie de la richesse continuera sans doute à provenir d'entreprises maximisant le profit. Mais le social-business contribuera de façon importante à la croissance parce qu'il bénéficiera à une partie de la population qui, sans lui, aurait été exclue de l'activité économique. Et quand les gens sont pleins d'énergie, il en est de même de l'économie. Grâce à l'accès au crédit, à de meilleurs services de santé, à une meilleure alimentation, à une éducation de grande qualité et aux technologies modernes de l'information, les individus deviendront plus productifs. Ils gagneront plus d'argent, dépenseront et épargneront davantage – pour le plus grand bénéfice de tous, riches ou pauvres.

Le social-business peut transformer la société très rapidement en appliquant le pouvoir grandissant de la technologie à l'amélioration de la situation des pauvres et des conditions environnementales. Il libérera et canalisera l'innovation, le désir d'engagement de la nouvelle génération, et le sens de l'abnégation dont le monde des affaires a fait abstraction jusqu'à présent.

Une porte qui s'ouvre sur un monde nouveau

À quoi ressemblera le monde dans vingt ou cinquante ans ? Il est passionnant d'essayer de le deviner. Mais je pense qu'il y a une question plus importante encore : à quoi voulons-nous que le monde ressemble dans vingt ou cinquante ans ?

La différence est essentielle. Dans la première formulation, nous nous considérons comme les observateurs passifs des événements à venir. Dans la seconde, nous sommes les créateurs des résultats recherchés.

Je crois qu'il est temps de prendre en charge notre avenir plutôt que de l'accepter passivement. Nous consacrons trop de temps et d'énergie à prévoir le futur, et pas assez à imaginer le futur que nous voudrions voir. Nous n'arrivons d'ailleurs pas très bien à prévoir le futur. En dépit de notre sagesse, de nos connaissances et de notre expérience, nous échouons régulièrement à imaginer les bouleversements que l'histoire nous réserve.

Songez aux années 1940. Personne n'imaginait alors que, cinquante ans plus tard, l'Europe serait devenue une entité politique dotée d'une monnaie unique. Une semaine avant que cela ne se produise, personne n'imaginait que le mur de Berlin tomberait. Personne n'imaginait que l'Union soviétique se désintégrerait et donnerait naissance à tant de pays indépendants.

On peut dire la même chose de l'évolution des technologies. Dans les années 1960, nul ne prévoyait qu'un réseau informatique appelé Internet connaîtrait bientôt un succès foudroyant. Nul ne prévoyait que des millions de personnes utiliseraient des ordinateurs portables, des ordinateurs de poche, des BlackBerries, des iPods, des iPhones et des livres électroniques. Il y a vingt ans, nul ne prévoyait que les téléphones mobiles feraient partie intégrante de la vie de tous les villages du monde.

Admettons-le : même en 1990, nous n'étions pas capables de prédire ce que serait le monde en 2010. Et il ne s'agit là que d'un intervalle de vingt ans. Comment pourrions-nous prévoir ce que sera le monde en 2030 alors que le rythme des changements devient de plus en plus rapide ?

Il y a probablement deux manières de faire des prévisions. La première consisterait à inviter les meilleurs analystes scientifiques, techniques et économiques à réaliser des projections à vingt ans aussi fines que possible. La seconde consisterait à demander aux meilleurs écrivains de science-fiction d'imaginer le monde en 2030. Si vous me demandiez qui a les meilleures chances de s'approcher de la réalité de 2030, je choisirais sans la moindre hésitation les écrivains de science-fiction.

Mon choix s'explique très simplement. Les experts ont l'habitude de faire des prévisions à partir du passé et du présent, mais le monde réel est façonné par les rêves des gens.

Nous pouvons décrire le monde de 2030 en établissant une liste de souhaits. Elle pourrait inclure les éléments suivants :

— un monde où la pauvreté aurait disparu ;

— un monde où les océans, les lacs, les cours d'eau et l'atmosphère ne seraient pas pollués ;

— un monde où aucun enfant n'irait se coucher en ayant faim ;

— un monde où personne ne mourrait prématurément d'une maladie guérissable ;

— un monde où les guerres appartiendraient au passé ;

— un monde où l'on pourrait franchir librement les frontières ;

— un monde où personne ne serait illettré et où chacun aurait aisément accès à l'éducation grâce à la technologie ;

— un monde où les richesses de la culture universelle seraient accessibles à tous.

Vous pouvez probablement ajouter à cette liste des douzaines de souhaits. Quels que soient ceux que vous aurez retenus, vous devriez vous préparer à les réaliser.

Les rêves sont faits d'impossibles. Habitués à utiliser les données actuellement disponibles, nos esprits analytiques ne nous permettront pas de réaliser l'impossible : ils sont bardés de petites lumières rouges qui clignotent pour nous prévenir de l'existence d'un obstacle. Nous devons changer d'état d'esprit lorsque nous pensons au futur. Nous devons oser nous montrer audacieux pour rendre les impossibles possibles. Dès que quelque chose d'impossible devient possible, cela crée un effet domino et ouvre la voie à d'autres changements positifs.

Nous devons croire en notre liste de souhaits si nous voulons qu'elle devienne réalité. Nous devons créer des concepts, des institutions, des technologies et des politiques adaptés à la poursuite de nos objectifs. Plus les buts semblent impossibles à atteindre et plus la tâche est exaltante.

Nous sommes par bonheur entrés dans un âge où les rêves ont les meilleures chances de se réaliser. Nous devons organiser le présent de manière à préparer le futur. Nous ne devons pas laisser notre passé nous en empêcher.

Nos rêves semblent-ils inaccessibles ? Si c'est le cas, cela signifie qu'ils ont des chances de se réaliser à condition que nous y travaillions. C'est ce que nous enseigne l'histoire des cinquante dernières années.

Choisissons de croire en nos rêves et efforçons-nous de rendre possible ce qui paraît impossible.

Si vous voulez partager ce rêve avec moi, et si vous êtes prêt à apprendre comment des gens du monde entier ont déjà commencé à transformer le rêve du social-business en réalité, engageons-nous ensemble sur ce chemin.

Table

Muhammad Yunus
dans Le Livre de Poche

Vers un monde sans pauvreté n° 30905

Le prix Nobel de la Paix 2006 a couronné le travail d'un homme qui a transgressé les préjugés les plus tenaces en mettant en place une banque pour les pauvres du Pakistan, la Grameen Bank. Aujourd'hui, grâce au microcrédit, plus de 10 000 institutions de microfinance sont réparties sur la planète et plus de 150 millions de familles pauvres ont accès à des services financiers adaptés.

Vers un nouveau capitalisme n° 31205

L'homme qui a imposé le microcrédit propose une nouvelle forme d'activité économique : le social-business. Une entreprise qui gagne de l'argent mais qui n'est pas tendue exclusivement vers la maximisation du profit. Une entreprise qui consacre ses bénéfices à la diminution des coûts, à la production d'avantages sociaux. Une entreprise qui ne rémunère pas ses actionnaires. Un modèle économique différent, plus juste et plus humain.

Du même auteur
aux éditions J-C. Lattès :

VERS UN MONDE SANS PAUVRETÉ, 1997.

VERS UN NOUVEAU CAPITALISME, 2008.

Composition réalisée par NORD COMPO

Achevé d'imprimer en septembre 2012 en France par
CPI BRODARD ET TAUPIN
La Flèche (Sarthe)
N° d'impression : 70248
Dépôt légal 1re publication : octobre 2012
LIBRAIRIE GÉNÉRALE FRANÇAISE
31, rue de Fleurus – 75278 Paris Cedex 06

31/6297/1